Psicanálise e outros saberes

Psicanálise e outros saberes

Organizadores
Ana Maria Rudge
Vera Besset

cia. de Freud

Psicanálise e outros saberes

Organizadores

Ana Maria Rudge
Vera Besset

Consultores Ad-hoc

Angélica Bastos (UERJ), Betty Fuks (UVA), Cláudia Henschel (UFF),
Francisco Catunda Martins (UnB), Heloísa Caldas Ribeiro (UERJ)
Henrique F. Carneiro (UNIFOR), Márcia Mello de Lima (UERJ)
Marco Antônio Coutinho Jorge (UERJ), Marcus André Vieira (PUC-Rio)
Nadja Nara Barbosa Pinheiro (UFPR), Nelson da Silva Junior (USP)
Renata Costa Moura (UFES), Sandra Francesca Conte de Almeida (UGC)

Conselho Científico

Rita Manso de Barros (UERJ), Marta Gerez Ambertín (Universidad Nacional de Tucumán)
Jésus Santiago (UFMG), Sidi Askofaré (Université de Toulouse Le Mirail)

Revisão

Sandra Regina Felgueiras

Capa

Editoração eletrònica

Abreu's System

Rio de Janeiro, 2012

FAPERJ
Fundação Carlos Chagas Filho de Amparo à Pesquisa do Estado do Rio de Janeiro

CIP-BRASIL. CATALOGAÇÃO-NA-FONTE
SINDICATO NACIONAL DOS EDITORES DE LIVROS, RJ

S664

Psicanálise e outros saberes / organização Ana Maria Rudge; e Vera Besset, Editor José Nazar. - Rio de Janeiro: Cia. de Freud: FAPERJ, 2012.
268p.

Inclui bibliografia
ISBN 978-85-7724-102-6

1. Psicanálise 2.Saberes I. Rudge, Ana Maria. II. Besset, Vera.

07-2359. CDD: 150.195
CDU: 159.964.2

---

cia de Freud

Endereço para Correspondência
Rua Barão de Sertório, 48 - casa
Tel.: (21) 2273-9357 • (21) 2293-5863
Rio Comprido - Rio de Janeiro
E-mail: ciadefreud@gmail.com

Sumário

Apresentação

O saber analítico é um instrumento construído por Freud para interrogar a lógica inconsciente subjacente a um sintoma, ou seja, aquilo que vai mal, que incomoda e causa certo dano ao sujeito que dele padece. Isso não impede que a psicanálise construa propostas relativas ao que seria a particularidade da cultura na qual se insere. Até porque o exercício da clínica psicanalítica exige, além da fidelidade a seus princípios norteadores, uma constante atualização quanto às particularidades de seu tempo. As transformações nas formas de demandas dos sujeitos e na apresentação de seus sintomas convidam os psicanalistas a um permanente esforço de formalização. Ao mesmo tempo, o modo de presença da psicanálise no mundo convoca ao diálogo com outros saberes implicados na reflexão sobre o humano.

Nossa publicação congrega autores brasileiros e estrangeiros, psicanalistas engajados no ensino e na pesquisa da psicopatologia e da psicanálise no seio de instituições universitárias e de pesquisa no Brasil e no exterior. Fruto da iniciativa do Grupo de Trabalho *Psicopatologia e Psicanálise* da ANPEPP (Associação Nacional de Pesquisa e Pós-Graduação em Psicologia), tem como objetivo incrementar e promover a divulgação da produção referente à psicanálise desenvolvida em ambiente acadêmico, enfatizando suas relações com outros campos de saber e sua aplicação em outros domínios que não os da estrita clínica psicanalítica.

As pesquisas conjuntas têm caracterizado o funcionamento do Grupo de Trabalho da ANPEPP desde 2000. Seus membros são pesquisadores e professores de universidades brasileiras, na graduação e na pós-graduação, comprometidos com questões cruciais para a formação de profissionais na área da clínica na psicologia. Ancorados na experiência do ensino, da pesquisa e da extensão e em dados da experiência clínica, desenvolvem um debate continuado assim como visam contribuir para a vitalidade da área, publicando os produtos desse trabalho de pesquisa.

Escolheu-se o tema "Psicanálise e outros saberes" para a presente coletânea visando divulgar não só pesquisas interdisciplinares, em que relações de cooperação ou de oposição entre a psicanálise e outros campos diversos de saber estão em questão, como também a reflexão sobre experiências de psicanálise aplicada em instituições. Dessa proposta de pesquisa surgiram artigos rigorosos e inovadores, em que novos espaços teóricos e experiências clínicas inéditas foram abordados, como uma contribuição importante à produção acadêmica na área *psi*.

A escolha do tema se deu no XIII Simpósio da ANPEPP, em Fortaleza, de 6 a 9 de junho de 2010, no qual o Grupo de Trabalho Psicopatologia e Psicanálise esteve presente. Dentro de uma sistemática que vem sendo seguida há vários Simpósios, a partir, justamente, da proposta da ANPEPP para os GTs, cada membro expôs, resumidamente, suas reflexões sobre temas previamente propostos, objetos de suas pesquisas, norteados pelo tema "Pesquisa clínica e intervenção".

Através desse tema, foi possível discutir o lugar e a função da psicanálise na realidade social, bem como pesquisas e práticas clínicas que visam a formação de profissionais reflexivos, críticos e engajados em contribuições efetivas ao tratamento do mal-estar do sujeito contemporâneo. A relevância desse debate se evidencia, especialmente, porque o cenário social contemporâneo, com suas patologias singulares e as novas formas de configurações familiares, tem nos levado a criar dispositivos de escuta e de intervenção que fogem aos padrões clássicos da psicanálise.

Cada membro do GT apresentou suas contribuições teórico-clínico-metodológicas, e foram levantadas as linhas de convergência ou divergência entre os temas e pontos de vista apresentados. Evidenciou-se que as pesquisas e ações dos membros do GT *Psicopatologia e Psicanálise* se inserem, majoritariamente, no entrelaçamento de diversos campos de saber, como Psicanálise e Medicina, Psicanálise e Direito, Psicanálise e Linguística, Psicanálise e Antropologia. Essa constatação veio ao encontro do tema do XIV Simpósio ANPEPP, os desafios da interdisciplinaridade, e orientou nossas pesquisas.

Com base em discussões levadas a efeito no âmbito do XIII Simpósio, este GT, coordenado por Vera Besset, estabeleceu como meta para os dois anos seguintes de trabalho privilegiar em suas pesquisas dois temas: a interseção da psicopatologia e da psicanálise com outros campos de saber e a reflexão sobre métodos de pesquisa específicos à clínica psicanalítica.

A coletânea *Psicanálise e outros campos de saber* foi concebida dentro deste projeto geral. Para dele participar foram convidados, além dos membros do GT, autores do Brasil e de fora com quem mantemos relações de colaboração. Os resultados foram bons, e é com grande prazer que apresentamos, como produção de alta qualidade, os artigos comentados a seguir.

Amelia H. Imbriano mostra como o chamado "discurso capitalista" destitui o sujeito do inconsciente e como o inconsciente funciona como um antídoto para a desumanização que nos ronda. Ana Maria Rudge aborda em seu trabalho as contribuições que, sem que a incomensurabilidade entre diversos campos de saber seja ignorada, os estudos da linguagem têm trazido à psicanálise. Glacy Gonzales Gorski reflete sobre a influência do discurso cientificista da atualidade sobre o tratamento de crianças autistas, ilustrando com um caso clínico os efeitos danosos de um tratamento que se funde numa concepção autoritária e ortopédica, visando prioritariamente a integração do autista na família, na escola e na sociedade. Ilka Ferrari, no artigo "Interface psicanálise e direito", apresenta interessante relato histórico sobre as tentativas de diálogo entre essas áreas de saber, detendo-se posteriormente nas contribuições da psicanálise para a abordagem do ato criminoso, em que a dimensão da responsabilidade subjetiva é central, apostando no valor dessa contribuição para o campo do direito. Junia de Vilhena e Carlos Mendes Rosa abordam a produtividade da psicanálise como instrumento de crítica da cultura. Marisa Schargel Maia ilustra, com o caso do suicídio de um rapazinho ligado a uma rede social, a necessidade de uma ética do cuidado para fazer resistência à tendência à coisificação do outro que impera nos dias de hoje, pela qual desde a infância o brincar compartilhado é substituído pela lógica individualista da competição. Jean-Luc Gaspard discute a eliminação progressiva do sujeito em práticas de feitio normativo e enfatiza a urgência de o psicanalista tomar a defesa do sujeito para amortizar as consequências das rejeições promovidas pelo discurso da ciência. Marcelo Veras, tomando como referência o *Seminário 20* de Lacan e a lógica do não-todo, na qual o simbólico é tomado como insuficiente e aponta para um significante sempre faltante – A mulher –, discute o feminino na contemporaneidade, para além da lógica da castração. Maria Facó e Anna Carolina Lo Bianco tratam da angústia desencadeada por um diagnóstico de câncer e, através de um caso clínico, discutem a abordagem da angústia quando se apresenta esse lembrete da finitude e da morte, já que o inconsciente se acredita imortal. Raul Albino Pacheco Filho traz uma crítica à noção de um sujeito pós-moderno que invalidaria formulações teóricas e conceituais desenvolvidas para a compreensão do sujeito de períodos históricos precedentes. Ruth Helena Pinto Cohen e Cássio Eduardo Soares Miranda relatam a clínica em hospital pediátrico no qual se desenvolve um trabalho, apoiado no discurso psicanalítico, efetuado com crianças com câncer. Apresentando fragmentos de casos clínicos, os autores indicam como a psicanálise aplicada pode oferecer espaços onde a fantasia, como lugar privilegiado do prazer, promove um tratamento possível àquela espécie de dor de existir. Assim valorizam a interlocução, através da heterogeneidade, entre psicanálise e medicina no ambiente hospitalar. Sonia Alberti mostra como se associam a psicanálise e a psicopatologia na contramão da cientifização da psiquiatria. Desenvolvendo a história da psiquiatria clássica e sua interlocução com a psicanálise, chega às contribuições de Lacan ao entendimento psicanalítico das psicoses. Susane Vasconcelos Zanotti e Isabella Lopes Monlleó apresentam uma experiência de atendimento clínico integrado no SUS em que a interlocução entre psicanálise e genética se mostrou produtiva no atendimento a sujeitos portadores de Distúrbios do Desenvolvimento do Sexo (DDS). Inicialmente tendo focado no saber teórico de cada área, o grupo escolheu trabalhar sobre situações clínicas particulares, nas quais se parte do não saber. Nesse caminho, reconstruir a relação de colaboração entre integrantes de equipe é um desafio enfrentado caso a caso.

Esta é uma obra tecida no contexto dos laços de trabalho entre os membros do GT, professores-pesquisadores inseridos em instituições de ensino de vários estados do país: Ana Maria Rudge (PUC-Rio), Angélica Bastos (UFRJ), Denise Campos (PUC-Goiás), Edilene Freire de Queiroz (UNICAP), Francisco Martins (UnB), Glacy Gonzales Gorski (UFPB), Henrique Figueiredo Carneiro (UNIFOR), Ilka Franco Ferrari (PUC-Minas), Manoel Tosta Berlinck (PUC-SP), Nelson da Silva Jr (USP-SP), Susane Vasconcelos Zanotti (UFAL) e Vera Lopes Besset (UFRJ). Ao mesmo tempo, reflete os intercâmbios, consolidados ou em construção, dos membros desse grupo com outros pesquisadores brasileiros e estrangeiros, que contribuíram com artigos ou na função de consultores.

Além do agradecimento aos autores, destacamos, na organização desta coletânea, a competente e inestimável colaboração dos consultores *ad hoc* que, respeitando as regras da avaliação cega e as normas desta publicação, contribuíram para a qualidade da obra que trazemos a público.

Ana Maria Rudge

Vera Besset

A insuportável solidão contemporânea

Amelia H. Imbriano*
Tradução: Glacy G. Gorsky

Dizem que nós é que lhes causamos as coisas más, e são eles que atraem, com sua loucura, infortúnios não decretados pelo destino.

Homero. Rapsódia I. *A odisseia*

O mundo-imundo em que vivemos: a aldeia global

Algumas características da civilização contemporânea que compõem a clínica do sujeito e da cultura oferecem suficientes evidências, verificadoras, relativas ao conceito de pulsão de morte.

As mudanças nas civilizações se apresentam a partir da produção de crises de pontos de referência. Na civilização contemporânea, o modo de circulação do capital oferece variáveis que se disseminaram com grande velocidade, produzindo um apagamento das coordenadas temporo-espaciais que as originaram. Brutalmente, modos de economia são transportados de um lado para outro do mundo, gerando os fenômenos de globalização com consequências que ultrapassam a economia, implicando uma mutação nos sistemas valorativo, gnosiológico e cosmológico. Como assinala Zygmunt Bauman (2001), por exemplo, o anonimato do capitalismo foi gerado através de um truque:

* Doutora em Psicologia Clínica. Diplomada em Direitos Humanos. Decana do Departamento de Psicologia, Psicologia Social e Psicanálise, Diretora do Mestrado em Psicanálise da Universidad Argentina John F. Kennedy. E-mail: aimbriano@kennedy.edu.ar.

> não aboliu as autoridades criadoras da lei, nem as tornou desnecessárias. Simplesmente deu existência e permitiu que coexista uma quantidade tão numerosa de autoridades que nenhuma delas pode conservar seu poderio. Quando as autoridades são muitas, tendem a se cancelar mutuamente. Uma autoridade em potência se transforma em autoridade por cortesia de quem a elege. As autoridades já não mandam, só tentam cair nas graças dos eleitores (Bauman, 2001: 70).

O que se constrói como consequência é o desmantelamento das redes normativas com falhas de autoridade (Imbriano, 2003). De acordo com Miguel Herrera Figueroa, as mudanças societárias não deixam de ter consequências no espiritual-valorativo e no corporal-endotímico. E, em meio a estas considerações psico-sócio-políticas, é necessário lembrar: a psicanálise demonstra que o ponto de referência de cada discurso é o gozo. A pulsão "dá a volta (em torno do objeto) - *turn and trick* –, gira e faz jogo de mãos" (Lacan, 1986: 176). Fazer truques é uma das características dos modos de trabalhar da pulsão cuja realização implica um gozo.

A tarefa de pensar o mundo em que vivemos se impõe mais que nunca. As transformações de nossas sociedades derivadas da conjunção do desenvolvimento das tecnociências com o florescimento do liberalismo econômico nos forçam a nos interrogar. Observamos hoje as dificuldades dos sujeitos para dispor de balizas, deter-se para analisar as situações com que são confrontados e tomar decisões relativas às novas variáveis político-sociais. Entre elas, uma nova atitude frente à violência, o uso das crianças como força de trabalho barata, o sicariato, mercadoria sexual ou instrumentos de várias transgressões, o peso do midiático, a inflação da imagem, a alienação ao virtual, a transparência a todo custo, etc. e principalmente: o recurso ao direito para legitimar o ilegítimo e, consequentemente, a descaracterização da justiça como meta da vida em sociedade. Vivemos um mundo sem limites frente às novas ansiedades do sujeito.

A "Tecnociência", palavra cunhada na modernidade, reúne em si dois termos que se unem em uma filiação nova, que deverá ser saber-operativo, em que o saber deve se transformar em fazer e poder. A lógica que a sustenta é a satisfação de qualquer demanda através da operatividade técnica, que oferece as melhores iguarias da sociedade de consumo, em que a identidade é jogada no possuir, causando a urgência de não estar à margem e gerando com isto uma população "escrava ou cativa", denominação usada nas teorias comercialistas.

As sociedades são cada vez mais desiguais nas oportunidades, não se podendo negar as diferenças entre o primeiro e terceiro mundo. E, cada vez mais, sobre-equalizadoras nas demandas que impõem: a globalização impõe a equalização obrigatória que age contra toda a diversidade e promove a cultura do consumo. As sociedades valem enquanto mercado, e a ética prevalente é o utilitarismo, no qual o êxito é a efetividade e o rendimento. O paradoxo que resulta é a implementação de um sistema de segregação excelente: uma violenta desigualdade de acordo com linhas de separação entre centro e periferia, opulência e miséria, superdesenvolvimento e subdesenvolvimento. A segregação é institucionalizada nas formas de interação entre as nações. Pedro David se refere às atividades criminais dos Estados e às atividades de associação ilícita junto ao Estado, destacando que

> formas novas de criminalidade transnacional organizada: lavagem de dinheiro, fraude, tráfico de droga, delinquência ecológica, delitos informáticos, delinquência financeira [...], principalmente o crime mais importante, com relação ao qual há grande impunidade, as violações sistemáticas dos direitos humanos [...] dizemos que 36 milhões de pessoas morreram entre as duas guerras mundiais e hoje sabemos que morreram 572 milhões nas mãos de regimes despóticos (David, 2003: 19).

A Tecnocracia é um modo de violência: segregação moderna que substitui a combinatória de Compadrio, Caciquismo e Latifundiários. Está estruturalmente ligada à divisão violentamente desigual da humanidade entre centro e periferia, opulência e miséria, superdesenvolvimento e subdesenvolvimento.

Foi gerada uma sociedade tendente à adição e à adicção, onde o que se consome deve chegar até o excesso da máxima satisfação, e não retornar. Há uma lógica aditiva, a lógica do mais um em uma série que tende para o infinito. A lei do *safis-facere* se impõe, lei em que um pretensioso "demasiado fazer" é ato que redunda no "fazer em demasia" que nos aprisiona. Sua consequência é visível: "Eu não tenho tempo" é a frase de letal elegância com que nos pronunciamos a respeito do que chamamos "nossa vida". Cabe perguntar: é vida? De quem? Quem tem a titularidade disto que nós chamamos nossa vida, e quem foi o tabelião que deu fé a esta escritura?

Perspectivas sobre as vítimas do capitalismo

O discurso capitalista é um discurso de rejeição à castração de tal modo pervertido que sua estrutura é resolvida no ataque ao laço social que o institui. Do capitalismo todos nós somos vítimas. Sua capacidade destrutiva é extraordinária. Entre muitas evidências disso, temos:

1. As guerras: ensino de um gozo irrefreável, que necessariamente deve ser repetido.
2. O horror entusiasmado, ou o entusiasmo do horror ou pelo horror. Em todo caso é promovido.
3. A cumplicidade: em todos os lugares os homens se matam impiedosamente um ao outro à nossa vista. "Não podemos fazer nada", alguém poderia sustentar, mas, apesar de tudo, somos cúmplices. Curioso laço social no qual o laço é sustentado por um pacto de utilidade, senão qualquer um é descartável!
4. A igualdade: a globalização ofereceu um sonho narcisista, ao proclamar um modo de viver e desfrutar universal. Um mundo feito para todos, igual para todos. Se eu sou igual aos estrangeiros, os estrangeiros já não existem. Então, somos todos integrantes de uma grande liga fraterna em que a pretensa solidariedade é sinistra.
5. Os desperdícios/o descartável: nesta perspectiva, tudo é mercadoria e toda a mercadoria produzida neste sistema não pode ser mais que um objeto efêmero, já caduco no momento de sua

aquisição, destinado essencialmente a ser substituído por um objeto novo mais promissor, e assim sucessivamente. Por conseguinte, todo objeto em circulação no mercado leva consigo uma vocação para o descarte. O problema se coloca quando não existe resto e quando o sujeito entra na conta dos restos.

6. A degradação mercantilista: nós assistimos ao desastre de uma sociedade privada de qualquer autoridade ética, sofrendo os efeitos sintomáticos de não poder liberar-se de uma degradação mercantilista senão pela violência. Fica constituído assim o único sistema econômico e social intrinsecamente perverso existente na história, e diante disto ninguém pode se demitir de sua responsabilidade.
7. A fetichização da mercadoria: a mais-valia do objeto produzido funciona como fetiche, cobrindo a falta. O que é escondido é a menos-valia: a depreciação infligida ao consumidor. Este se encontra submetido à pressão constante e sempre mais exigente de um empuxo para voltar a comprar.
8. A tecnocracia: fascinados pela globalização, só têm lugar os dirigentes, também eles "objetos de reposição" que só ocupam o lugar de "gerentes" diretores de negócios: tecnocratas e não governantes, que, longe de zelar pelos valores relativos à justiça, dedicam-se ao estudo de tabelas de ofertas e demandas, de custos, preços e moedas.

No círculo infernal do capitalismo contemporâneo, cada mercadoria se torna resíduo desde o momento de sua aquisição, e, no circuito, o homem também é uma mercadoria. O mundo, imundo, está cheio de restos, e o pior é que foi descartado, des-feito o sujeito.

A mutação capital do discurso

Jacques Lacan (1992), referindo-se às variações discursivas contemporâneas, assinala que se trata de uma mutação do discurso do mestre. Pretendendo considerar algumas de suas referências, citamos:

1. "mutação importante que dá ao discurso do mestre um estilo capitalista" (Lacan, 1992: 181).
2. "se isto acontece / não é por casualidade [...] há em algum lugar políticos [...], basta que estejam até mesmo em outro lugar para que o que pertence à ordem do deslocamento do discurso se transmita" (Lacan, 1992: 181).
3. "Graças a uma série de mutações dialéticas [...] que atravessam todo o desenvolvimento da cultura, finalmente a história nos recompensa com aquele saber que não se qualifica como acabado, mas como absoluto, como incontestável. E o mestre só aparece como aquele que foi o instrumento, o magnífico cornudo da história [...]. A astúcia da razão foi o que dirigiu todo este jogo" (Lacan, 1992: 184).
4. "No discurso do mestre [...] explorados ou não, os trabalhadores trabalham. Nunca, desde que a humanidade existe, tanta honra foi concedida ao trabalho. Até se exclui a possibilidade de que eles não trabalhem. É todo um êxito do que chamo de discurso do mestre. Para isso teve que ultrapassar certos limites. Chega até a uma mutação [...] mutação importante que dá ao discurso mestre um estilo capitalista" (Lacan, 1992: 181).
5. "Algo mudou a partir de certo momento da história [...] unir o mais-de-gozar com a verdade do mestre - nisto o passo é ganhador - [...] a impotência desta conjunção fica de repente liquidada [...] o significante mestre parece ainda mais inatacável [...] como nomeá-lo, como situá-lo senão por seus efeitos mortíferos?, denunciar o imperialismo?" (Lacan, 1992: 192).

Que implica uma mutação? Todas as acepções aludem a mudança, a modificações de aspecto, natureza ou estado. Os dicionários nas versões diferentes do RAE se referem a três acepções e duas modalidades principalmente. Quanto às acepções: 1. umas fazem referência a mudanças produzidas no cenário de cenas, por exemplo a mudança de decoração no teatro; 2. outras se referem a modificações da estrutura, por exemplo modificações nos cromossomos; e 3. a terceira acepção alude à destituição, por exemplo destituir alguém de seu posto. As duas modalidades consideradas são: a. sua forma de aparecimento: espontânea ou provocada e b. de acordo com o tipo de consequências.

Com o objetivo de poder pensar o tipo de mutação acontecido no "estilo capitalista" consideraremos brevemente algumas questões sobre a lógica do discurso.

Há quatro lugares no discurso: agente, outro, verdade e produção, cujo algoritmo base é uma fórmula que pelo seu lado esquerdo apresenta a relação agente-verdade e, pelo seu lado direito, a relação outro-produção. Algoritmo que pode ser lido como: um agente, posicionado com relação ao lugar da verdade, intervém sobre outro, causando uma produção.

$$\frac{\text{Agente}}{\text{Verdade}} \longrightarrow \frac{\text{Outro}}{\text{Produção}} \qquad \text{Verdade} \ // \ \text{Produção}$$

Todo discurso, enquanto tal, deve cumprir duas condições:

1. impossibilidade: o termo que trabalha como o agente não se reduz ao outro.
2. impotência: o produto não funde com a verdade (disjunção lógica entre verdade e produção) reforçando a impossibilidade.

O modo discursivo depende da gestão (gestão: "dirigir o exercício de atividades") dos termos implicados segundo ocupem esses lugares. Os termos propostos para esses lugares são os matemas fundamentais da constituição do sujeito: S_1, S_2, $\$$ e *a*.

O discurso fundamental, discurso do mestre ou discurso do inconsciente tem uma direcionalidade de gestão: $\$$ - S_1 - S_2 - *a*, que se articula da seguinte maneira:

$$\frac{S_1}{\$} \longrightarrow \frac{S_2}{a} \qquad \$ \ // \ a$$

Esta gestão se dá por duas operações: a direção à direita e a interrupção. São elas que possibilitam que as duas condições do discurso se cumpram. A circulação à direita impede que S_1 se reduza a S_2, e a interrupção entre $\$$ e *a* impede que estes se fusionem. Consequências: 1. o impossível acontece entre S_1 e S_2, não há nenhum binarismo significante, não há nenhum par, há aparelho significante e trabalho; 2. a relação entre $\$$ e *a* é fantasmática; 3. como produção aparece uma perda; 4. produz-se a representação do sujeito: um significante representa um sujeito ($\$$) para outro significante, às custas de perda de gozo. Quer dizer, neste discurso trata-se da emergência do sujeito enquanto dividido ($\$$, sujeito barrado) e a produção de um objeto enquanto perdido (*a*), que poderá assumir o valor de mais de gozar ou de causa de desejo.

Interessa-nos analisar o lugar da verdade neste discurso. Usaremos para isto o tetraedro vetorizado do qual se extrai uma aresta (Lacan, 1971).

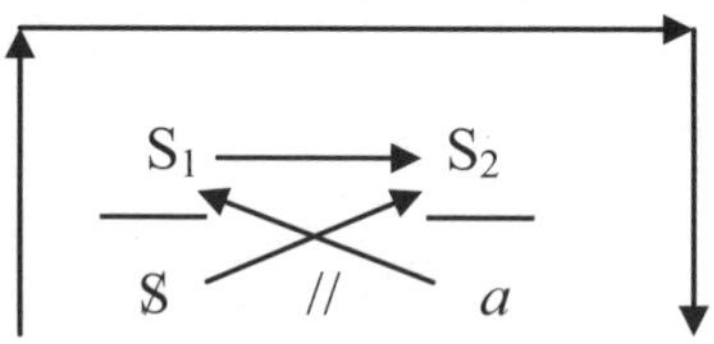

Se realizarmos a transcrição deste algoritmo para o grafo proposto por Marc Darmon (Peusner, 2008: 67), observa-se o seguinte: a verdade intervém sobre o agente e o Outro, e não há possibilidade de reversibilidade desta direção, é impossível manipulá-la.

A verdade no Discurso do Mestre

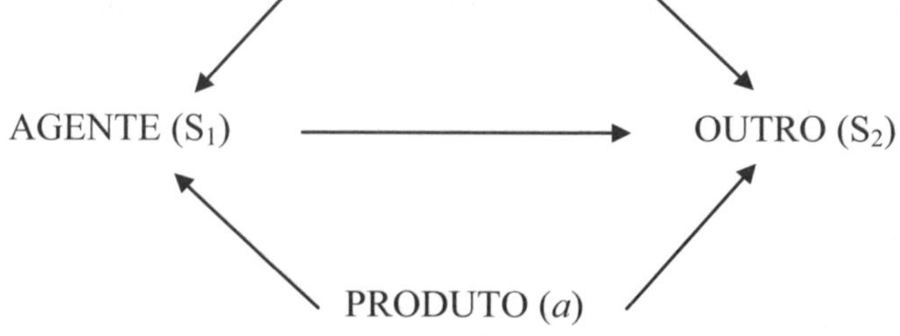

Por outro lado, o discurso capitalista se define por um algoritmo, no qual o lado esquerdo da fórmula do discurso do mestre sofre uma variação: $\$/S_1$.

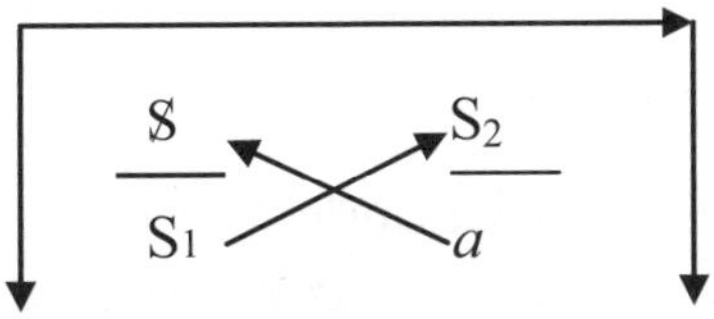

Esta gestão é completada por duas operações: 1. uma inversão no lado esquerdo da fórmula e, em consequência, S_1 ocupa o lugar da verdade, 2. não há interrupção no denominador. A circulação continua partindo de $\$$ e torna possível uma circularidade dupla. Não são completadas as condições de impossibilidade e impotência.

Se voltarmos a aplicar o esquema proposto por Darmon, as consequências não deixam dúvidas: nesta gestão *a verdade é manipulada*.

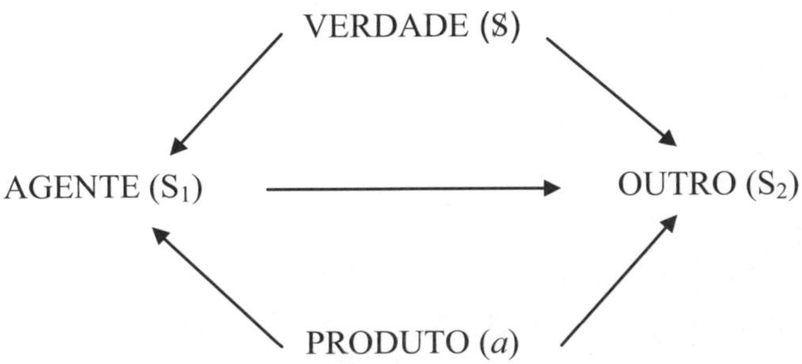

O sujeito opera sobre o significante mestre como verdade, dirige a verdade, por isso este discurso supõe a rejeição da castração e nisto reside a mutação. No lugar do agente aparece o sujeito ($\$$) tomando o lugar do significante mestre (S_1) ao qual estava identificado. O sujeito pode pretender ser o "autor" do seu discurso, ignorando o significante que o funda. Será este o sujeito enfatuado ao qual Lacan se refere como "homem moderno" em sua "Introdução teórica às funções da psicanálise em criminologia"?

Com relação à verdade, é uma verdade dirigida, construída por um sujeito barrado que esconde sua barra com um significante mestre, absorvendo ou sugando objetos-parceiros proporcionais, ficando coagulado. A produção é enganosa, porque o discurso oferece objetos antecipadamente. O objeto determina o sujeito. As consequências da produção de mutações são:

- No "discurso" capitalista, o agente intervém sobre a verdade, modificando-a a seu serviço.
- Não se cumpre que a verdade seja a "irmã da impotência". A castração não ocupa o lugar da verdade.
- Conjuga-se o mais de gozar com a verdade ("Conjugar": harmonizar os elementos de um grupo para aumentar sua efetividade).
- O sujeito efeito desta gestão é um sujeito de gozo, levado pelo empuxo ao excesso, o qual facilita o império do ideal de consumo. Seu custo é alto: os consumidores se transformam em consumidos e só notam tardiamente, quando sua escravidão está consumada.

Conclusões

Consideramos que o chamado, pela psicanálise, "Discurso capitalista" não cumpre as funções de discurso. Trata-se de uma mutação do discurso do mestre por causa do "estilo de gestão capitalista", e propomos não denominá-lo de discurso, mas de mutação discursiva. Não obstante, esta questão é secundária, pois o primário é sua consequência: o sujeito do inconsciente é destituído.

Sob figuras de patentização de um sujeito de gozo no real (mato ou morro, e atos equivalentes violentos ou incestuosos), expressa-se a máxima evidência do incontrolável da pulsão de morte, porque o sujeito não conta com o trabalho do inconsciente para processá-la. O sujeito está insuportavelmente só!

Frente a esse panorama, cabe-nos, como psicanalistas, recordar que a existência do inconsciente ainda continua a ser um antídoto contra a desumanização. A oferta da psicanálise será a construção do inconsciente.

Referências bibliográficas

Bauman, Z. (2001). *Comunidad líquida*. Buenos Aires: Siglo XXI.

David, P. (2003). *Sociología criminal juvenil*. Buenos Aires: Lexis Nexis. Depalma.

Imbriano, A. (2003). Irresponsabilidad e increencia en la dirigencia política argentina. *Revista Psicoanálisis y Hospital, 23*, 165-168. Buenos Aires: Ediciones del Seminario.

Imbriano, A. (2010). *La odisea del siglo XXI* (2ª ed. corregida y aumentada). Buenos Aires: Letra Viva.

Lacan, J. (1971). *El saber del psicoanalista*. Inédito.

Lacan, J. (1986). *El Seminario de Jacques Lacan. Libro 11. Los conceptos fundamentales del Psicoanálisis*. Buenos Aires: Paidós.

Lacan, J. (1992). *El seminario de Jacques Lacan. Libro 17. El reverso del Psicoanálisis*. Buenos Aires: Paidós.

Peusner, P. (2008). *El niño y el Otro*. Buenos Aires. Letra Viva.

Valor heurístico do encontro entre psicanálise e linguística

Ana Maria Rudge*

A psicanálise, do começo ao fim, é uma prática de linguagem, tem como seu único instrumento a linguagem: a fala de analisando na busca da associação livre e as intervenções do analista. Mais discutíveis e complexas são as relações da psicanálise com a linguística, como ciência da linguagem. A diversidade entre esses dois campos de saber, entre seus objetos e métodos, deve ser levada em conta, e é a essa razão a que devemos a criação, por Lacan, do termo linguisteria (1975/1982: 25) para designar seu trato teórico com a linguagem, já que, apesar de sua ênfase na proximidade da psicanálise com a linguagem, reconhece que nosso campo é heterogêneo em relação à linguística.

Há maneiras diversas de interpretar a noção de linguisteria. Senão vejamos, pode-se concluir, como Leite (Leite, 1993: 139), que, quando a promoveu, Lacan "cortou com as pretensas críticas à não-pertinência de suas elaborações sobre a linguagem ao campo da linguística" e que portanto não há mais razões para insistirmos em qualquer tentativa de articulação entre linguística e psicanálise.

* Psicanalista. Professor Associado da Pontifícia Universidade Católica do Rio de Janeiro. Bolsista de Produtividade em Pesquisa do CNPq. Membro do GT Psicopatologia e Psicanálise da ANPEPP. Membro da Associação Universitária de Pesquisa em Psicopatologia Fundamental. Membro Psicanalista da Sociedade de Psicanálise Iracy Doyle. E-mail: ana.rudge@uol.com.br.

Por que então o interesse pelas relações entre esses campos diversos? Não seria um caminho mais fácil reconhecer a importância da linguagem no campo da psicanálise e nos limitarmos a abordar seu papel em nossa prática e, em consequência, na teoria psicanalítica, em sua especificidade?

Não foi o caminho de Lacan: "Um dia percebi que era difícil não entrar na linguística a partir do momento em que o inconsciente estava descoberto" (Lacan, 1975/1982: 25). O psicanalista discorda de Jakobson, que teria dito que tudo que é da linguagem dependeria da linguística ou, acrescenta, do linguista, argumentando que a definição que se dê da linguagem terá consequências para como se conceba a fundação do sujeito, o que torna o interesse na linguística inevitável para a psicanálise.

Efetivamente, o que Lacan afirma em 1973, no *Seminário 20*, mostra que, embora tenha elaborado a articulação entre psicanálise e linguística, isso sempre se deu simultaneamente ao reconhecimento da distância ou irredutibilidade entre a linguística e o campo da psicanálise: "Meu dizer que o inconsciente é estruturado como uma linguagem não é do campo da linguística" (Lacan, 1975/1982: 25). Entretanto, é inegável que, muito antes disso e da criação do neologismo linguisteria, sua posição sobre a distinção entre os dois campos de saber já era essa. Sua referência em temos de epistemologia foi Koyré, que enuncia claramente nos Études galiléennes (1939/1966) a sua perspectiva descontinuista da história da ciência, de forma compatível com a posição de Bachelard, que promoveu o conceito de corte epistemológico (Fichant, 1974: 152).

Se o conhecimento comum é realista e unitário, o conhecimento científico faz ruptura e instaura um racionalismo sempre regional, estabelecendo diferenças entre seu objeto e o objeto do senso comum, mas também entre os objetos de diferentes campos do saber. Mais razões ainda, no caso das relações entre psicanálise e linguística, para considerar essa diversidade, quando a psicanálise é basicamente uma prática e a teoria desta prática, e a linguística é uma ciência. O método clínico não se confunde com a ciência, mesmo se lança mão de conhecimentos científicos. Do momento em que se debruça sobre o sujeito e leva em conta sua singularidade, como sugere Canguilhem (1966/1982), é basicamente arte. O próprio Freud já havia assinalado esta divergência entre clínica e ciência, quando afirma, respondendo aos que criticam a psicanálise como não científica, já que não se presta a testes experimentais, que: "A psicanálise não é uma investigação científica imparcial, mas uma medida terapêutica. Sua essência não é provar nada, mas meramente alterar algo" (Freud, 1909/1975: 104).

Posta essa diferença irredutível entre psicanálise e linguística, cuja existência recomenda que respeitemos cuidadosamente esse limite em favor do rigor e da clareza, não se pode ignorar que a maneira como os psicanalistas entendemos a linguagem não deixa de ter relações com o fato de que haja uma ciência da linguagem e de que seus métodos e descobertas se irradiem para outros campos de saber.

A linguística saussuriana, ao constituir o estudo da linguagem como uma ciência, teve grande impacto na psicanálise através do trabalho de Lacan, assim como na antropologia e em outros campos das ciências humanas. Sabemos que os estruturalismos, que foram muitos e bastante heterogêneos, apesar de guardar certas semelhanças familiares entre si, vigoraram nos anos cinquenta com tanta penetração que temos que concordar com Koyré quando afirma que o "*Zeitgeist* não é uma fantasia" (Koyré, 1982: 16).

A produtividade da contribuição de Saussure demonstrou-se, no campo dos estudos da linguagem, pelo rigor com que permitiu isolar as unidades significantes e unidades fônicas mínimas não significantes, traços distintivos, dentro do paradigma de que os elementos da língua não têm valor positivo, mas diferencial, diacrítico. Foi no campo da fonologia que seu sucesso foi mais evidente, mas também quanto à sintaxe, visto que "permitiu melhor depreender as estruturas segundo as quais se organiza o léxico de uma língua" (Cervoni, 1987: 11).

A concepção lacaniana da constituição do inconsciente sob o impacto da linguagem e da ordem simbólica foi um grande avanço em relação ao conceito de recalque originário. Essa contribuição foi especialmente bem-vinda, já que Freud postulou o recalcamento originário como peça necessária e fundamental na teoria psicanalítica, mas reconheceu que as formulações que sobre ele ensaiou deixaram muito a desejar (Freud, 1926/1975). Os estudos de linguagem a que teve acesso eram os da filologia, da linguística comparada e histórica, em que a noção da linguagem como sistema, uma estrutura que nos precede e na qual o infante tem que se posicionar, não resultava com a clareza que adquiriu quando Saussure propôs como método o estudo sincrônico do sistema da língua.

Entre os psicanalistas, o legado da metodologia saussuriana na psicanálise foi bastante fecundo, como a obra de Lacan comprova, tanto em sua concepção do inconsciente estruturado como uma linguagem como em sua insistência, contra Laplanche, de que a linguagem é condição do inconsciente.

Os estudos de linguagem citados por Freud foram os de Karl Abel e Hans Sperber. Estes autores compartilhavam a tradição da linguística alemã, a gramática comparativa, que havia conhecido no século XIX e começo do XX um desenvolvimento importante. Esta, que foi a abordagem da linguagem predominante no século XIX na Europa, estudava as relações de correspondência entre as várias línguas. Foi a descoberta, por Sir William Jones no final do século XVIII, de que o sânscrito possuía relações com o grego, o latim e o alemão que incentivou esse projeto de estudos.

No século XIX, o método comparativo, apoiando-se no princípio de que há leis que presidem as mudanças, reconstruiu uma língua prototípica, o proto-indo-europeu, e esse ramo de estudos foi muito bem-sucedido. Mas a paixão pelas origens foi um dos subprodutos desse projeto e se manifestou também na obra freudiana, em que tanto o sonho quanto a psicose e os processos inconscientes foram entendidos como remanescentes de uma linguagem arcaica da humanidade. O historicismo que marcou o pensamento do século XIX deixa seu selo não só nos estudos da linguagem como nas teorias freudianas.

A descoberta do sânscrito, linguagem dos textos literários e sagrados do hinduísmo, e de suas semelhanças e parentescos com as línguas europeias pelo Ocidente propicia uma virada nos estudos da linguagem, e, nesse movimento, a influência do romantismo alemão concorre para ocasionar uma transformação dos estudos de linguagem, que se dedicavam à sintaxe e à gramática para uma visão genealógica das línguas. Desenvolve-se assim uma ciência comparativa da linguagem rigorosa, mas que é inseparável de certo fundo ideológico, analisado por Blikstein (1992) em seu artigo "Indo-europeu, linguística e racismo". O autor afirma que a gramática comparada das línguas indo-europeias foi "um dos mais fecundos aparelhos teórico-metodológicos da moderna ciência linguística" (Blikstein, 1992: 105). Por outro lado, a noção de indo-europeu como berço das civilizações europeias e indo-arianas, ou como uma raça de onde se teriam originado os povos europeus e indianos, foi considerada pelo autor como fruto de uma paixão da humanidade que é a busca das origens. O ponto de vista que defende é o de que, na verdade, o indo-europeu não é uma língua, mas

> uma hipótese de trabalho construída no século XIX por linguistas e filólogos que, ao descortinarem o parentesco entre as línguas indo-arianas ou indo-iranianas faladas na Índia ou no Irã antigos [...] propuseram, para esses dois grandes grupos linguísticos, uma origem comum batizada convencionalmente com o nome de indo-europeu (Blikstein, 1992: 105).

A ênfase em que o indo-europeu é apenas uma hipótese de trabalho serve ao autor para se opor às ideologias que, no apogeu do romantismo, levavam alguns intelectuais alemães a buscarem a *Ursprünglich Sprache*, língua originária. Na linguística comparada, "a ideologia evolucionista encontra o corolário linguístico indispensável à sua instalação" (Kristeva, 1969/1988: 226). A esta influência também não poderia ser indiferente o pai da psicanálise, vindo de uma experiência de pesquisas em neurologia em que o paradigma evolucionista era dominante.

Saussure foi um destacado linguista que trabalhou dentro da tradição da linguística comparada. O programa de explicar as semelhanças constatadas entre as diversas línguas por sua relação a um protótipo linguístico comum foi central em sua pesquisa (ver Milner, 2002: 19). Mas, de dentro desta tradição de estudos da linguagem, Saussure imprime um corte que influencia toda a linguística a partir de então, a ponto que tudo o que se formula a partir sua contribuição tomá-la sempre como referência. A linguística comparativa era também chamada de linguística histórica, e para Saussure isso era uma impropriedade. Por isto mesmo ele propõe os termos diacrônico e sincrônico, considerando que o que esses estudos efetivamente faziam era comparar estados da língua em diferentes épocas.

O protótipo comum com que a linguística comparativa explica as semelhanças entre várias línguas tanto pode ser acessível, como o latim para as línguas românicas, ou construído como o indo-europeu. Mas, além dessa hipótese de uma língua pré-histórica, supunha-se a existência de uma população que a utilizara, e dela se buscava reconstruir a história. Saussure criticou esses estudos por não distinguirem suficientemente dois campos heterogêneos. Só a comparação entre línguas diversas e as hipóteses a que dão origem pertencem efetivamente ao campo da linguística. Já os estudos sobre esse suposto povo seria um estudo histórico e não linguístico, mesmo que se valesse de dados linguísticos.

Assim, embora participando do mesmo projeto que os linguistas citados por Freud, Saussure se desinteressa pela questão das origens, que seria o foco de interesse tanto de Abel quanto de Sperber. Os principais livros, tanto o do primeiro quanto do segundo desses autores, não por coincidência, têm em seu nome a palavra "origem". Saussure, este, considera que não é importante buscar a origem da linguagem, visto que "o único objeto real da linguística é a vida normal e regular de um idioma já constituído" (Saussure, 1916/1972: 86).

Vamos aos filólogos aos quais Freud recorre. Sobre Abel, Freud dedicou maior espaço em seus escritos, valorizando a linguagem primitiva, na qual, para o filólogo, sentidos antitéticos se ligariam às mesmas palavras. Para Freud, este traço também caracterizaria a linguagem dos sonhos. Os sonhos, de acordo com a "Interpretação dos sonhos", desconsideram as categorias de contrário e contraditório. Combinam contrários em uma mesma representação, ou representam algo exatamente pelo desejo contrário. Não se pode saber de imediato se um elemento que admite contrário deve ser tomado em sua forma positiva ou negativa. O encontro com o trabalho do filologista Karl Abel vem a convencê-lo de que esta característica surpreendente do trabalho do sonho é "idêntica com uma peculiaridade das línguas mais antigas que conhecemos" (Freud, 1910/1975: 156). O que Abel demonstra é que, além de palavras que combinam dois sentidos antitéticos, a antiga língua egípcia também possui palavras compostas em que figuram duas palavras de sentidos antitéticos que são usadas para significar apenas um dos sentidos contraditórios. Em seu artigo de 1910, especialmente dedicado a esse encontro feliz, Freud encontra em Abel a confirmação de sua hipótese sobre "o caráter regressivo e arcaico da expressão de pensamentos no sonho" (Freud, 1910/1975: 161).

Já sobre Hans Sperber de Upsala, suas menções são mais esparsas. No capítulo sobre a filologia de "The claims of psycho-analysis to scientific interest", de 1913, Freud menciona Sperber. Fala dele também em nota acrescentada em 1925 ao capítulo VI de "Interpretação dos sonhos" e só se espraia mais longamente sobre suas teorias na 10ª Conferência, de 1916, sobre o simbolismo nos sonhos. O texto de Sperber ao qual Freud recorre, concedendo-lhe grande interesse ao longo de sua mais importante contribuição para o simbolismo dos sonhos, chama-se "Sobre a influência dos fatores sexuais na gênese e evolução da linguagem" e foi originalmente publicado no primeiro número da revista Imago de 1912, publicação dirigida por Otto Rank e Hanns Sachs, voltada para os laços da psicanálise com as outras "ciências do espírito", como a linguística, a mitologia, religião, etc.

Sperber inicia seu trabalho com uma decidida defesa, contra Wundt, do projeto de pesquisar a origem da linguagem. Recusa o argumento, que considera difundido entre os opositores a esse projeto, de que ele só serviria para sonhadores metafísicos, visto que daria lugar a hipóteses indemonstráveis. Se a espécie humana se desenvolveu a partir de animais unicelulares, e estes não possuíam linguagem, o "estado originário da linguagem é, em consequência, uma suposição inevitável, e de forma alguma uma ficção vazia" (Sperber, 1912/1980: 102).

No trabalho de Sperber, novamente Freud encontra uma confirmação de algumas de suas teses. O filólogo, trabalhando independentemente da psicanálise, defende que a sexualidade teve um papel fundamental na origem e no desenvolvimento da linguagem e que as palavras originais giravam em torno de temas sexuais. Esse ponto de vista é inteiramente compatível com a observação freudiana de que os sonhos são povoados pelos símbolos sexuais e, de forma mais geral, com o papel que deu à sexualidade e ao erotismo como envolvidos em todos os laços sociais e nas obras da cultura. Por outro lado, reforça sua ideia de que a forma de expressão de pensamentos no sonho tem laços com estados primitivos da linguagem.

O chamado para o coito estaria na origem da linguagem. A mais antiga manifestação linguística é o chamado de sedução. Esse papel, segundo o filólogo, não poderia ser o dos gritos da criança faminta chamando sua mãe, porque só a origem da linguagem individual está em jogo no início da vida. As primeiras manifestações da linguagem na vida de cada um estão necessariamente ligadas às demandas da criança à sua mãe, mas a criança não cria sua linguagem, na verdade ela a recebe do adulto.

Sperber considera que a hipótese de que a principal raiz da linguagem é a sexualidade permite explicar a evolução e ampliação da linguagem e o fato de que agora ela não mais designa predominantemente coisas da sexualidade. Se os sons originais da linguagem se destinavam a atrair o parceiro sexual, o desenvolvimento ulterior da linguagem foi correlativa da invenção das ferramentas para o trabalho. As atividades do cultivo da terra com ferramentas eram executadas em comum e acompanhadas de interesse sexual. O trabalho na terra com os instrumentos era acompanhado de excitação e de sons rítmicos semelhantes aos chamados de sedução. A linguagem ainda mostra o laço que existe entre a germinação das plantas e a procriação, uma semente lançada à mãe terra dará origem a um fruto: "a representação primitiva identifica o arado com o falo e a terra com a mulher que concebe" (Sperber, 1912/1980: 106). Ainda atualmente, as canções ligadas ao trabalho coletivo são muito repetidas, estando ainda relacionadas com a acentuação de prazer sexual ligado a cada trabalho.

Ao longo do tempo as palavras foram perdendo sua significação sexual. Mas Sperber (1912/1980) menciona a noção freudiana de sublimação, sugerindo que as maiores realizações artísticas e intelectuais dos homens ainda mantêm relação com os impulsos sexuais insatisfeitos.

A hipótese de Sperber (1912/1980) interessa a Freud porque esclarece sobre o simbolismo dos sonhos, no qual muitas vezes as armas e utensílios representam o masculino e os materiais que são transformados no trabalho representam o feminino. "A relação simbólica seria o resíduo de uma antiga identidade verbal; coisas que foram uma vez chamadas pelo mesmo nome que os genitais poderiam agora servir como símbolo para os mesmos, nos sonhos" (Freud, 1916/195: 167).

No prosseguimento, Freud não contém seu entusiasmo com a contribuição que a psicanálise pode proporcionar a outros campos de saber, como o dos estudos de linguagem. Os achados psicanalíticos podem contribuir para a compreensão de uma hipotética língua primitiva, já que as manifestações neuróticas, assim como a linguagem simbólica dos sonhos, são campos privilegiados em que ela teria sobrevivido.

Independentemente das considerações genéticas que permeiam o trabalho dos dois autores, não há dúvida de que o prestígio que Freud concede às especulações de Sperber é um indício do quanto a linguagem para ele é inseparável da sexualidade, o que o distancia de qualquer perspectiva formalista de linguagem.

O diálogo de Lacan com os estudos da linguagem centrou-se inicialmente na linguística saussuriana, que lhe forneceu elementos importantes que o acompanharam por todo seu ensino. A metodologia saussuriana, que visa descartar um objeto heterogêneo como é a linguagem e se dedicar ao estudo do sistema da língua, constitui a língua como um objeto científico. Na caracterização da língua, a metodologia saussuriana seleciona na linguagem aquilo que é constante, que se repete em todas as falas e que não depende das circunstâncias de sua aparição. Já a fala e as circunstâncias da fala são irrepetíveis.

Essa visão da língua permite pensá-la como uma estrutura que preexiste ao sujeito, à qual ele terá que pagar a entrada com sua divisão, e que o determinará para sempre, como pensa Lacan. Por outro lado, não se fala tanto das outras perspectivas de linguagem de que Lacan lançou mão quando delas precisou, com toda a liberdade. Não foram apenas as contribuições de Saussure, entre os estudiosos da linguagem, que inspiraram Lacan.

Desde seus estudos sobre a psicose, Lacan começa a empregar a ideia de *shifter*, que deu a Jakobson o lugar de um dos precursores de uma linguística da enunciação. Se Jakobson recebeu e mostrou a produtividade do legado saussuriano com sua copiosa obra, não se pode tomar seu modelo de linguagem como sendo totalmente solidário ao de Saussure. O fato é que introduziu em seus estudos dos *shifters* a noção de enunciação, que "é sem dúvida a tentativa mais importante para ultrapassar os limites da linguística da língua" (Auroux, 1998: 42). Ao mesmo tempo, esta utilização dos *shifters* mostra como os estudos interdisciplinares, apesar dos limites entre os campos, podem ter resultados produtivos.

No seminário de 1956, e em artigo de 1958, "De uma questão preliminar", Lacan se dedica ao estudo da psicose e toma a linguagem que fala em voz alta e por conta própria nesta condição como o principal enigma a que se dedicará. Apesar de transcorrerem apenas dois anos entre os dois estudos, há mudanças entre eles que se devem à importância que teve para o mestre francês a leitura, no intervalo, do importante artigo de Jakobson, publicado originalmente em 1957, "*Shifters*, categorias verbais e o verbo russo" (citado por Laurent, 1995: 113). Embora os campos da psicanálise e da linguística sejam epistemicamente heterogêneos, aqui se vê um exemplo feliz de produtividade do estudo interdisciplinar: a leitura do artigo de Jakobson trouxe a Lacan um novo elemento a partir do qual pensar a psicose em sua relação com a linguagem que resultou em modificações em suas considerações sobre a psicose.

A categoria gramatical do *shifter* é não só a primeira remissão a uma linguística da enunciação como, no campo da psicanálise, serve a Lacan para identificar onde se dá, na psicose, uma bizarria no uso da linguagem – precisamente a ausência dos *shifters* no discurso do psicótico, que ele foi o primeiro a notar (Laurent, 1995: 188).

Os *shifters* são elementos do código linguístico que remetem à mensagem. Para conceituá-los, Jakobson remete-se à contribuição de Peirce, que classificou os signos em símbolos, índices e ícones. Os *shifters* são simultaneamente símbolos e índices. Como símbolos, existe uma regra convencional para seu uso. O exemplo privilegiado é o pronome "eu". O código estipula que o pronome "eu" deve designar o locutor. Por outro lado, como um índice, o pronome "eu" só pode representar quem enuncia se estiver em uma relação existencial com a mensagem. Nos *shifters* código e mensagem se entrelaçam (Flores & Teixeira, 2008).

Jakobson oferece outra definição: os *shifters* se referem à enunciação e sua complexidade "explica por que os pronomes estão entre as aquisições mais tardias da linguagem infantil e entre as primeiras perdas da afasia" (Jakobson, 1963: 180). Já se observa, na ênfase dada por Jakobson ao *shifter*, o movimento de passagem de uma linguística da língua a uma linguística de enunciação. A ideia é que a linguagem não é mais considerada um instrumento neutro de transmissão de informações, pois que porta marcas da subjetividade no enunciado. A autonomia dos pronomes como categoria gramatical já havia sido notada pelos estoicos, que os chamaram de articulações indicativas (Agamben, 1985/2006: 35). Efetivamente, como *shifters*, os pronomes demonstram a presença do sujeito na língua e remetem à pragmática. Os pronomes eu, tu, assim como expressões como aqui, agora, esse, aquele, têm um valor semântico dependente do contexto e representam a referência do locutor. Essas expressões, que podem ou não ser *shifters* dependendo de seu uso, só assumem significação quando se procuram o locutor, o interlocutor, o lugar, o tempo presentes no contexto da enunciação. Tendo definido rapidamente os *shifters*, assunto tão complexo para poucas linhas, voltemos à afirmativa de Lacan.

Na psicose o *shifter* não é dito. Nas mensagens interrompidas de Deus para Schreber, a interrupção se dá imediatamente após os *shifters*: "Agora eu vou...". Schreber completa: "render-me ao fato de que sou idiota". Os *shifters* são enunciados pelo Outro.

Laurent (1995), como vimos, nos informa que o fato de ter tomado conhecimento dessa categoria verbal possibilitou a Lacan uma modificação em sua visão da psicose. Ele vai focalizar o caso "porca", que foi exposto nos anos de 1956 e 1958, de formas diversas. Nessa época, o propósito de Lacan seria propor uma nova concepção da psicose em que as noções de projeção ou de identificação projetiva pudessem ser descartadas e substituídas pela de resposta do real, a volta do que foi posto fora da simbolização pela *Verwerfung*. Em 1956, uma jovem entrevistada, paranoica, é apresentada como envolvida em um delírio a dois com sua mãe. Ao cruzar com um homem casado, desprezível, que mantinha um caso com uma vizinha leviana, este a xinga. Ela não quer repetir a injúria, mas termina por confessar que ela mesma tinha dito algo ao passar: "venho do salsicheiro". Lacan conclui que nisso há uma referência a porco, e diz "suíno". Sim, diz a jovem, o homem disse "porca"! Nesse fenômeno alucinatório, não se sabe se o termo "porca" foi emitido por ela ou pelo homem, o que revela uma confusão imaginária entre sujeito e outro, que supõe a eliminação do Outro. Nos *Escritos*, o caso é novamente relatado e, segundo Laurent, "de maneira inversa" (Laurent, 1995: 114). Realmente Lacan observa que reconhecer no "Porca!" uma simples retorção de um "Porco!" seria uma saída fácil e possivelmente errônea. Apenas pergunta o que ela pensara no momento anterior. Murmurara "venho do salsicheiro". Lacan relata ter a moça desfeito um casamento reprovado pela mãe a partir da convicção de que ele e sua família, camponeses, planejavam picá-la, àquela moça da cidade, em pedacinhos. A paciente se mostra perplexa quanto a apreender a quem se referia aquela alusão. O "Eu", sujeito da frase, como *shifter*, deixa em suspenso a designação do sujeito falante, e a injúria porca viria a brecar essa oscilação, rejeitando para o real o objeto indizível. A alucinação depende da cadeia significante e da atribuição subjetiva que ela comporta; sua natureza não é de ordem perceptiva.

O modelo formalista de Saussure se articula da forma mais clara ao desejo do linguista, que é, segundo Milner, a pura língua despida de gozo, diferentemente da linguagem para o psicanalista. Mas há diferentes perspectivas e teorias da linguagem no trabalho de Lacan, de que ele lançará mão quando lhe convier a uma elaboração psicanalítica. No *Seminário 17*, por exemplo, Lacan deixa a estrutura da língua de lado e se volta para a estrutura do discurso. Mais tarde, em "Radiofonia", Lacan irá se interessar por Charles Peirce mais decisivamente no movimento de retomar a estrutura no campo do gozo, embora continue a mencionar Saussure como fundamental para seu pensamento.

Uma vez que se afasta de uma perspectiva formalista da linguagem como a adotada por Saussure, qual o motivo de tanta reverência? O fato de que Saussure, ao introduzir no signo verbal o significado, ter rompido com uma perspectiva metafísica do significado. Os significados são parte da linguagem e são constituídos por ela. A importância da obra de Saussure, por este ponto de vista, foi fundamental, pois significou romper com a metafísica.

Não há um mundo prévio à linguagem, o qual ela viria nomear, pois "é o mundo da fala que cria o mundo das coisas" (Lacan, 1974/2004). Em entrevista ao italiano Emilio Granzotto, Lacan (1974/2004) enfatiza ainda que nem pensamento existiria sem a linguagem, só as palavras podem engendrar o pensamento. É nesse ponto que jamais deixará de seguir Saussure, para quem o pensamento sem linguagem seria apenas uma massa amorfa.

Lacan considera que Freud, em sua teoria do inconsciente, antecipa a teoria com a qual, mais tarde, Saussure inaugurou a linguística moderna. Indo mais longe, em "Radiofonia", diz que o inconsciente é condição da linguística (ver Lacan, 1970/2003: 403).

A liberdade com que Lacan se apropria de diferentes contribuições é bastante esclarecedora. Várias perspectivas sobre a linguagem podem ser produtivas, no sentido de propiciar novas ideias, e a utilização que o psicanalista delas faz mostra que as articulações entre campos diversos do saber não visam diluir fronteiras, mas fertilizar intuições.

Referências bibliográficas

Agamben, G. (1985/2006). *A linguagem e a morte – um seminário sobre o lugar da negatividade*. Belo Horizonte: Editora UFMG.

Auroux, S. (1998). *Filosofia da linguagem*. Campinas: Unicamp.

Blikstein, I. (1992). Indo-europeu, linguística e... racismo. São Paulo: *Revista USP 14*. Disponível em <www.usp.br/revistausp/14/20-Izidoro.pdf>. Recuperado em 10/05/2012.

Canguilhem (1966/1982). *O normal e o patológico*. Rio de Janeiro: Forense Universitária.

Cervoni, J. (1987). *L'Énonciation*. Paris: PUF.

Fichant, M. (1974). A epistemologia na França. In: Chatelet, F. (org.). A *história da filosofia, ideias, doutrinas VIII* (pp. 124-152). Rio de Janeiro: Zahar.

Flores, V. N. & Teixeira, M. (2008). *Introdução à linguística da enunciação*. São Paulo: Contexto.

Freud, S. (1909/1975). Analysis of a phobia in a five-year-boy. *The standard edition of the complete psychological works of Sigmund Freud (S.E.)*, v. X. London: The Hogarth Press, p 3-148

Freud, S. (1910/1975). The antithetical meaning of primal words. *The standard edition of the complete psychological works of Sigmund Freud (S.E.)*, v. XI. London: The Hogarth Press.

Freud, S. (1913/1975). The claims of psycho-analysis to scientific interest. *The standard edition of the complete psychological works of Sigmund Freud (S.E.)*, v. XIII. London: The Hogarth Press.

Freud, S. (1916 [1915-1916]/1975). Symbolism in dreams (Lecture 10). In: Introductory Lectures on Psycho-analysis. *The standard edition of the complete psychological works of Sigmund Freud (S.E.)*, v. XV. London: The Hogarth Press.

Freud, S. (1926/1975). Inhibitions, Symptoms and anxiety. *The standard edition of the complete psychological works of Sigmund Freud (S.E.)*, v. XX. London: The Hogarth Press.

Jakobson, R. (1963). Les embrayers, les catégories verbales et le verbe russe. In: *Essais de linguistique générale* (pp. 176-196). Paris: Éditions de Minuit.

Koyré, A. (1939/1966). *Études galiléennes*. Paris: Hermann.

Koyré, A. (1982). *Estudos de história do pensamento científico*. Rio de Janeiro: Forense Universitária.

Kristeva, J. (1969/1988). *História da linguagem*. Lisboa: Edições 70.

Lacan, J. (1955-1956/1985). *O seminário, livro 3: as psicoses*. Rio de Janeiro: Jorge Zahar.

Lacan, J. (1966/1998). De uma questão preliminar a todo tratamento possível da psicose. In: *Escritos* (pp. 537-590). Rio de Janeiro: Jorge Zahar.

Lacan, J. (1970/2003). Radiofonia. *Outros escritos* (pp. 400-447). Rio de Janeiro: Jorge Zahar.

Lacan, J. (1974/2004). Não existe crise na psicanálise - entrevista a Emilio Granzotto, *Magazine Littéraire*, fevereiro de 2004.

Lacan, J. (1975/1982). *O seminário, livro 20: mais, ainda*. Rio de Janeiro: Jorge Zahar.

Laurent, É. (1995). *Versões da clínica psicanalítica*. Rio de Janeiro: Jorge Zahar.

Leite, N. V. A. (1993). Linguística e psicanálise: uma não relação. In: Quinet, A. (org.). *A psicanálise e suas conexões* (pp. 139-143). Rio de Janeiro: Imago.

Milner, J.-C. (1996). *A obra clara*. Rio de Janeiro: Jorge Zahar.

Milner, J.-C. (2002). *Le périple structural*. Paris: Seuil.

Saussure, F. (1916/1972). *Curso de linguística geral*. São Paulo: Cultrix.

Sperber, H. (1912/1980). Sobre la influencia de los factores sexuales en la génesis y evolución del lenguaje. *Suplemento de las notas* - Publicación Interna de la Escuela Freudiana de Buenos Aires, nº 1, novembro de 1980. (Trabalho originalmente publicado no nº 1 da revista Imago, 1912).

Interrogações e ensinamentos na clínica do autismo

Glacy Gonzales Gorski*

Mamãe, eu creio que a velocidade da luz não é tão rápida, porque quando a luz chega a um lugar a escuridão já estava ali.

(Fala de uma criança autista)

Introdução

No intuito de introduzirmos uma reflexão sobre o lugar do autismo no discurso científico, inclusive na vertente cientificista, e no diálogo proporcionado pelas interrogações e ensinamentos da experiência na clínica com os autistas, faremos inicialmente uma breve ponderação sobre a própria conceituação de Saúde Mental.

A Associação Mundial de Psicanálise (AMP), nos últimos anos, através dos trabalhos dos membros psicanalistas, tem contribuído na reflexão acerca do que está em jogo na conceituação de Saúde Mental, destacando a prevalência nas instituições e na cultura das novas ver-

* Psicanalista. Doutora pela PUC-SP, Mestre pela Universidade de Colônia - Alemanha, professora e pesquisadora da Universidade Federal de Campina Grande - Paraíba, Supervisora clínico-institucional do Ministério da Saúde, coordenadora do Grupo de Pesquisa Psicanálise, Psicopatologia e Saúde Mental da instituição, membro da Escola Brasileira de Psicanálise (EBP), e da Associação Mundial de Psicanálise (AMP). Membro do GT Psicopatologia e Psicanálise da ANPEPP. E-mail: glacygorski@uol.com.br.

sões do discurso do mestre. Éric Laurent (1995: 3), ao lembrar a consideração de Jacques-Alain Miller de que "a Saúde Mental é, em primeiro lugar, uma questão de ordem pública", acrescenta que, "no que concerne à saúde, a ordem pública foi deslocada pelo novo estatuto do mestre". O mestre da contemporaneidade, para Laurent, está "embaraçado com a medida" e enfeitiçado com o controle e com a avaliação e tem a pretensão de cifrar a organização social.

Disso decorre uma importante mudança de registro, principalmente no que diz respeito ao lugar e à função do mestre soberano. A constituição francesa de 1793 promulgou que a sociedade teria como objetivo a felicidade de todos, e o Estado deveria ser responsável pela defesa deste direito. Na atualidade, nas formulações das políticas públicas destaca-se que o governo deve dar a garantia de que todos os cidadãos tenham acesso à saúde como um bem comum. Laurent pontua que, hoje em dia, o Estado, uma vez que se vê endividado e não dá conta de assumir essa função, delegou-a ao novo mestre, à ciência, que produz e propaga ensinamentos de que felicidade e saúde estão intrinsecamente imbricadas. Portanto, para o autor, "Não se trata mais de garantir a felicidade, nem a seguridade (*Wellfare*). É preciso, agora, se limitar ao que tem um efeito cientificamente demonstrado. O que é pouco, no que diz respeito à felicidade". (Laurent, 1995: 2).

Os avatares do autismo no campo da ciência

Nos anos 40 do século XX, Kanner, nos Estados Unidos, e Asperger, na Alemanha, consideraram o autismo como um modo específico de sofrimento psíquico. A obra de Kanner se fundamenta em muitos anos de observação de 11 crianças que ele nomeou de autistas. A discussão desses casos, tendo como referência a observação e acompanhamento dos pacientes, deixou um legado de grande relevância, uma vez que destaca a dimensão clínica e focaliza o aspecto relacional.

O trabalho de Ribeiro (2005), fundamentado em um estudo exaustivo do texto de Kanner, destaca que, segundo este autor, o que estas crianças têm em comum é a impossibilidade de estabelecerem relações normais com os pais e com situações desde os primórdios da vida, ou seja, elas não consentem na relação com seus pais. Estes, segundo suas observações, eram frios e mantinham uma relação formal com a criança autista. Ele pôde constatar também que tudo que é trazido para a criança do exterior, tudo que altera o meio externo ou interno aparece como intrusivo e ameaçador (Kanner, 1997 [1943], citado por Ribeiro, 2005). Este texto seminal de Kanner serviu de referência a vários teóricos que postulavam uma hipótese relacional na determinação do autismo, pois sua pesquisa clínica trouxe dados consistentes que evidenciavam a existência de uma causalidade psicogenética e demonstravam uma associação entre o ambiente e a determinação do autismo, dando maior relevância à relação com os pais.

Nesses estudos pioneiros, não foi possível encontrar nenhuma anomalia orgânica nessas crianças e, tampouco, constatar algum déficit cognitivo. Na atualidade, nos textos considerados como científicos, convivem lado a lado várias hipóteses etiológicas sobre autismo como, por exemplo: a associação com patologias orgânicas (rubéola congênita, convulsões, fenilcetonúria, etc.); hipóteses neurológicas considerando a desconexão córtex pré-frontal, defeitos nos lobos temporais e cerebelo; hipóteses genéticas, como, por exemplo, os estudos com gêmeos monozigóticos apontando uma concordância de incidência, a produção excessiva de opiáceos pelo próprio organismo, entre outras (Gorski & Santos, 2011).

É relevante ressaltar que embora a ciência possa fornecer importantes contribuições no esclarecimento sobre os correlatos genéticos, neuropatológicos e biológicos as comprovações científicas são deveras escassas, como mostra Javier Peteiro (2012: 5)[1]. Tendo como referência publicações recentes na revista *Nature*, ele diz que , "Com exceção de uns poucos transtornos raros como a síndrome do X frágil ou de Rett que causam formas de autismo", não é possível afirmar quais seriam os

[1] Em Carta aberta, Francisco Xavier Peteiro Cartelle, Doutor em Medicina e Chefe da seção de bioquímica do hospital universitário de La Coruña, Espanha, traz estes dados de grande relevância para o debate atual. Lacan Quotidien, (163), p. 5. Disponível em <www.lacanquotidien>. Recuperado em fevereiro 2012.

determinantes do autismo. Nenhuma alteração de um gene individual ou de um conjunto de genes pôde ser verificada.

No entanto, partindo da consideração de que é impossível definir de forma confiável quais seriam os fatores etiológicos, mas apostando na causa biológica, Wing (citado por Sousa & Santos, 2011: 5) construiu o conceito de um "continuum" ou "espectro" autista.

Todavia, a ciência, apesar de não ter comprovações suficientes sobre os fatores determinantes, opera com afirmações contundentes, colocando em cheque o próprio estatuto científico das suas afirmações. Verificamos a existência de um reducionismo a um modelo etiológico que se pauta na genética e deixa de lado o enfoque relacional.

Segundo Souza e Santos (2011: 2), no início dos anos 1960, através da *Medical Research Council's Developmental Psychology Unit*, assistimos a uma mudança de perspectiva, sendo possível constatar a presença de uma modificação no modo de se compreender a natureza do autismo: "os psicólogos passaram a considerá-lo como uma alteração de índole cognitiva" relacionada a uma perturbação do desenvolvimento.

Assim, neste contexto, para Kuperstein e Missalglia (2005), as pesquisas neste campo permitem, hoje, confirmar que o autismo é um distúrbio do desenvolvimento e não do contato afetivo, como se acreditava anteriormente. Isto leva Dunlap, Pierce e Kay (1999, citado por Souza & Santos, 2011: 3) a afirmarem que, uma vez que "as teorias envolvendo a influência do comportamento dos pais e do meio familiar foram fortemente desacreditadas, podemos supor a existência de uma associação genética". A hipótese de que o autismo é uma deficiência genética vem se impondo cada vez mais embora a ciência ainda não tenha encontrado o gene específico.

Entretanto, na atualidade há um consenso, nos escritos psiquiátricos que abordam essa psicopatologia, de que o autismo estaria vinculado a um processo relacionado a uma disfunção cerebral. Teríamos, então, uma falha na comunicação das percepções sensoriais, de maneira que o cérebro não conseguiria obter um conhecimento perfeito do que é captado pelos órgãos do sentido. Trata-se de uma compreensão do autismo como um déficit no sistema cognitivo.

Éric Laurent (2012), em texto recente, publicado no *Lacan Quotidien*, nº 164, aponta a relevância da posição de Michelle Dawson, pesquisadora autista, membro da equipe de pesquisa de Laurent Mottron, em Montreal, trazendo para o debate a visão crítica desta pesquisadora acerca dos métodos de tratamento comportamentalista da ABA (Applied Behaviour Analysis), os quais estariam colocando os sujeitos em leito de Procusto e denuncia que 47% dos tratamentos integram punições nos seus protocolos.

Ela também destaca a importância das pesquisas de cunho científico no tocante às contribuições que podem trazer subsídios para nos acercarmos do modo específico de raciocínio e aprendizagem e do seu desenvolvimento. No entanto, segundo Dawson, não se pode perder de vista que "A causalidade do estado autístico reside, sem dúvida, numa série de variações genéticas, mas ela produz um 'variante humano'" (Dawson, citado por Laurent, 2012: 4; tradução nossa) o qual não deve ser submetido a tratamento. Essas afirmações esclarecem um ponto crucial nesta querela. Ratificamos esta posição sublinhando que embora a ciência deva se empenhar em pesquisar o funcionamento do cérebro dos autistas ela não pode transformar o seu comportamento em objeto. A vertente científica em busca de verdades e em nome da universalização apaga a subjetividade, anulando a particularidade de cada caso clínico. Portanto a questão que está colocada para a medicina científica é como articular seus achados científicos com uma clínica do singular.

Entretanto, o que se constata é que nos dias atuais o sujeito foi transformado em objeto da ciência e do cognitivismo. Segundo alerta Briole (2011: 8), a medicina moderna promoveu uma passagem "da especificidade de uma clínica da linguagem – a do afásico, do autista, do psicótico, etc. – ao disfuncionamento de um puro mecanismo cognitivo da palavra".

Resumindo, podemos dizer que constatamos claramente nas explanações que houve uma mudança de paradigma, o que implica um abandono da perspectiva clínica, da observação e da perspectiva da relação em prol de critérios de cunho cognitivo comportamentalista. Visando garantir cientificidade às Terapias Cognitivo-Comportamentais (TCC), se empenham em demonstrar sua eficácia terapêutica e fiabilidade técnica. Segundo Ventura (2009: 327; tradução nossa), "seus postulados se sustentam no método de investigação científica e na validação cientificamente comprovada". Tal investida tem efeitos sedutores, uma vez que a ciência ocupa hoje o lugar da religião. Apostar que a ciência possa oferecer garantias provoca sua própria banalização e degradação. É o que podemos observar se estivermos atentos ao modo como vêm sendo desenvolvidos os temas relacionados à saúde na esfera midiática.

Lembramos ainda que o que caracteriza a ciência, ou, especificamente, sua cientificidade, é justamente a abolição da subjetividade. No que se refere ao tratamento do humano pela ciência, Lacan (1966/1998: 873) tem uma visão muito clara sobre as ciências humanas. Para ele "Não há ciência do homem porque o homem da ciência não existe, mas apenas seu sujeito". Ele diz ainda: "É conhecida minha repugnância de sempre pela denominação ciências humanas que me parece ser a própria voz da servidão". Penso que esta afirmativa tem a ver com um modelo de ciências humanas que se pauta em critérios de cientificidade e que acredita ser possível criar um novo humanismo, o qual tem como alicerce o discurso científico, produzindo uma coisificação do humano.

O cientificismo e suas implicações éticas

Nesta seção trazemos para o debate algumas ponderações sobre o cientificismo focalizando suas implicações do ponto de vista ético. Neste contexto, esclarecemos que, quanto ao emprego do termo cientificismo no nosso trabalho, consideramos que, em geral, tanto nas ciências sociais de cunho crítico quanto na filosofia, cientificismo vem denominar a ascensão do uso de uma racionalidade proveniente da doutrina positivista que valoriza a noção de técnica nas mais diversas ponderações da vida social e subjetiva por parte das instituições e da cultura moderna. Sua versão contemporânea se caracteriza por uma tecnocracia que invade não apenas as relações de trabalho, mas também o manejo administrado e contabilizado dos afetos, das atitudes e das diversas produções humanas, não esquecendo, claro, da visível finalidade mercadológica.

Segundo Peteiro e Blanco (2009: 322; tradução nossa), o cientificismo é uma ideologia que oferece um modelo de funcionamento da civilização. Uma vez que nossa época se caracteriza pelo fim dos discursos dominantes "e não existem referências fortes que organizem a vida e a ética", a ciência na vertente cientificista vem ocupar este lugar vazio, podendo às vezes ocasionar grandes estragos.

Considerando o contexto atual de nossa cultura, La Sagna (2007) nos adverte para o fato de que, ao declinar o simbólico, deparamo-nos com um vazio no campo dos ideais e a ciência se sente convocada a responder neste lugar. Presenciamos, nos dias de hoje, a dominação de um discurso pseudocientífico que este autor nomeia apropriadamente de "delírio científico", uma vez que se acredita que o real se inscreve e é passível de ser lido. Trata-se, pois, de um reencontro com a religião fundando, assim, o próprio cientificismo.

Fato marcante é que a ciência nos dias de hoje tem uma gama ampla de campos de atuação, mas foram as denominadas tecnociências que passaram a ganhar terreno. Elas buscam fazer prevalecer a razão cientificista, dando vez e voz à *falsa ciência.* Ao refletirmos sobre as origens deste fenômeno, o livro de Echeverria (2003), *La revolución tecnocientífica,* é uma referência necessária. Nesse livro, o autor discute tal problemática do ponto de vista epistemológico e sublinha que a ciência, na segunda guerra mundial, passou por uma reformulação. Para ele, a "renovação" possui raízes norte-americanas e sua marca distintiva reside no fato de que a ciência na atualidade já não busca mais a verdade como era o caso da ciência na era moderna, mas se move no intuito de oferecer garantias de domínio político, econômico, militar e comercial. A partir dessas afirmações de Echeverria, podemos então inferir que o conhecimento científico sofreu transformações, não tendo mais um valor em si, pois adquiriu valor econômico articulado ao mercado capitalista. A saúde foi transformada em um capital. Trilhando na mesma direção, Bassols (2009) afirma que as tecnociências designam a série de ciências que se fundam e se ordenam tomando como paradigma, no campo da saúde, fundamentalmente a genética e a biologia.

Para Peteiro e Blanco (2009: 326; tradução nossa), as "novas ciências não são do tempo das Luzes, não são ciências da ilustração, não são ciências que combatem o obscurantismo". Após uma análise aprofundada da ciência, na contemporaneidade, eles alertam para o fato de que ela se transformou em religião, pois é a única crença que não é questionada, substituindo o lugar de Deus como Outro absoluto. Esta parece ser a marca distintiva do cientificismo e é o que caracteriza as falsas ciências. Nessa vertente toda e qualquer interrogação está excluída; não há furo no saber e, portanto, não há desejo de saber, já que não se admite a ignorância fecunda, a qual deveria instigar o cientista. Eles assinalam ainda que o cientificismo como ideologia "supõe, na época do múltiplo e da fragmentação do social, o retorno do Uno que não admite exceção" (Peteiro & Blanco, 2009: 323; tradução nossa).

Os autores supracitados ponderam também sobre o papel que a ciência tem desempenhado no sentido de regular os sujeitos e a vida, tendo como referência o cientificismo, e apontam como sendo nosso "dever ético, uma vez que temos os recursos epistêmicos e clínicos para isto, denunciar as falsas ciências e suas ingerências em nossas vidas" (Peteiro & Blanco, 2009: 326; tradução nossa). Tal situação tem como consequência o apagamento do sujeito.

Constata-se um crescente incentivo para valorização dos procedimentos de avaliação em Saúde Mental nos últimos anos, omitindo-se cada vez mais a dimensão clínica, dando-se relevância aos critérios objetivos e supervalorizando os protocolos. A Organização Mundial de Saúde (OMS) inclusive propõe no documento da Jornada de Saúde Mental de 2009 (Caroz, 2010) que "A Saúde Mental na atenção primária: deve melhorar o tratamento e promover a Saúde Mental", e, para tanto, indica a utilização de um instrumento de avaliação, que tem como garantia de objetividade a assistência de um *software* (Global Mental Health Assessment Tool) desenvolvido na Grã-Bretanha.

Na perspectiva psicanalítica, questiona-se severamente essa hegemonia da avaliação dos manuais de diagnóstico em suas reverberações negativas para a clínica e a direção do tratamento. A redução do autista a uma "cifra" operada pela tecnocracia cientificista é um fenômeno que causa preocupação, uma vez que tem como consequência uma radical anulação da subjetividade.

A Escola Lacaniana de Psicanálise do Campo Freudiano realizou, em 2010, um Fórum intitulado *O que a avaliação silencia – um caso urgente: o autismo*. Esse evento foi realizado no intuito de explicitar os riscos das avaliações e do ímpeto à quantificação que silenciam o particular de cada ser humano. Vários trabalhos criticam o discurso universalizante apontando que eles anulam as diferenças e promovem uma homogeneização surtindo efeitos destruidores[2]. Nesse Fórum, Ubieto (citado por Alvarez, 2011: 23) denuncia o afã reinante no campo da Saúde Mental por encontrar a *cifra* do sujeito, desconhecendo que o sujeito não se deixa apreender pelos números nem aprisionar nas medições, pois "inclui uma opacidade - inclusive para si mesmo - que o cientificismo nega e vela".

Considerações sobre o autismo a partir de fragmentos de um caso clínico

À guisa de ilustração trazemos fragmentos de um caso de uma criança autista que era atendida por uma equipe ampliada composta por múltiplos profissionais de um Centro de Atenção Psicossocial infantil

[2] Ver relatório elaborado por Margarita Alvarez referente ao Fórum que a Escola Lacaniana de Psicanálise do Campo Freudiano realizou, em 2010, sobre O que a avaliação silencia - um caso urgente: o autismo em Virtualia, Revista digital de La Escuela de Orientación Lacaniana, 23, pp. 22-27.

(CPSi)[3]. Passagens extraídas da conversa com a equipe e da entrevista realizada com a criança e com sua mãe permitem-nos demonstrar entraves no seu tratamento e introduzir uma reflexão sobre alguns pontos que consideramos relevantes.

Optamos por nomear este sujeito de N, tomando como referência o único som que consegue emitir. Trata-se, pois, de uma consoante que não se funde com nenhuma vogal e que, portanto, não compõe uma sílaba. Ela, tampouco, se articula formando uma palavra. Entretanto, ecoa como um não, o que nos permite supor que os sons emitidos funcionam como um ponto de basta, um limite que viabiliza o afastamento do outro. Esse sujeito vive no isolamento, seu olhar é vazio, não busca o outro e repele com veemência e muitas vezes com violência qualquer gesto de aproximação.

Em primeiro lugar chamou a nossa atenção o fato de esse sujeito ter um enorme *buraco* no meio da testa, consequência dos golpes que dava com a cabeça contra a parede até ferir-se. Os golpes aconteciam quando ele se via confrontado com uma demanda por parte de qualquer pessoa. Ademais ele apresenta atuações com o corpo, movimentando-se sem parar.

A equipe do CAPS relatou com preocupação que havia tomado ciência de que, sob a orientação de uma terapeuta, foi instalada na casa de N uma "cadeira pedagógica" na qual a criança passava toda a tarde submetida a sessões de condicionamento que seguiam um rígido protocolo de aprendizagem e tinham uma rotina bem definida e rígida. Segundo a equipe e relato da mãe, esta terapia seria inspirada no método comportamental. Temos aí um esforço no sentido de educar o sujeito e adaptá-lo ao mundo.

---

[3] A experiência clínica e as reflexões que ora apresentamos neste trabalho se deu durante a realização de uma conversação clínica no âmbito da pesquisa Efeitos do Curso de Formação Continuada e Contextualizada para os trabalhadores em Saúde Mental no Estado da Paraíba, financiada pelo CNPq. e realizada pelo Grupo de Pesquisa Psicanálise, Psicopatologia e Saúde Mental CCBS-UFCG. Fazem parte da equipe de pesquisadores Ferrari, I. F., como pesquisadora consultora, Leal, F., Sampaio, J., Nóbrega, M. B. como colaboradores e Xavier, A., Paulino, J. , Paz, L. M., Oliveira, V., Kunst, M., Melo, L. G., Costa, I. T., Santos, P. S., Cavalcanti, R. M. como bolsistas.

Trazemos a seguir uma citação que encontramos em um texto de Moreira (2011: 6), intitulado *Autismo: a difícil arte de educar*, que oferece esclarecimentos sobre a postura do terapeuta e suas dificuldades na educação do autista: "Deve haver uma rotina de trabalho, mas o mundo não deve adaptar-se a eles, e sim, eles ao mundo". Esta passagem elucida de forma precisa o caráter adaptacionista da orientação de cunho pedagógico.

Também foi constatado que para conseguir contê-la e barrar as cabeçadas contra a parede, assim como controlar comportamentos estranhos (tais como mover-se incessantemente, bater palmas, jogar o que estiver na frente, abrir e fechar portas, acender e apagar as luzes), a terapeuta, a babá e a mãe se utilizavam de métodos punitivos. Chama atenção um comportamento bizarro fruto do condicionamento: a criança continua batendo a cabeça na parede, mas, por medo às punições, logo em seguida, num gesto de temor, beija a parede.

Este fato nos leva a refletir sobre o uso que se faz da linguagem neste tratamento. Esta foi transformada em um aparelho ortopédico que visa à adaptação do sujeito através do condicionamento. A N foi imposto testemunhar sua própria devastação como mero objeto da ordenança do outro que lhe impõe um imperativo insano: "beija a parede que golpeaste!". N foi condenado ao absurdo degradante de expressar sua servidão ao outro, pedindo *perdão às paredes* com um dos gestos mais singelos que um homem pode expressar: o beijo. Desvela-se, então, a radicalidade da situação e, parafraseando Primo Levi (2000), interrogamos: "É *isto* um *tratamento*?".

O Outro para o autista figura como Outro absoluto e ameaçador, como já demonstravam os casos clínicos apresentados por Kanner (citado por Ribeiro, 2005) sobre os quais já discorremos neste artigo. De modo especial destacam-se as contribuições de Rosine e Robert Lefort (2003) e Rosine Lefort (1984) fundamentadas em relatos de casos clínicos, pois revelam que para os autistas a palavra do Outro causa horror e, por ser percebida como intrusiva e perigosa, pode gerar violência como reação defensiva por parte do infante. Ademais vale sublinhar ainda que a fala do Outro não surte um efeito apaziguador, uma vez que este, por seu desregramento, figura como devastador. Podemos supor que os atos de N aparentemente insanos, de golpear e ferir a si próprio, sejam tentativas de enfrentar o Outro e escapar de sua intrusão. Ribeiro (2005), no livro intitulado *A criança autista em trabalho*, demonstra através de relatos de vários casos clínicos que atos automutiladores podem significar uma tentativa desesperada de provocar um furo no Outro maciço como artifício utilizado para enfrentar o terror que é gerado pela manifestação de qualquer demanda por parte do Outro. Trata-se, pois, de um trabalho, um esforço no sentido de engendrar o advento do sujeito.

Também pudemos observar que N porta em cada braço uma manchete, um objeto deveras estranho. Trata-se de um artefato de couro, muito duro, que lhe envolve os braços e é utilizado como instrumento de contenção dos seus movimentos. Vale destacar que manchete também significa antiga arma branca de guerra. No entanto esse objeto que lhe foi imposto no intuito de coibir seus movimentos passou a fazer parte do seu corpo. Ele não consente em se separar dele, nem para tomar banho. Diante de qualquer tentativa de tirar as manchetes, reage com ataques de fúria atirando tudo que encontra na sua frente. É como se esses objetos que lhe envolvem os braços tivessem a importante função de protegê-lo dando contorno e vida a seu corpo.

Ubieto (2011), no artigo intitulado *Las personas autistas se sienten solas?*, explicita que os sujeitos autistas não estão sós uma vez que sempre estão acompanhados de uma presença ameaçadora do Outro. No contexto do caso relatado acima constatamos que esse sujeito precisa das manchetes, pois elas funcionam como uma barreira impondo um limite e contribuindo para a diminuição da angústia diante da perturbadora presença das pessoas. Estes objetos são preciosos para os autistas e os ajudam a manter sempre uma distância das pessoas e do mundo ao seu redor. Assim, eles lançam mão de qualquer coisa que esteja ao seu alcance (de brinquedos, de objetos cotidianos, do seu próprio corpo, do corpo de seus companheiros ou de adultos) para conseguir recompor um corpo que os transborda. Destacamos então que eles necessitam se apegar a esses objetos para que lhes sirvam de borda evitando também "a fuga das sensações que experimentam" (Ubieto, 2011: 1; tradução nossa).

Consideramos bastante elucidativos alguns fatos que pudemos observar na experiência com autistas. Por exemplo, presenciamos que algumas crianças ficavam grudadas ao corpo da mãe ou da babá. Neste caso específico, N quando se apresenta no serviço tem que estar sempre acompanhado da babá, a quem se agarra com as duas mãos e vai empurrando tal qual um escudo.

Laurent, na conferência *Os futuros do espectro dos autismos* (citado por Alvarez, 2011: 26; tradução nossa), diz que o analista também pode ser usado, pelo autista, como um objeto e esclarece ainda que "Ele se faz causa de que se possa construir uma borda, ele ocupa este lugar, inclusive com seu corpo". Na mesma conferência ele traz outras pontuações relevantes que podem lançar luz sobre a localização do gozo diferenciando o autismo da paranoia e da esquizofrenia. Na primeira, o gozo está situado do lado do Outro, o qual é visto como alguém que tem má fé, sendo, por isso, considerado perseguidor. Na segunda, o gozo está localizado no próprio corpo e nos seus órgãos, prevalecendo o sentimento do corpo esfacelado. Já no autismo o gozo está situado em uma borda.

Destacamos ainda que o autista recorre a vários subterfúgios no intuito de se deixar envolver por uma cápsula defensora. Laurent afirma que a *encapsulação* no autismo possibilita a construção de uma borda. "No lugar da imagem existe uma *cápsula* que define o espaço de segurança do autista, lhe dá um limite protetor frente ao outro ameaçador" (Laurent citado por Alvarez, 2011: 26; grifo nosso; tradução nossa).

Podemos supor que para N a manchete funciona como um instrumento que constitui uma borda, um limite, mas que também permite. É interessante pontuar que o objeto imposto pelo outro como uma forma de contenção foi transformado pelo sujeito, adquirindo nova significação. Ele parece ter a função de um escudo possibilitando ao sujeito autista, ao modo de uma suplência, confrontar-se com o Outro que lhe parece intrusivo. Essa borda lhe permite deslocar-se, movimentar-se.

Tendo como referência as reflexões de Laurent (2012), pudemos visualizar que o retorno do gozo não se efetua nem no lugar do Outro (como na paranoia), nem no lugar do corpo (como na esquizofrenia), mas, sobretudo, em uma borda. Valendo-se do sintoma, ele conceitua os fenômenos de borda como acontecimento de corpo característicos do autismo e pondera que eles permitem a construção de um espaço de jogo. Na direção do tratamento, trata-se, pois, da invenção de um espaço que não pertence a ninguém e que possibilita que se estabeleçam trocas com o Outro.

Essas colocações permitem reconhecer a possibilidade de o psicanalista operar com essa borda, levando ao deslocamento desse espaço que não é nem de um nem de outro. Nesse sentido, a psicanálise pode ser localizada num espaço de "jogo de construção de uma borda" (Laurent, citado por Alvarez, 2011: 27; tradução nossa). Essas construções inventivas respeitam os limites do outro, não são invasoras e não se deixam guiar por protocolos universalizantes e adaptativos. Nessa orientação nada está predefinido, ao contrário do que constatamos nos tratamentos baseados na punição e no reforço.

Nesse sentido, na experiência clínica com crianças autistas aprendemos que o psicanalista deve apostar na edificação desse limite, dessa borda que se configura como via possível para a emergência de um sujeito. Os caminhos são múltiplos, pois é cada um que deve determinar por onde ir, como nos ensina Donna Williams ao dizer que precisa de um guia que a siga (Egge, 2011: 16).

A posição do psicanalista na transferência viabiliza o reconhecimento da particularidade de cada caso clínico e cria as condições de possibilidade para que o sujeito possa encontrar seu modo peculiar para lidar com o insuportável de sua existência. Dessa maneira ela viabiliza a emergência da singularidade respeitando a diferença. Lembramos aqui a frase repetida por Temple Grandin, ao se referir a si mesma, no filme biográfico intitulado *Temple Grandin: brilho eterno de uma mente autista*: "Sou diferente, não menos" (I'm diferent, not less). Esta frase aponta que a diferença é o que constitui o ser humano uma vez que cada um é simplesmente diferente, portanto cada um é único no seu modo de existir. Este filme foi agraciado com o prêmio Emmy de melhor filme em 2010, pois mostra com propriedade que o mundo está despreparado para acolher o sujeito autista.

A vinheta clínica do caso de N nos obriga a refletir com seriedade sobre os tratamentos que são impostos aos sujeitos autistas na sociedade atual. Eles devem ser questionados partindo-se de uma perspectiva ética e política, obrigando-nos a refletir se eles geram a degradação, uma vez que promover a dignidade do ser humano é o nosso compromisso maior.

A aplicação da psicanálise, ao longo de várias décadas, em instituições que atendem crianças autistas possibilitou acumular uma ampla experiência e um avanço na compreensão do autismo, embora estejamos cientes de que essa condição ainda se configure como enigma.

A vasta experiência clínica acumulada pelos psicanalistas também possibilitou encontrar vias de acesso ao autista e inventar formas de tratamento efetivas. Neste contexto são dignas de nota as contribuições de Di Ciaccia sobre a *prática entre vários* (1998: 17) que têm orientado os trabalhos dos profissionais em Saúde Mental que operam segundo a orientação lacaniana. Martin Egge (2008), no livro *El tratamiento del niño autista*, resume os princípios que servem de bússola e os ordena da seguinte maneira. Em primeiro lugar situa-se o princípio do ponto de vista da tática destacando-se o fato de que todos os membros da equipe podem agir com liberdade e, por conseguinte, com maior responsabilidade. O segundo princípio, que ele nomeia de *estratégico*, aponta para a necessidade de que a equipe tenha uma direção no tratamento, a qual é decidida nas reuniões do coletivo. As decisões não são tomadas individualmente. Elas são compartilhadas. E, por fim, o terceiro refere-se à política. Nessa dimensão reside a grande responsabilidade de pôr em prática o princípio ético de fazer existir o sujeito.

O autista e a voz

Iniciamos com a afirmação de Lacan (1976: 13; tradução nossa) de que "O que cria a estrutura é a maneira como a linguagem emerge no começo em um ser humano". Consideramos essa passagem de Lacan como uma referência fundamental ao abordarmos a peleja do determinismo biológico *versus* causalidade psíquica. A experiência clínica, tão vilipendiada na medicina de hoje, fornece-nos subsídios para um aprofundamento dessa problemática. Ela nos traz ensinamentos valiosos sobre a relevância da linguagem na constituição do sujeito e é um testemunho vivo da importância do Outro e das marcas indeléveis quando este se apresenta como Outro absoluto.

Lacan (1975/1998), em uma conferência pronunciada em Genebra, sobre o sintoma, faz referência ao autista, destacando que este não escuta o Outro, mas apenas si mesmo, e que a exclusão do Outro é um movimento defensivo frente à devastação que a invasão do Outro origina. Esta problemática já foi abordada acima, tendo como referência o legado clínico. Neste momento, consideramos relevante trazer também para o debate a literatura produzida pelos próprios autistas.

Existe, hoje, um grande número de livros biográficos e autobiográficos abordando esta temática. Muitos desses livros, que se constituem em verdadeiras pérolas, plenos de ensinamentos, foram escritos por autistas. Eles ilustram, de forma precisa, por exemplo, o que é a voz no autista. Nos seus escritos autobiográficos, Grandin (1994) nos relata sobre seu costume de, durante a noite, ler histórias em voz alta, pois, silenciosamente, elas não lhes pareciam reais. Ou seja, ao escutar sua voz, ela sentia que passava a existir. Nas histórias havia sempre uma personagem de um seriado televisivo, a quem ela conferia o estatuto de seu duplo, que teria o poder de controlar desde as coisas mais simples até as mais complexas. Assim, sua voz aparece como outro, como duplo de si mesmo e tem uma função apaziguadora.

Considerando as reflexões que introduzimos na seção anterior, podemos dar destaque a uma proposição que já destacamos como relevante: a de que o autista tem, em relação ao Outro, uma posição de recusa. A fala do Outro não tem efeito apaziguador, uma vez que o Outro, por seu desregramento, figura como devastador. Assim, ele toma distância tanto da voz ameaçadora que emana do Outro quanto de sua própria voz, defendendo-se através da verborragia ou do mutismo.

Para Lacan (1975/1998), não é o mutismo que é o mais notável no autismo, mas a verborragia. Ele afirma que a dificuldade de escutar os autistas não implica que eles, de fato, não sejam "verbosos". Alguns autistas falam sem parar. Entretanto, o uso da linguagem não viabiliza a comunicação, pois o mundo das palavras não lhes serve como meio para dizer e, quando eles cedem à fala, esta tem como característica principal a repetição de palavras esvaziadas de sentido, sem nenhuma enunciação.

Recordemos, nesse momento, o mito de Narciso, dando destaque à intrigante figura de Eco, mulher por ele apaixonada que, após ser rejeitada pelo belo jovem, recolhe-se nas profundezas da caverna, tendo seus ossos transformados em pedras e sua voz congelada. Eco, amante de Narciso, que porta um nome bem significativo, encontra-se condenada à repetição de palavras sem sentido, que são pura ressonância de fragmentos de palavras advindas do Outro. De forma alegórica, esse mito nos relembra a fala dos autistas e evidencia um sujeito petrificado. Às vezes, eles se fecham totalmente no mutismo e, quando se introduzem na fala, suas palavras se constituem em pura repetição. Este fenômeno foi nomeado de ecolalia, pois as palavras funcionam como ecos, reverberando as palavras do Outro.

No livro *Se me tocam eu não existo mais*, intitulado de forma bem expressiva, Williams (1992) demonstra como é possível falar sem que a voz esteja implicada em um apelo ao Outro, enumerando vários recursos, tais como: voz falhada, distante, artificial, nasalada ou um murmúrio musical e monótono. Ela nos oferece um arsenal riquíssimo de artifícios, utilizados no intuito de lidar com o Outro da palavra, que, para o autista, tem um gozo mortífero. A fala do Outro provoca um gozo que devasta e, por conseguinte, tem que ser evitada a qualquer preço, seja através do silêncio total, seja através do uso da palavra de forma caricatural, excluída de qualquer tipo de endereçamento ao Outro. Existem vários exemplos na literatura que atestam uma forma de reduzir a língua num cálculo, separada de sua relação com o corpo.

É justamente por não conseguirem filtrar o que vem do Outro que os autistas são invadidos pelas palavras, ou pelos "ruídos" (era assim que um paciente nomeava as palavras pronunciadas pelo outro), o que causa muito sofrimento, obrigando-os muitas vezes a taparem seus ouvidos num ato defensivo.

Laurent (2012: 22-23) considera que as tentativas de "reduzir a língua a um cálculo ou a uma pura repetição de letras é um manejo do autista que tem o intuito de "silenciar o ruído da língua", pois ela produz equívocos sem cessar. Temos aí um empenho no intuito de evitar a todo custo a enunciação.

Grandin (1994) também nos fornece um importante testemunho sobre esta questão. Quando começou a falar, invadia os ouvidos do outro com uma fala mecânica, repetindo sempre as mesmas questões e abordando os mesmos assuntos, o que a fez merecer o título de "moinho de palavras" (palavras que se produziam no vazio, pois o gozo precisava ser evacuado da fala). Nessas falas, fica explícito que o autista não cede ao gozo vocal, ou seja, ele não permite alienar-se na linguagem.

C. Maleval, no texto *Como entender a voz?*, busca esclarecer que "os objetos *a* são objetos destacáveis e separáveis (do corpo) cuja perda produz um esvaziamento de gozo do lado do sujeito" (Maleval, 2008: 96; tradução nossa). Ele explicita ainda que o objeto voz tem uma importância específica relacionada à sua perda, quando da sua extração enquanto objeto destacado do corpo. Temos aí a operação de castração simbólica, viabilizando que uma ligação com o Outro possa vir a ocorrer, funcionando como uma junta entre o sujeito e o Outro. É justamente neste ponto que podemos localizar o fundamento para toda e qualquer enunciação.

No autismo, o que provoca angústia é, sobretudo, o objeto voz, uma vez que ela não pode ser destacada do corpo, fato que talvez esteja associado à característica específica deste objeto de, uma vez solto, não poder mais vir a ser recuperado. (Escayola, 2010, citado por Alvarez, 2011: 23; tradução nossa).

Maleval sublinha que Lacan, no texto do seminário *A lógica da fantasia*, traz mais elementos para que possamos compreender a especificidade do objeto voz. Ele afirma aí que, na constituição do sujeito, é "do lado da voz destacada de seu suporte que devemos buscar o resto" (Lacan,1966, citado por Maleval, 2008: 96; tradução nossa).

Para que avancemos na compreensão desse fenômeno, é necessário recorrer ao *Seminário X – A angústia*, de Lacan. Aí ele trata da topografia da relação do sujeito com o Outro, dedicando várias aulas ao estudo dos objetos *a*, e dá proeminência à voz como sendo um objeto especial. Lacan (1962-1963/ 2005) sublinha sua importância afirmando que, na mais simples emissão de voz, ecoa um vazio, que é o vazio do Outro como tal, e remete ao *ex-nihilo* propriamente falando. Esclarecemos, pois, que, neste contexto, trata-se da voz enquanto imperativa, articulada à palavra, e não da voz relacionada à música. A experiência clínica nos leva a reconhecer que o mais importante para o autista é, justamente, proteger-se e evitar o aparecimento do objeto voz.

Segundo os comentários de Lacan nesse mesmo seminário, a voz constitui-se no suporte da identificação primordial e, em consequência disso, podemos concluir que falta ao autista o S_1, o significante originário, que o representaria enquanto sujeito. Temos, por exemplo, nos autistas nomeados de Asperger, ou de autistas de alto nível, uma clivagem entre o intelecto e os afetos que muito lhes causa sofrimento.

A experiência com os autistas também lança luz sobre o enigma da constituição da subjetividade. Ela nos mostra que a impossibilidade de incorporação do objeto vocal, suporte da identificação primordial, acaba gerando uma impossibilidade de o sujeito se representar no campo do Outro. Nesse momento, vale recordar que os autistas vivenciam seu corpo como sendo um corpo dominado pelo excesso, apontando para a dimensão do real. Laurent (2012: 28-29) apropriadamente sublinha que eles "têm um acesso terrível a essa dimensão, e nos ensinam que, no real, não falta nada, não há buracos". O buraco no real encontra-se foracluído e é por isto que o autista apresenta, por exemplo, dificuldades em separar-se de suas fezes ou em lidar com o objeto voz. Sublinhamos ainda que a voz é a encarnação da falta no campo verbal e, portanto, "a incorporação da voz do Outro que só pode ser percebida sob o fundo de uma falta não se opera para ele [o autista]" (Maleval, 2007: 75). Pois é exatamente a queda do objeto voz destacada do corpo do Outro, "do órgão da palavra (que) permite modelar o vazio do Outro" (Maleval, 2007: 75). Vale lembrar ainda que uma vez que o Outro não está apaziguado, ele é sempre uma fonte de angústia. Segundo Laurent (2012: 28), "o Um do gozo não pode ser apagado; não há apagamento dessa marca do acontecimento de corpo". Temos aí o fracasso da castração simbólica.

Nesse contexto, é oportuno trazermos como referência uma passagem do texto de J.-A. Miller intitulado "*Jacques Lacan e a voz*" no qual ele sublinha que "A castração simbólica apaga a presença da voz no real, (e) torna o sujeito surdo a ela" (Miller, 1989, citado por Maleval, 2007: 75). Assim, podemos concluir que, para o autista, é de vital importância proteger-se e evitar o aparecimento do objeto voz, uma vez que ele não conseguiu incorporar o objeto vocal. Também podemos afirmar que a "recusa radical em ceder ao gozo vocal ataca a inscrição no campo do Outro" (Maleval, 2007: 75). Dessa forma, está evitada a relação com o Outro, fato que acaba gerando isolamento e uma condição de extrema solidão.

Considerações finais

Busco um guia que me siga.

Donna Williams

O autismo continua sendo um enigma para a ciência e para a psicanálise. É certo que o avanço científico neste campo é de fundamental importância. No entanto, mesmo que venha a ser possível comprovar cientificamente quais seriam os determinantes dessa condição, não se pode desconsiderar que cada autista é um sujeito único e singular que deve ser escutado, tendo como objetivo maior possibilitar que ele encontre uma via para lidar com o que o angustia. Através da escuta dócil também é possível aprender com eles e aprofundar as reflexões teóricas sobre suas dificuldades de recorrer à linguagem e, portanto, de se relacionar e estabelecer laços sociais.

Um dos principais ensinamentos da experiência na clínica com os sujeitos autistas, assim como dos escritos produzidos por eles mesmos, relaciona-se à compreensão de que fala e linguagem encontram-se dissociadas já na origem do autismo. Neste texto pudemos demonstrar que esses sujeitos podem falar contanto que nada digam. Isto significa que para eles a fala deve estar destituída de qualquer enunciação; a voz não pode inserir nenhum apelo ao Outro, pois, de início, qualquer comunicação ou interlocução está excluída. Estas reflexões envolvem implicações para a direção do tratamento, sendo fundamental considerá-las e extrair as consequências referentes à atuação dos profissionais que compartilham a responsabilidade pelo tratamento.

Considerando que os autistas apresentam graves impedimentos de se inserirem na sociedade, uma vez que a voz e as palavras do Outro os angustiam, precisamos, então, interrogar sobre os efeitos danosos de um tratamento que se funda numa concepção autoritária, ortopédica, visando, prioritariamente, a pedagogização e adaptação do autista na família, na escola e na sociedade. Não se trata de educar o autista a fim de enquadrá-lo num modelo universal, aprisionando-o nos protocolos e nas rotinas enfadonhas. Trata-se sim de uma aposta no reconhecimento da excepcionalidade de cada um e da sua diferença radical. É fundamental assegurar o respeito aos objetos que eles constroem como defesa e possibilitar que eles construam novas formas de estar no mundo, formas que lhes causem menos sofrimento, fazendo uso de sua capacidade inventiva. Assim, a experiência nesse campo coloca como principal critério a assunção de uma postura ética de acreditar no sujeito, considerando a singularidade de cada caso e respeitando o tempo específico de cada um.

Nesse contexto, a vasta literatura de orientação lacaniana, baseada nos casos clínicos, faz frente ao desafio de formalizar o conhecimento adquirido no trabalho compartilhado entre vários profissionais de múltiplos campos do saber. Ela pondera que a subjetividade não pode ser aprisionada nem no cálculo estatístico nem muito menos na estandardização e demonstra que a evidência situa-se no rigor do caso único.

Por fim, o grande desafio que os psicanalistas enfrentam na atualidade reside em estar sempre se interrogando e buscando um aprofundamento da reflexão epistêmica sobre a mudança de paradigma introduzida pela psicanálise no intuito de esclarecer e delimitar sua especificidade enquanto tratamento pelo uso da palavra.

Referências bibliográficas

Agamben, G. (2004). *Estado de exceção.* São Paulo: Boitempo.

Agamben, G. (2008). *O que resta de Auschwitz: o arquivo e a testemunha (Homo Sacer III).* São Paulo: Boitempo.

Alvarez, M. (2011). Reseña del Fórum: Lo que la evaluación silencia. Un caso urgente: el autismo. *Virtualia Revista digital de la Escuela de Orientación Lacaniana, 23,* 22-27. Disponível em <http://virtualia.eol.org.ar/>. Recuperado em novembro de 2011.

Bassols, M. (2009). O sujeito nos tempos da tecnociência. In: Dessal, G. (org.). *Las ciencias inhumanas* (pp. 65-79). Madrid: editorial Gredos.

Bauman, Z. (2003). *Comunidade: a busca por segurança no mundo atual.* Rio de Janeiro: Jorge Zahar.

Bauman, Z. (2004). *Amor líquido.* Rio de Janeiro: Jorge Zahar.

Briole, G. (2011). Ficciones autísticas. *Virtualia – Revista digital de la Escuela de Orientación Lacaniana, 23,* 7-9. Disponível em <http://virtualia.eol.org.ar>. Recuperado em novembro 2011.

Coccoz, V. (2011). Presentación del libro: El tratamiento del niño autista. *Actualidad del foro, 11.* Disponível em <http://www.foroautismo.com/eval.htm>. Recuperado em novembro de 2011.

Di Ciaccia, A. (1998). La pratique à plusieurs. *Preliminaire, 9/10* (pp. 17-22). Bruxelas: Antenne.

Egge, M. (2008). *El tratamiento del niño autista.* Madrid: Gredos.

Egge, M. (2011). La brújula del psicoanálisis en el tratamiento del niño autista. In: *Virtualia Revista digital de la Escuela de Orientación Lacaniana, 23,* 15-17. Disponível em <http://virtualia.eol.org.ar/>. Recuperado em novembro de 2011.

Echeverria, J. (2003). *La revolución tecnocientífica.* Madrid: Fondo de Cultura Econômica.

Freud, S. (1930 [1929]/1980). O mal-estar na civilização. *Edição standard brasileira das obras psicológicas completas de Sigmund Freud,* v. XXI Rio de Janeiro: Imago.

Freud, S. (1931 [1929]). *Das Unbehagen in der kultur.* Wien: Internationaler Psychoanalytischer Verlag.

Gorski, G. G. & Santos, L. G. (no prelo). Considerações sobre a etiologia do autismo.

Grandin, T. (1994). *Ma vie d'autiste.* Odile Jacob: Paris.

Kuperstein, A. L. & Missalglia, V. (2005). *Autismo.* Disponível em <www.autismo.com.br>. Recuperado em novembro 2005.

Lacan, J. (1962-1963/2005). *O seminário, livro 10: a angústia.* Rio de Janeiro: Jorge Zahar.

Lacan, J. (1964/1979). *O seminário, livro 11: os quatro conceitos fundamentais da psicanálise.* Rio de Janeiro: Jorge Zahar.

Lacan, J. (1965/1998). A ciência e a verdade. *Escritos.* Rio de Janeiro: Jorge Zahar.

Lacan, J. (1966/1998). Variantes do tratamento-padrão. *Escritos.* Rio de Janeiro: Jorge Zahar.

Lacan, J. (1975/1998). Conferência em Genebra sobre o sintoma. In: *Opção Lacaniana, 23,* 6-16. São Paulo: Eólia.

Lacan, J. (1976). Conférences et entretiens dans les universités nord-américaines, *Scilicet, 6/7,* 5-63. Paris: Seuil.

Lacan, J. (1989). *A querela dos diagnósticos.* Rio de Janeiro: Jorge Zahar.

Lacan, J. (2006). *Meu ensino.* Rio de Janeiro: Jorge Zahar.

La Sagna, P. H. (2007). Ciência. *Opção Lacaniana – Revista Brasileira Internacional de Psicanálise, 50,* 85-87.

Laurent, D. (2010). El fármaco desde la lógica de la técnica. In: *Suicídio, medicamentos y orden público* (pp. 81-92). Bardón, C. & Puig, M. (orgs.) Madrid: Editorial Gredos.

Laurent, É. (1995). Alienação e separação I. In: *Para ler o seminário 11 de Lacan* (pp. 31-51). Feldstein, R.; Fink, B. & Jaanus, M. (orgs.). Rio de Janeiro: Jorge Zahar.

Laurent, É. (1995). *Sobre a Saúde Mental. Apresentação da revista Mental.* Disponível em <www.ebp.org.br>. Recuperado em julho de 2011.

Laurent, É. (1999). Posición del psicoanalista en el campo de la Salud Mental. In: *Psicoanálisis y salud mental* (pp. 33-44). Buenos Aires: Tres Haches.

Laurent, É. (2004). Como engolir a pílula? Miller, J.-A. (org.). *Ornicar, 1,* 32-43. Rio de Janeiro: Jorge Zahar.

Laurent, É. (2005). O efeito "falsa ciência" do cognitivismo. *Opção Lacaniana, 42,* 44-48. São Paulo: Eólia.

Laurent, É. (2012) O que nos ensinam os autistas. In: *Autismo(s) e atualidade: uma leitura lacaniana* (pp. 17-43). Murta, A.; Calmon, A. & Rosa, M. (orgs.). Belo Horizonte: Scriptum.

Laurent, É. (2012). *Critique de La HAS: une politique anti-ABA pour l'autisme.* Disponível em <www.lacanquotidien.fr>, *164,* 2-7. Recuperado em fevereiro de 2012.

Leite, M. P. de S. (2010). A relação entre foraclusão generalizada e recalque originário. *Boletim eletrônico, 7,* do XVIII Encontro Brasileiro do Campo Freudiano da EBP, em Veredas – Jornal eletrônico da Escola Brasileira de Psicanálise, julho 2010.

Levi, P. (2000). É isto um homem? Rio de Janeiro: Editora Rocco.

Lefort, R. & Lefort, R. (1984). *Nascimento do Outro.* Salvador: Fator.

Lefort, R. & Lefort, R. (2003). *La distinctión de l'autisme.* Paris: Seuil.

Lipovetsky, G. (2004). *Os tempos hipermodernos.* São Paulo: Editora Barcarolla.

Maleval, J. C. (2007). "Sobretudo verbosos" os autistas. *Latusa – Escola Brasileira de Psicanálise, 12*, 69-91.

Maleval, J. C. (2008). Comment entendre la voix? In: *Suites et variations* (pp. 95-110). Rennes: ACF.

Miller, J.-A. & Laurent, É. (2005). *El Otro que no existe y sus comités de ética.* Buenos Aires: Paidós.

Miller, J.-A. & Milner, J.-C. (2006). *Você quer mesmo ser avaliado?* Trad. Vera Lopez Besset. Barueri/SP: Manole.

Miller, J.-A. & Milner, J.-C. (2009). El futuro del mycoplasma laboratorium. In: Dessal, G. (comp.). *Las ciencias inhumanas* (pp. 22-32). Madrid: Editorial Gredos.

Miller, J.-A. & Milner, J.-C. (2010). *Extimidad.* Buenos Aires: Paidós.

Moreira, P. S. T. (2011). *Autismo: a difícil arte de educar.* Disponível em <psicologia.com.pt>. Recuperado em novembro de 2011.

Peteiro, C. J. F. & Blanco, M. F. (2009). La reducción cientificista de lo humano. In: Dessal, G. (comp.). *Las ciencias inhumanas* (pp. 273-326). Madrid: Editorial Gredos.

Peteiro, C. J. F. Carta aberta. In: *Lacan Quotidien, 163*, 5. Disponível em <www.lacanquotidien>. Recuperado em fevereiro 2012.

Ribeiro, J. M. L. C. (2005). *A criança autista em trabalho.* Rio de Janeiro: 7 letras.

Souza, P. M. L. & Santos, I. M. S. C. *Caracterização da síndrome autista.* Disponível em <www.psicologia.com.pt>. Recuperado em novembro de 2011

Ubieto, J. R. (2011). *Las personas autistas se sienten solas?* Disponível em <http://foroautismo.blogspot.com>. Recuperado em dezembro de 2011.

Williams, D. (1992). *Si on me touche, je n'existe plus.* Paris: Robert Laffont.

Ventura, O. (2009). Made in science. In: Dessal, G. (compilador). *Las ciencias inhumanas* (pp. 327-342). Madrid: Editorial Gredos.

Interface psicanálise e direito

Ilka Franco Ferrari*

O reencontro com o sistema prisional, espaço de investigação para nós anteriormente, trouxe a recordação do que falou Paul Morand, citado por Walter Benjamin (2007: 504): "Estudando essa época tão próxima e tão longínqua, comparo-me a um cirurgião que opera com anestesia local: trabalho regiões insensíveis, mortas, e o doente, entretanto, vive e ainda pode falar".

É possível revisitar a crucial vizinhança entre as disciplinas psicanálise e direito de vários modos. É impossível, entretanto, perder de vista que cada uma possui "objeto de estudo e metodologia que lhes são próprios", como afirma Célio Garcia (2004: 1). Esse autor defende a expressão "interface" para dizer do ponto de implicação/vizinhança a que ambas estão submetidas. Interface entre psicanálise e direito é sua preferência para o que outros chamam, por exemplo, de "interlocução", "entrecruzamento", "interdisciplinaridade" ou "multidisciplinaridade".

* Psicanalista. Doutora em Psicologia pela Universidade de Barcelona, Coordenadora do Programa de Pós-graduação em Psicologia da Pontifícia Universidade Católica de Minas Gerais (PUC Minas), membro da Câmara do Departamento de Psicologia da PUC Minas, campus Belo Horizonte (CDP-BH), membro do Conselho Diretor da Faculdade de Psicologia da PUC Minas, membro do Conselho de Ensino e Pesquisa (CEPE) da PUC Minas, professora na graduação e Pós-graduação em Psicologia, membro da Escola Brasileira de Psicanálise (EBP) e da Associação Mundial de Psicanálise (AMP), Membro do GT Psicopatologia e Psicanálise da ANPEPP. E-mail: francoferrari@terra.com.br.

Ainda que essa interface exista, há os que decididamente apontam suas dificuldades. O psicanalista Nestor Braunstein (2006: 15) criticamente afirma que a relação entre os psicanalistas e os advogados se manifesta, na maioria das vezes, "sob a forma de *innuendos*", palavra inglesa de origem latina que implica insinuações, intenções malévolas e desqualificações. Recorre a uma palavra que não é de seu idioma, à falta de nele encontrar algo que expresse bem seu pensamento de que psicanálise e direito nunca se entenderam.

De acordo com esse autor, na formação de advogados e psicanalistas o saber de um desses campos não é considerado pelo outro, e a ignorância entre os letrados de cada um deles reina como paixão dominante. Cita exemplos do que alguns falam, de um lado e do outro. Resumindo, em meio a matizes de rivalidade, superioridades imaginárias, é comum ouvir, de uma parte, até por ignorância, que o sujeito sofre pela pressão da lei e a psicanálise viria livrá-lo dessas correntes; da outra, que psicanálise e psicologia relativizam, apagam o saber legal, saber positivo sobre o permitido e o proibido, por meio de argumentos escorregadios, obscuros, relativos a uma subjetividade inacessível e também escorregadia. Mas, ainda que enfatize as lógicas diferentes sob a qual estão assentados direito e psicanálise, o primeiro pela razão, pela consciência, pelo texto escrito, sistemático e sem falhas, a segunda pela bancarrota desta lógica, consistindo em lógica excludente, Braunstein assegura a importância de superar a contradição em uma articulação necessária.

Após percorrer uma série de oposições entre esses dois campos de conhecimento, o autor conclui pela importância do diálogo entre eles: no direito há uma história que se organiza em torno do ideal de justiça que requer igualdade diante da lei, ênfase na razão, na sensatez, no conhecido, na lógica, no codificado, no limite; a história da psicanálise é marcada pelo desejo inconsciente que determina o sujeito em sua singularidade, pela desrazão, loucura, pelo falado, o não sabido, a pulsão, o inclassificável, a transgressão dos limites... Esses opostos, entre outros, fazem com que um não possa existir sem o outro.

Diálogo já secular

José Maria Álvarez, Ramón Esteban e François Sauvagnat (2004) ajudam a conhecer um pouco das contribuições que se situam entre as disciplinas direito e psicanálise. Contam que a criminologia incorporou, ainda no século XIX, a descrição da síndrome de Ganser e sua relação com os fenômenos histéricos, investigados pela psicanálise, e que nesta época já havia controvérsias entre juristas e psicanalistas sobre o diagnóstico de estabelecimento dos fatos. No início do século XX a psicanálise se dedicou a uma série de reflexões sobre o "delinquente por sentimento de culpabilidade", o culpado levado ao crime ou a delitos para "fazer-se castigar". Essa formalização possuía base na teoria do supereu e, diferentemente do direito, "Freud propunha a hipótese de que o estado 'natural' estava marcado pela figura fundadora do assassinato do pai, cuja culpabilidade haveria de ressoar nos sintomas neuróticos dos descendentes" (Álvarez, Esteban & Sauvagnat, 2004: 237).

Os autores mencionados acima contam que profissionais da Escola de Berlim, a exemplo de Franz Alexander (1891-1964), influenciados pelas elaborações de Freud, propuseram que, ao invés de prender, se fizesse tratamento analítico nos delinquentes. Esperavam que o tratamento modificasse o supereu arcaico dos mesmos, levando-os ao amor pelo semelhante. Obviamente não deixaram de sofrer críticas. Sandor Ferenczi (1873-1933) e Theodor Reik (1888-1963) não hesitaram em fazê-las, temerosos de que os profissionais do direto utilizassem a psicanálise somente naquilo que lhes interessasse, tornando-a, portanto, inoperante. Acreditavam que essas pretensões de tratamento eram impossíveis, não desejavam confundir a situação criminosa real com a situação analítica e advertiram sobre a diferença entre a lógica da prática penal e psicanalítica: o direito penal superpunha responsabilidade e castigo, mergulhado na crença de que havia nos indivíduos um sentimento inato de justiça. Para a psicanálise, os mecanismos do inconsciente, tanto em nível individual como social, já supõem um sujeito culpado.

Nesse percurso pelos séculos, Álvarez, Esteban e Sauvagnat (2004: 239) afirmam que, "a partir da terceira e quarta década do século passado", desenvolveram-se grandes correntes no terreno da criminologia e psicanálise, o que se esclarece melhor no texto "Diabolus in psychopathologia, o crimen, pervesidad y locura", escrito por Sauvagnat (2004).

De acordo com Sauvagnat, ao longo dos anos 1930 e 1940 desenvolveram-se três grandes correntes no campo da criminologia psicanalítica. Daniel Lagache (1903-1972) é personagem de destaque na primeira, conhecida como axiologia e dedicada ao auxilio em perícias, para casos em que o sujeito apresentasse sintomas psicopatológicos ou não. Na segunda corrente são encontrados Serge Lebovici (1915-2000) e outros dedicados à orientação infantil, fortalecimento do eu e do sentimento moral nos delinquentes. A terceira corrente é considerada a mais fiel aos autores de trabalhos que fundaram o campo da criminologia e psicanálise, como Franz Alexander em sua obra *The roots of crime*. Dela existe eco por vários países. Nos Estados Unidos, Karl Menninger é um de seus representantes, principalmente por sua obra *The crime of punishement*, que parece ter influenciado práticas atuais nas quais criminosos e vítimas são confrontados, objetivando modificar o modo como o criminoso apreende seu ato. Na França esta terceira orientação foi seguida por Ângelo Hesnard (1886-1969) e Jacques Lacan (1901-1981). Um breve esboço da corrente francesa, aqui traçado a partir de Sauvagnat (2004), destaca que ela primou pela concepção do inconsciente caracterizado por sentimento de culpa não localizável, mas identificado pelo sujeito a partir de uma autopunição. Tratava-se do universo mórbido da falta, descrito por Hesnard e generalizado por Lacan em 1970, ao considerar que o inconsciente é idêntico ao discurso do mestre. A clínica estrutural, desenvolvida por Lacan, é o segundo aspecto a considerar. Nela há a ideia de que existe diferença entre fenômenos clínicos e estrutura do sujeito, e, portanto, os fenômenos não podem ser, sistematicamente, correlacionados com certo tipo de passagem ao ato. Em seu terceiro aspecto relevante, está a diferenciação de pelo menos três tipos de passagem ao ato, demarcados como crimes do supereu, do eu e do isso.

Conforme escreve Rodrigo Pereira (2004), por sua vez, o jurista russo-polonês Leon Petrazycki (1867-1931) propôs, no início do século XX, quando a psicanálise começava a impactar o pensamento jurisprudencial europeu e americano, uma teoria da psicologia legal em que a lei é essencialmente constituída por sentimentos individuais de obrigação moral e responsabilidade. Thurmam Arnold (1891-1969) e Jerome Frank (1889-1957) utilizaram, posteriormente, os fundamentos da psicanálise para trabalharem o papel dos juízes e advogados e, considera Pereira, Albert Ehrenzweig (1906-1974) passou a ser referência no meio jurídico no que diz respeito ao tema da responsabilidade sobre o crime e o dano.

Outro autor que Pereira (2004) menciona é Hans Kelsen (1881-1973), um jurista e filósofo entre os mais importantes do século XX, que passou a conceber a soberania do Estado a partir da psicanálise freudiana, mencionando a obra "Totem e tabu" e "Psicologia de grupo e análise do ego". Ao investigar sobre a origem das leis ele chegou ao *regressum infinitum*, no qual cada norma é determinada por uma norma superior, a *fictio*, primeira lei, Constituição ou Lei Fundamental. No século XXI Kelsen também tem seu lugar e no jornal Estado de Minas, de 15 de janeiro de 2007, por exemplo, ocupou página inteira do caderno Direito & Justiça. Nela o advogado-geral do Estado, Bonifácio Andrada, escreve artigo onde constam pontos cruciais de suas ideias.

Direito natural e direito divino "estiveram por muito tempo associados", em harmonia, recorda Garcia (2004: 7), já que, por um tempo, juristas e filósofos cristãos entenderam que a lei natural estava baseada na lei eterna estabelecida por Deus. Essa ilusão, como todas, é rompida, e a natureza, com a teorização sobre o cosmocentrismo, o teocentrismo cristão próprio da tradição medieval, e a humanidade que caminhava para o progresso como preconizava o iluminismo não mais forneciam princípios éticos que escapassem de sérias discussões. Foi aí que o direito positivo, proposto por Kelsen, jurista que também se ocupou com a política, encontrou solo para fecundar, tomando cuidado para distinguir o positivismo que se praticava no sentido metodológico daquele ideológico próprio da justiça.

Tratava-se de um positivismo lógico em que as proposições da ciência, verificabilidade, simplicidade e coerência, eram valores considerados, e nem a natureza, Deus e a História forneciam "uma referência infalível para sustentar normas éticas" (Garcia, 2004: 8). Daí, intersubjetividade e comunicabilidade substituirão a Natureza, Deus e a História, fazendo com que ganhem força os direitos do homem, a tolerância recíproca, a negociação e a mediação, como se diz na atualidade. Essa foi a época em que Kelsen considerou que o direito teria que ser normativo, ou seja, sem apelo a considerações psicológicas ligadas a comportamentos reais ou efetuados de acordo com as leis da natureza. Com isso ele criou espaço para que se pudesse considerar o sujeito jurídico como tal, sem conteúdo psicológico.

Em 1962, com seus 80 anos e considerando proposições do filósofo neokantiano Vaihinger (1852-1933), alemão também conhecido como Kant *Scholar* e por sua filosofia do "como se", publicada em 1911, Kelsen, com a humildade do saber que supõe uma ignorância como fundamento, reconsidera sua proposição de direito normativo. A norma básica que ele supunha é desconstruída e ressurge como ficção. Evidentemente, se a norma básica é uma ficção, tudo que dela parte é colocado em questão, e a função simbólica, conhecida dos psicanalistas, entra claramente no jogo. Agora ele afirma que qualquer jusnaturalismo supõe um sujeito absoluto a quem as normas do direito natural deverão ser atribuídas, e lhe confere, ainda, um conteúdo psicológico. Destaca o sujeito como autor e com atribuição de responsabilidades, evidenciando possibilidades e limitações da concepção positiva da lei. Como afirma Garcia (2004: 12), "nessa operação levada a efeito por Kelsen, a Psicanálise se encontrava implicada, grandemente implicada"!

Os leitores e estudiosos de Lacan sabem que em mais de uma ocasião o importante filósofo e jurista inglês Jeremy Bentham (1748-1832) aparece em suas citações. Bentham foi crítico ferrenho do direito natural e voltou-se para ideias que exerceram influência considerável no desenvolvimento do liberalismo político e econômico. É mais conhecido pela difusão da teoria do utilitarismo, por ser o primeiro a utilizar a expressão deontologia para dizer de princípios éticos aplicados às atividades de uma profissão e por haver criado o projeto prisional concebido como Panóptico. Mas os que assim o fizeram conhecer esqueceram-se de que o utilitarismo não existe sem uma teoria das ficções. E dela Lacan tirou proveito.

No seminário *De um Outro ao outro*, por exemplo, ao dizer sobre o que chamou "O acontecimento Freud", Lacan (2008: 176) retoma tema já abordado no seminário *A ética da psicanálise* (1988) e relembra que, no início do século XIX, a questão da divisão dos bens tomou papel de destaque. A teoria das ficções criada por Bentham tem aí papel importante, de lucidez ímpar, colocando em tela de juízo o que diz respeito a todas as instituições humanas. Essa sua teoria, negligenciada no contexto maior de sua obra, "não trata simplesmente de um pensamento em que se coloca a questão sobre o que existe como bens a repartir no mercado e da melhor repartição desses bens" (Lacan, 1988: 22). O que Roman Jakobson o havia ajudado a ver, diz Lacan, é que por meio dela a categoria do simbólico se reatualiza, esclarecendo que a verdade, cujo lugar só poderia ser aquele onde a palavra se produz, por ela mesma tem estrutura de ficção. Esta consideração é, de fato, essencial para a ética, pois adéqua-se às diversidades da cultura, já que o caráter de ficção atravessa toda articulação fundadora do discurso, ou seja, as relações sociais.

A ética pode começar a delinear-se, assim, a partir de certo grau de relativismo não somente dos costumes e das instituições, mas, também, da própria verdade. Para Lacan (2008: 175), o "centro da ética" supõe o real, o simbólico e o imaginário, e a ética da psicanálise jamais pode desconsiderar o eixo do real. Se o real está submetido à severa interposição do imaginário e do simbólico e é de difícil apreensão, a revisão do problema da ética deve considerá-lo. Para isso, ele mesmo afirma que partiu da obra de Bentham, considerando-a como o mais importante que se havia escrito na perspectiva utilitarista, embora os neopositivistas a ressuscitassem para interrogar a linguagem pelo ângulo do sentido, pelo ângulo de que as coisas tenham significação. Via oposta àquela que lhe interessava. Dessa forma, "em Bentham, passando por Kelsen, a ficção foi convocada como modalidade operatória" (Garcia, 2004: 13).

O campo do proibido

Pierre Legendre é um jurista da atualidade, também conhecido como psicanalista francês, e chegou a ser um dos interlocutores de Lacan quando o assunto dizia respeito ao campo do direito. De acordo com Marta Ambertín (2006), por meio da questão da culpa e do proibido, Legendre encontra meios para o encontro possível entre discurso psicanalítico e jurídico.

Não parece estranho dizer que, em qualquer civilização, a sociedade precisa ter seus dispositivos para delimitar o que é proibido. Legendre (1994: 36) considera o mecanismo que liga o sujeito com as categorias linguísticas do direto e com os significantes judiciais da genealogia o promotor da inscrição do proibido na subjetividade. Isso porque ele já está instituído pela linguagem antes de o sujeito advir. Antes do nascimento do sujeito há interdições bem demarcadas. E, como bem escreve a psicanalista Ambertín (2006), a travessia do crime é feita no campo do proibido. Daí a importância de um sistema simbólico-normativo, a partir do campo da lei que funda e respalda toda sociedade, para dar conta da realidade concreta da vida cotidiana no marco dessa lei inscrita nas estruturas transmitidas inconscientemente pela linguagem.

O direito, portanto, cuida da conformação da sociedade, zelando pela antijuridicidade ao objetivar e circunscrever atos proibidos. E cabe à psicanálise, sem deixar de interrogar a objetivação do crime, dar conta de como se subjetiva o proibido, e quais são as causas que levam os homens a se precipitarem no ilícito, a terem a tentação renovada de franquear os limites do proibido. Mas quem quer que vá ao encontro do proibido, por qualquer motivo, não executa um simples ato individual. Esse ato balança toda sociedade e deve, portanto, ser relacionado com o princípio de imputabilidade e legalidade, afirma Ambertín (2006) em concordância com Legendre.

A psicanálise tem contribuído para que a problemática do motivo ou dos motivos do ato delitivo não mereça considerações simplistas.

O ato criminoso não é único, não responde a uma mesma causa e nem produz as mesmas consequências. Os atos humanos podem ter motivações conscientes, inconscientes ou meramente pulsionais, levantando até mesmo reflexões sobre aquilo que se conhece como crimes imotivados, como pondera Ambertín (2006), autora que tem sido fio condutor para esta parte do texto.

Crimes imotivados, como os estudiosos da área conhecem, foi o nome dado por Paul Guiraud (1850-1907) para o que Lacan (1998a) posteriormente chamou de crimes pulsionais. De imotivados nada têm, já que eles visam a extração do *Kakon*, mal interior, extração do objeto, liberação do mal interior, seja lá como pareça mais conveniente dizer. São motivados pela presença do objeto ali onde falta a falta, resultando em ato como defesa contra o afeto angústia, afeto desencadeado, exatamente, pelo encontro com o objeto. Ao surgir, a angústia sinaliza um encontro com o real que pode desencadear sintomas, inibições, passagem ao ato e *acting-out*. Para Serge Cottet (2009), reconhecido psicanalista francês, em nossa atualidade esse tipo de crime tem aumentado e pode ser visto, por exemplo, nos assassinatos de massa. Parece imotivado por sua imprevisibilidade, mas comporta o gozo da destruição. Daí ele merecer, também, ser chamado de crime do gozo, do real.

Os atos criminosos, possibilidades do sujeito, dizem de suas dificuldades diante do impasse entre lei, gozo e Outro, empurrando para uma satisfação direta que curto-circuita os caminhos do desejo, da simbolização e da castração como falta. Mas, na condição de culpado por desejá-lo ou atuá-lo, é impossível desconhecer a vocação humana pelo proibido, pelo ato infrator, desde a formalização freudiana do complexo de Édipo e do inconsciente. Ali Freud lançou luz sobre a questão do sujeito com a lei e com o que ele passou a chamar de causalidade psíquica.

Com a causalidade psíquica, o que ocupa a cena é certa determinação subjetiva, característica do humano, que não pode ser completamente livre e dono de seus atos. Humano que se apresenta em situação de completa falta-a-ser, própria do sujeito do inconsciente, que não o exclui das responsabilidades de seus atos, pois neles implicado. As perguntas sobre sua implicação nos atos cometidos, quaisquer que sejam, compõem esse cenário em posição destacada. Mas Legendre (1994) adverte que há, também, no que tange à causalidade, o princípio de Razão de uma sociedade.

Esse princípio de Razão diz respeito ao fato de que cada sociedade define seu próprio modo de racionalidade e, por isso mesmo, a sociedade não é a soma de indivíduos, mas composição histórica de sujeitos diferenciados que portam a marca desse princípio de Razão. Isso leva à produção de instituições, de uma política da causalidade de onde se origina a construção do que é proibido e que no Ocidente se conhece como Estado de Direito (Legendre, 1994: 43). Lacan escreveu, em "Introdução teórica às funções da psicanálise em criminologia" (1998a), no contexto da forte afirmação de que a psicanálise soluciona um dilema da teoria criminológica ao irrealizar o crime não desumanizando o criminoso, que o castigo "é uma característica essencial da ideia do homem que prevalece numa dada sociedade" (Lacan, 1998a: 139). Ao considerar esta característica do castigo, constata-se que não é sem sentido que, ao longo de sua história, a justiça tenha incorporado algumas modificações na sanção para o ato criminoso. E que em algumas dessas modificações algo da particularidade do sujeito pareça se declarar: os atos cometidos por infratores neuróticos e adultos serão penalizados, os atos cometidos por psicóticos terão um tratamento diferente, e os adolescentes receberão medidas socioeducativas.

Vale dizer que em seu Seminário denominado "Pièces detachées", na lição de 2 de fevereiro, lição nove, Miller (2005) comenta este texto sobre criminologia ressaltando sua atualidade e marcando que este é o texto lacaniano que mais se aproxima de "Mal-estar na civilização", escrito por Freud em 1929/1930. Cottet (2009), também relendo o texto lacaniano, o considera canônico, realmente útil na atualidade, mas sugere que ele seja atualizado porque nossa realidade social é outra. Escreve o artigo "Criminologia lacaniana" (2009) dentro deste propósito. Nele, é possível ler, entre outras felizes contribuições, que esse texto lacaniano foi escrito privilegiando os sintomas sociais da época, as manifestações da delinquência juvenil presente nos desamparados jovens do pós-guerra.

Cottet (2009), no entanto, propõe pensar este texto lacaniano a partir da atualidade deste século e não perde de vista um dos postulados do texto lacaniano sobre criminologia: o de que não existe sociedade que não comporte uma lei positiva para dizer o que é delito e diferenciar entre proibido e permitido. Em toda sociedade haverá diversas transgressões e formas de castigá-las que dizem do modo como se pensa a subjetividade naquela época.

Nesse ponto é providencial voltar a Ambertín (2006). Ela chega a sugerir a expressão "institucional subjetivo" (Ambertín, 2006: 50), como forma de circunscrever que, na sociedade, a lei simbólica governa o institucional puramente social e, também, o institucional subjetivo. Se o sujeito do inconsciente, da linguagem, está amarrado a uma legalidade, é impossível pensá-lo como indivíduo desamarrado do laço social ou exilado da lei e do princípio da Razão expresso por Legendre. Mas o dom que a lei tem deixa uma dívida simbólica a ser paga, respeitando a lei pela qual o sujeito é responsável. E se isso parece simples ou pouco, desse processo fica, também, uma tentação conformada como obscura culpa, obscuro gozo. Em torno do proibido circulam o sujeito, as instituições e toda sociedade, afirma sabiamente Ambertín.

Pois muito bem, Manuel Cruz (2004), catedrático de Filosofia contemporânea da Universidade de Barcelona, diz que o termo responsabilidade tem origem recente, em sua forma adjetiva ou substantiva, já que posterior a 1.700. Pode-se considerar, ainda, que as conotações do termo, em inglês e francês, são contemporâneas à Revolução Industrial e que isso serve para que os estudiosos não incorram na reiterada identificação entre responsabilidade e culpa, como o autor argumenta. Mas tampouco se pode ignorar o fato de que, para Legendre (1994: 41), "o direito penal é um efeito da representação social do humano e inclui a teoria psicológica da culpa e do pecado, como também a concepção normativa".

Tal concepção supõe que aquele que interpreta os textos "está em posição legal de ser, também, ao mesmo tempo, intérprete do sujeito" (Legendre, 1994: 41). Isso implica, obviamente, em saber escutá-lo em sua declaração. No direito penal brasileiro, por exemplo, a culpa é ato voluntário, proveniente de imperícia, imprudência ou negligência, de efeito lesivo ao direito de outrem. Se ele é ato lesivo a outrem, o autor dessa ação antijurídica deve responder criminalmente por ela, e a atribuição de culpa, neste país ou em outro, dá seu testemunho de que há uma lógica do proibido.

Se toda essa questão inclui uma teoria psicológica, como diz Legendre, vale uma conversa mais detida com a psicanálise. Nela a culpa também expressa a lógica do proibido, a marca da lei edípica e da dimensão legislada do sujeito do inconsciente em dada realidade social. A "culpa inconsciente é o padecimento estrutural do ser humano que vocifera a respeito da duplicidade que nos habita", diz Ambertín (2006: 39). Se, por exemplo, por nossa divisão subjetiva somos aparentemente inocentes em nossos chistes, somos culpados do conteúdo latente dos mesmos, pelo relato que fazemos deles e do *plus* de verdade que obtemos desses relatos, segue a autora. Em sua posição faltosa, esse sujeito é colocado sob o olhar e o juízo do Outro, construindo seu tribunal interior que o olha, julga e o leva ao castigo. Se a psicanálise ensina que por nossa posição de sujeitos somos todos responsáveis, declarar o ato faltoso por meio de palavras e contabilizá-lo faz parte do programa humano, já que esse ato conta com assentimento subjetivo.

Assentimento subjetivo e responsabilidade

Assentimento não se confunde com consentimento, não segue a adoção de premissas, não é da ordem do conhecimento e tampouco é conclusão. Ele não opera a partir de acordo com o campo do Outro. Pelo contrário, surge, exatamente, porque o Outro falha. O assentimento supõe um sujeito barrado como possibilidade de uma resposta singular, instituindo sua particularidade, e implica reconhecer o lugar que a subjetividade ocupa no ato.

Parece não haver dúvidas sobre a importância de que alguém que incorra em uma falta sofra algum tipo de sanção. Mas os psicanalistas têm insistido na importância de o sujeito significar esta sanção, que lhe permite dimensionar sua implicação naquilo de que é acusado. Caso isso não ocorra, o usual é que a pena para o delito seja considerada e vivida como mero castigo arbitrário, favorecendo a possibilidade de novos atos criminosos e alimentando, entre outros, o desejo de vingança.

Os estudiosos da psicanálise têm claro que o sujeito psicanalítico, antes de tudo, é uma posição que deve ser sustentada em quaisquer condições e contextos, ainda que digam respeito a um quadro de determinação social, como escreve Maria José Salum (2009). Essa posição é da ordem do necessário, pois é sempre a de uma resposta, como reafirmou Lacan no texto "A ciência e a verdade" (1998b), apesar de a noção de sujeito implicar um efeito contingencial. Para Cottet (2009), a responsabilidade inerente à posição do sujeito, tal como Lacan propõe de forma clara, foi o que deu um estatuto menos contingente à noção de sujeito em psicanálise. Em "A ciência e a verdade" (1998b), Lacan faz duas afirmações recorrentemente citadas e comentadas. Uma delas é que o "sujeito sobre quem operamos em psicanálise só pode ser o sujeito da ciência"; a outra se refere ao fato de que "por nossa posição de sujeito, sempre somos responsáveis" (Lacan, 1998b: 873). Essa última afirmativa é, também, mencionada no seminário *A relação de objeto* e não deixa dúvidas de que a psicanálise considera a responsabilidade como uma posição subjetiva, diferentemente do direito penal, para o qual ela é possibilidade de imputação de pena.

Há na psicanálise, portanto, uma dimensão ética em que a dimensão da responsabilidade subjetiva é valorizada. Essa responsabilidade não se confunde com a responsabilidade penal e menos ainda com a que se usa no sentido comum e pode ser lida nos dicionários. É conhecido que Freud foi incansável ao afirmar a capacidade de decisão de seus pacientes, em situações boas ou ruins, inclusive muito cedo na vida. No seminário "La experiencia de lo real en la cura psicoanalítica", Miller (2003: 61) enfatiza a insistência de Freud em qualificar a utilização da *Spaltung* "como ato deliberado, intencional, exatamente um ato volitivo, e isto também fará seu caminho na teoria da psicanálise e na pergunta que seguimos nos fazendo sobre a responsabilidade subjetiva na neurose" (Miller, 2003: 61).

O psicanalista José Maria Álvarez Martínez (2004), em conferência realizada na IV Jornada da Seção de História da Psiquiatria, em Valladoli, Espanha, começa alertando seus ouvintes que nos debates psicopatológicos as relações entre alteração psíquica e responsabilidade subjetiva têm merecido contínuas reflexões. Depois de fazer um sério percurso sobre o que é responsabilidade no campo filosófico e sobre as contribuições da psiquiatra para o tema, chega à psicanálise, marcando que Freud, ainda que acusado de determinista, valorizou a capacidade de decisão de seus pacientes. Apresenta o caso Dora como ilustração do que diz. Nesse caso, em determinado momento Freud pergunta a Dora se aquilo de que ela se queixava não era algo do qual também havia participado. Freud não se compadeceu, não tentou compreender, diz Martínez, mas apelou para a participação dela na desordem do mundo que a fazia sofrer e se queixar.

Esse autor elege o texto freudiano "Responsabilidade moral pelo conteúdo dos sonhos", que faz parte de uma série de artigos adicionais à interpretação dos sonhos escritos em 1925, para reafirmar o que havia dito e assegurar que, malvados ou imorais, os sonhos são do sonhador. Dessa forma, a psicanálise mostra uma particular articulação entre determinismo inconsciente e responsabilidade subjetiva. As determinações existem e é necessário conhecê-las em análise, mas o sujeito é responsável por decidir e saber o que fazer com elas. Obviamente, neste ponto a problemática da liberdade aparece e o autor reassegura que ela não é ontologicamente imanente, mas uma conquista.

Francisco Estévez (2004), também presente nesta Jornada da Seção de História da Psiquiatria, diz que, depois de mais de 100 anos de Dostoiévski, crime e castigo continuam como uma necessidade estrutural em todo tipo de criminosos, sejam eles neuróticos, psicóticos ou perversos. No fundo de seu ser, eles buscam o castigo, o que não quer dizer que a sanção ocorra sempre no plano jurídico, mas no subjetivo, com a culpa, o fracasso, a desordem, a marginalidade, a morte... O crime é um ato que confronta o sujeito com sua responsabilidade, ou seja, com sua capacidade por seu fazer e dizer.

Em 1999, Miller realizou seminário com o título de "L'Acte entre intention et conséquence" e nele, entre outras contribuições, distingue a ética das intenções e das consequências, já que para a psicanálise o ato deve ser implicado às consequências. Salum (2003), dedicando-se à abordagem deste seminário milleriano, coloca em evidência que a causalidade não é da ordem significante e sim pulsional. O que torna compreensível que, do ponto de vista da pulsão, há a causa e, da perspectiva do sujeito, o assentimento (Miller, 1987-1988).

O discurso psicanalítico, afirmava Estévez (2004), tem a radicalidade de colocar a responsabilidade como a báscula entre valentia ou covardia. A primeira consiste em responder pelo ato como algo que lhe é próprio, assumindo as consequências, e a segunda em escapulir, acovardar-se diante do que foi feito. Neste último caso, em geral, trata-se de sujeito neurótico. Os psicóticos costumam responder por seus atos, ainda que friamente, e até os reivindicam com grande valentia subjetiva. A respeito da responsabilidade penal, é útil voltar a Cottet (2009), em texto referido anteriormente.

Esse autor retoma o interesse de Lacan pela obra do jurista Gabriel Tarde (1843-1904), que procurou separar a determinação de responsabilidade da noção de livre arbítrio, considerando que a responsabilidade deveria ser avaliada a partir da identidade pessoal e da similitude social. Lacan concordou que liberdade e responsabilidade não se confundem e questionou a noção de identidade estabelecida por Tarde, indicando que o inconsciente divide o sujeito de sua identidade. Conforme Lacan, mais que medir se o ato foi realizado porque seu ator o quis livremente, no empuxo ao ato interessa a pergunta pela força que o desencadeou e quem o realizou. Se no ato não há sujeito e nele prevalece a versão do objeto, efetivamente o ato é sempre do sujeito que por ele deve se responsabilizar, principalmente considerando que responsabilidade é a resposta de um sujeito diante do real.

Na interface direito/psicanálise, Cottet (2009) considera que o trabalho analítico possibilita o despertar do sujeito, promovendo a assunção de sua responsabilidade pelo ato que praticou. Isso quer dizer uma aposta no chamado para que o sujeito responda por sua posição de sujeito, o que pode acontecer de várias formas, a exemplo do que escreve Salum (2009), estudiosa do assunto e fonte para aprofundamento desta questão: pela prisão, por meio de medidas socioeducativas no caso dos adolescentes ou do acompanhamento por meio de medida de segurança, no caso de psicoses.

Proposta peculiar

Ambertín (2006), leitora exemplar do texto lacaniano e profissional bastante experiente, ao escrever sobre a psicopatologia do criminoso dá ênfase ao que a psicanálise vem afirmando ao longo do tempo: a sanção não deve tomar o caráter, a degradação de castigo. Ela deve considerar, isto sim, a dimensão da deliberação do sujeito com seu tribunal interior e exterior.

A esse respeito, Legendre (1994) fala de certa triangulação do culpado, na qual o juiz pode ocupar papel semelhante ao do psicanalista: o acusado responde pelo crime diante de seus juízes que têm a função de dar uma sentença juridicamente fundada, interpretando o caso à luz do "corpus dos textos", o que, a partir da psicanálise, se designa como o grande Outro, "A". Isso favorece o rompimento da especularidade imaginária do processo judicial, pois inclui certa terceiridade operando a partir da interpretação dos textos, ou seja, da legislação simbólica, e não da arbitrariedade, da vingança e do castigo.

Nos passos esclarecedores de Ambertín (2006), o sujeito do delito, nas trilhas de Legendre, comete sua falta duas vezes: a primeira se refere ao criminoso que atua e a segunda ao pecador que atua contra a lei simbólica. Diante disso, e avançando a partir de sua experiência clínica e de pesquisa realizada de 1995 a 2004, no Centro de Investigaciones Sociológicas de la Facultad de Derecho de la Universidad de

Tucumán, Ambertín propõe que o autor de um delito comete sua falta pelo menos três vezes: como culpado ele atua e satisfaz ao criminoso; como criminoso atua e satisfaz o culpado; como responsável é o que pode interrogar o criminoso. Portanto o delito deveria ser condenado em três dimensões: a do culpado, que ultrapassa os limites da lei que regula a lógica do proibido, a do criminoso julgado e condenado pelo direito que objetiva o crime, e a do assentimento responsável, ou seja, a do culpado e condenado à pena que pode subjetivar seu ato responsabilizando-se por ele, dando significação à falta objetiva e subjetiva.

Nessa proposta é preciso a criação de três tribunais: o do foro interno, relativo ao culpado, do qual o psicanalista pode se ocupar; o foro externo, equivalente ao aparato judicial, do qual se ocupa o juiz; e o foro interno-externo, o do culpado-responsável, do qual se ocupam o psicanalista e o juiz. Desse modo é que se pode respeitar, argumenta a autora, a asseveração do princípio jurídico moderno que reza que não há pena sem culpa e se pode ver que o crime não supõe somente o cumprimento de um *actus*, ato material, mas, implicação subjetiva, *mens rea*. Assim, na psicopatologia do ato delitivo deve haver considerações também em três eixos: eixo do ato criminoso, da motivação do mesmo e da sanção penal com suas consequências na subjetividade.

Ao indagar o ato criminoso, é possível obter implicação subjetiva, já que é possível que a sanção penal se subjetive em relação ao ato, sempre do sujeito, e, desse modo, que a subjetividade inscreva uma articulação entre sua falta e o que assinala a lei, cumprindo-se, então, a função clínica do direito, defendida por Legendre. É bom enfatizar que, para a psicanálise, mais que medir se o ato foi realizado porque seu ator o quis livremente, no empuxo ao ato interessa a pergunta pela força que o desencadeou e quem o realizou. Perguntar pela motivação do ato criminoso pode trazer implicação subjetiva, mas, se o sujeito reconhece sua culpa e não se faz responsável por seu ato, ela é parcial. Corre-se o risco de não haver subjetivação da pena, e aí a função clínica do direito não se cumpre totalmente. Sobre a sanção penal e suas consequências subjetivas, se há desarticulação do ato criminoso e da pena atribuída, o sujeito é foracluido do ato. Isso supõe sérios riscos de repetição *ad infinitum* da atuação. Neste caso, a função clínica do direito fracassa totalmente.

Como afirma Romildo do Rêgo Barros (2011) "nada falta à lei para que seja lei". Como lei ela é sempre universal. Nesse sentido, seu caráter universal de certo modo depende das próprias exceções que produz. E, se a intervenção do profissional *psi* no sistema judicial é necessária, "é porque há algo que excede esses dispositivos, algo que não conduz à pura aplicação das leis" (Barros, 2011: 5); muitas vezes até a dificulta ou impede.

Assim, trabalhos daqui e dali, a interface entre psicanálise e direito está viva e presente em diferentes lugares. Na academia e fora dela, busca caminhos distintos daqueles em que os tropeços nos *innuendos* impedem a sequência da caminhada, e insiste no necessário enlaçamento entre discurso psicanalítico e jurídico. As indagações e buscas de respostas sobre a subjetividade implicada, a tentativa de localização do sujeito sem desconsiderar a objetividade dos fatos, típicas do trabalho psicanalítico, mostram sua utilidade e se fazem considerar e serem demandadas por aqueles que legislam sobre as faltas e as penas a elas atribuídas.

Referências bibliográficas

Álvarez, J. M.; Esteban, R. & Sauvagnat, F. (2004). *Fundamentos de psicopatología psicoanalítica*. Madrid: Editorial Sintesis.

Ambertín, M. G. (2006). Ley, prohibición y culpabilidad. In: Ambertín, M. G. (org.). *Culpa, responsabilidad y castigo en el discurso jurídico e psicoanalítico* (pp. 37-56). Buenos Aires: Letra Viva.

Barros, R. R. (2011). A prática *psi* como suplemento do sistema judicial. *Latusa Digital, 8*, 44-45, 1-6. Disponível em <http://www.latusa.com.br/pdf_latusa_digital_44_a1.pdf>. Recuperado em novembro 2011.

Benjamin, W. (2007). *Passagens*. São Paulo: Editora UFMG.

Braunstein, N. (2006). Los dos campos de la subjetividad: derecho y psicoanálisis. In: Ambertín, M. G. (org.). *Culpa, responsabilidad y castigo en el discurso jurídico e psicoanalítico* (pp. 15-30). Buenos Aires: Letra Viva.

Cottet, S. (2009). Criminologia lacaniana. *Revista aSephallus, IV, 8*. Disponível em <http://www.nucleosephora.com/asephallus>. Recuperado em janeiro de 2012.

Cruz, M. (2004). Razón y responsabilidad. In: Martinez, J. M. A & Arnáiz, R. E. (orgs.). *Crimen y locura* (pp. 207-216). Madrid: Asociación Española de Neuropsiquiatría.

Estévez, F. (2004). Crimen y castigo. In: Martinez, J. M. A & Arnáiz, R. E. (orgs.). *Crimen y locura* (pp. 175-185). Madrid: Asociación Española de Neuropsiquiatría.

Garcia, C. (2004). *Psicologia jurídica: operadores do simbólico*. Belo Horizonte: Del Rey.

Lacan, J. (1988). *A ética da psicanálise*. Rio de Janeiro: Jorge Zahar.

Lacan, J. (1998a). Introdução teórica às funções da psicanálise em criminologia. *Escritos*. Rio de Janeiro: Jorge Zahar Ed.

Lacan, J. (1998b). A ciência e a verdade. *Escritos*. Rio de Janeiro: Jorge Zahar.

Lacan, J. (2008). *De un Otro al otro*. Buenos Aires: Paidós.

Legendre, P. (1994). *El crimen del cabo Lortie – Tratado sobre el padre*. México: Siglo XXI.

Martínez, J. M. A. (2004). Delirio y crimen: a propósito de la responsabilidad subjetiva. In: Martinez, J. M. A & Arnáiz, R. E. (orgs.). *Crimen y locura* (pp. 187-205). Madrid: Asociación Española de Neuropsiquiatría.

Miller, J. (1987-1988). Cause et consentement. Cours de Jacques-Alain Miller (Mimeo).

Miller, J. (1999). L'Acte entre intention et consequence. *La Cause Freudienne, 42*, 7-6.

Miller, J. (2003). *La experiencia de lo real en la cura psicoanalítica*. Buenos Aires: Paidós.

Miller, J. (2005). Orientation lacanienne III, 7. Pièce Détachées. 9ème. Séance du Cours. 2 février. Inédito.

Pereira, R. C. (2004). Prefácio. In: Garcia, C. *Psicologia jurídica: operadores do simbólico* (pp. xiii-xvi). Belo Horizonte: Del Rey.

Salum, M. J. G. (2003). Uma questão para a prática lacaniana nas instituições judiciais: sobre a modalidade patológica do assentimento. *Opção lacaniana, 37*, 74-78.

Salum, M. J. G. (2009). Crime, violência e responsabilidade na clínica contemporânea. *Revista aSephallus, IV*, 8. Disponível em <www.nucleosephora.com/asephallus>. Recuperado em dezembro de 2011.

Sauvagnat, F. (2004). Diabolus in psychopathologia, o crimen, perversidad y locura. In: Martinez, J. M. A & Arnáiz, R. E. (orgs.). *Crimen y locura* (pp. 219-246). Madrid: Asociación Española de Neuropsiquiatría.

Discurso médico e clínica psicanalítica: colaboração ou subversão?

Jean-Luc Gaspard*

Tradução: Glacy G. Gorsky
Revisão: Alain Besset e Vera Besset

É certo que aguentar a miséria, como o senhor está dizendo, é entrar no discurso que a condiciona, ainda que seja a título de protesto. [...] Ademais, os psis, quaisquer que sejam, que se dediquem ao vosso suposto aguentar, não têm que protestar, mas sim colaborar.

Lacan, *Télévision*, 1974

Introdução

Renovando radicalmente os paradigmas teórico-clínicos e as categorias da psiquiatria do adulto durante mais de meio século, o impacto da psicanálise foi tal que Canguilhem escreveu em 1943: "É interessante observar que os psiquiatras contemporâneos operaram em sua própria disciplina uma retificação e uma regulação dos conceitos de normal e patológico; no entanto, não parece que os médicos e os fisio-

* Psicanalista. Doutor em Psicologia (Université de Toulouse Le Mirail). *Maître de Conférences* em Psicopatololgia. Diretor do *Laboratoire* "Recherches en Psychopathologie clinique; pratiques et champs spécifiques" EA 4050, Université Rennes 2. Email: jlgaspard@wanadoo.fr.

logistas estivessem preocupados em extrair uma lição acerca disso" (Canguilhem, 1943/2005: 69).

E sua contribuição central não diz respeito somente ao remanejamento provocado na semiologia e na nosografia, mas à oferta de uma abordagem estrutural dos fatos psíquicos ou sintomáticos. Mais precisamente, as estruturas às quais a clínica freudiana se refere não constituem entidades no sentido de reagrupamentos particulares de fenômenos patológicos, mas dão conta de modalidades próprias de relação do sujeito ao desejo do Outro e ao gozo, tendo como consequência os modos específicos de transferência. A influência exercida por essa clínica, doravante ameaçada pelo desenvolvimento da quimioterapia e pelo avanço das técnicas cognitivo-comportamentais, relaciona-se tanto ao lugar que ocupa frente ao discurso da ciência, quanto ao fato de ter conseguido colocar à prova, em cada caso, seu modelo teórico com o objetivo de produzir novos ensinamentos. Entretanto, desde a época da psicanálise "triunfante", os tempos parecem ter mudado. Sendo assim, em suas relações com a medicina do século XXI, que lugar pode a psicanálise contemporânea reivindicar ou recusar? Essa questão, em consonância com a célebre conferência realizada pelo Doutor Jacques Lacan no *Hôpital des Enfants malades*, em 16 de fevereiro de 1966, estaria bem colocada? Ela é ainda atual, tem um alcance eventual?

Se nos referirmos ao contexto da época, como não lembrarmos as críticas e protestos do Professor J. Royer sobre a palestra de Lacan, de seu anfitrião, chefe do serviço onde foram acolhidos em uma orientação psicanalítica J. Aubry e seus colaboradores? O primeiro esperava que fosse fixado e certamente celebrado o modesto e benévolo lugar que o Hospital concedia à psicanálise. Ele e seus colegas tinham ido debater a democratização da psicanálise e seu acesso aos jovens médicos, assim como a sua possível abertura a outras correntes para "ajudá-la a encaminhar-se para a sua fase científica". E, também, discutir sobre as capacidades de ela ser um suporte metodológico confiável nas pesquisas desenvolvidas no seio da instituição, especialmente sobre as ressonâncias da doença no jovem paciente e em sua família. Nessa polêmica, o Prof. J. Royer só podia achar inaceitável a pequena proposição antecipadora de Lacan sublinhando um deslize histórico: aquele pelo qual os médicos iriam abandonar a clínica em detrimento da terapêutica, por comodidade, e serem "transformados em simples distribuidores de medicamentos fornecidos pelas firmas farmacêuticas". É verdade que Lacan, do qual não se pode esquecer a formação e o percurso médico inicial, tal como Freud, ao invés de considerar a psicanálise, essa "última flor da medicina", um simples suplemento do campo médico, escolheu pegar seu meio no contrapé. Para ele, o essencial estava bem distante de considerações puramente técnicas, organizacionais ou práticas. De fato, no lugar de um esforço por legitimar a prática analítica no seio de um discurso médico dominante, arriscando-se a condená-la à servidão e dissolver seus possíveis efeitos de verdade, tratou-se de esclarecer o que a psicanálise poderia trazer como contribuição, tanto à função do médico como à transmissão da experiência clínica.

Esse deslocamento proposto por Lacan assinalava uma disjunção efetiva entre o campo médico e o campo freudiano: a extraterritorialidade da psicanálise. Sobretudo, ele permitiu relançar, em filigranas, a reflexão em torno de três polos: a *dimensão clínica* referente ao modo como, em nossa modernidade, são tratados os efeitos sintomáticos do discurso da ciência; a *relação política* da história e do discurso entre esses dois campos teórico-práticos que são a medicina e a psicanálise; e, por fim, o *polo ético*, no qual se atualiza a questão do sujeito, o lugar que lhe é concedido, ou não, em cada um dos discursos, como também os efeitos da reintrodução deste primeiro na abordagem do sintoma tanto no plano médico quanto psicanalítico. Com efeito, retomar uma de suas proposições iniciais, definir a psicanálise como "a ciência da linguagem habitada pelo sujeito" (Lacan, 1955-1956/1981: 286) permitiria empreender uma redefinição verdadeira da medicina, da psicopatologia, assim como da psicologia (Lacan, 1955-1956/1981: 276).

Porque, antes mesmo de ser um corpo de saber, a psicanálise é historicamente uma prática que se dedica a transformar, através da fala, um sujeito que demanda isso, porque sofre ou se julga embaraçado em suas relações ou modalidades de inscrição no laço social. A psicanálise definida como práxis, "uma ação articulada pelo homem tendo como medida o tratamento do real pelo simbólico"[1] (Lacan, 1955-1956/1981: 276), não pode deixar de se opor ao projeto da medicina científica que visa a redução da dimensão subjetiva, a menos que esta última seja conduzida, em suas aporias e impasses, ao campo da demanda. A questão da relação entre medicina e psicanálise se deslocaria, assim, para a questão: o que é uma medicina que se nutre e se apropria do saber extraído pela clínica analítica não somente em suas práticas, mas, sobretudo, na formação inicial dos médicos? Lacan via aí uma urgência, uma necessidade vital para a medicina, a de não esquecer - na sua relação com a ciência e as leis da biologia, como também com a genética - a importância a atribuir à clínica do particular.

Interseção clínica: o encontro do corpo

Enquanto a psicanálise é um processo de transformação do sujeito, a medicina se propõe restituir ou salvaguardar um estado de saúde conforme as normas sociais em curso. Mas tanto uma quanto a outra não podem se limitar à doutrina atrelada às suas respectivas práticas. O exercício médico não se resume à observação sábia do corpo e das doenças, à boa prescrição de medicamentos e, tampouco, à qualidade das ações diagnósticas ou terapêuticas. Através de uma demanda de cuidados, ela também se encontra convocada e obrigada a responder às questões que os sujeitos, em sua ignorância, muitas vezes conseguem articular. Os médicos, portanto, mesmo quando não ocultam a dimensão subjetiva, quer dizer, a subjetividade que emerge do campo da linguagem e submissa às suas leis, só podem ser confrontados com os efeitos bem complexos e frequentemente inesperados da linguagem sobre o desejo e sobre o corpo. Com efeito, a linguagem não somente preexiste ao sujeito como constitui também seu traumatismo essencial uma vez que marca o ser vivo através da cunhagem nos pontos de fixação que dão forma ao sintoma. Assim, mais além do entendimento médico da abordagem do sintoma e do encaminhamento diagnóstico

---

[1] N.T. No original: "une action concertée par l'homme qui le met en mesure de traiter le réel par le symbolique".

que permite alimentar as grades clínicas, administrativas ou burocráticas, mais além da resposta técnica ou quimioterapêutica efetiva, o médico encontra-se muitas vezes confrontado com situações, condutas ou comportamentos parasitas: o sofrimento psíquico, a dor crônica, a resistência aos tratamentos, o surgimento de uma nova perturbação, uma evolução inesperada resultando em morte, a interferência de uma patologia com problemáticas íntimas, sociais ou existenciais, etc. Portanto, aquilo que se admite de forma corrente no âmbito do exercício médico liberal e privado, a saber, a escuta e a consideração da singularidade, encontra-se reduzido em função do desenvolvimento contínuo de novidades tecnológicas e da corrida em busca de rentabilidade pelas práticas auxiliares e complementares, como as dos psicólogos (Doucet, 2011). Como se os serviços de medicina procurassem - para melhor se prepararem tecnologicamente em uma lógica de eficácia e de produtividade - se alijar da carga constituída tanto pela função da palavra como também pela persistência da queixa.

Para nós, uma primeira distinção, essencial para que um diálogo entre as práticas médicas e a clínica psicanalítica possa se engajar, está ligada ao estatuto concedido ao corpo em nossa modernidade. Com efeito, a posição tradicional do médico em sua prática clínica (isto é, à cabeceira do doente) é a de ficar frente a um corpo em sofrimento. Entretanto, o que a psicanálise ressalta é a distinção entre corpo e organismo . É uma lição extraída do tratamento das histéricas: as lesões do eu (identificado com o corpo imaginário) são responsáveis pelas paralisias, mesmo se não há lesão orgânica e o sistema nervoso conserva sua integridade. O sujeito, porque fala, é dividido em relação ao seu organismo (fora de sentido deixado ao real). Portanto, são as manifestações, os silêncios e os fracassos do organismo que interrogam o saber médico, obrigando o médico a tratar esse real pelo simbólico. É dentro desse entrelaçado entre respostas da ciência médica e manifestações do organismo que as tomadas de posição do sujeito podem ser situadas como sintomas.

É nesse ponto que intervém a segunda distinção: a consideração concedida à demanda. Do mesmo modo que a pulsão se distingue fundamentalmente do instinto, o sujeito da ciência que a psicanálise se esforça por acolher e sustentar não é o homem. No máximo, ele seria o que resulta da dissolução do humano pelo saber científico em um conjunto de leis, determinismos (biológicos, genéticos, etc.) e determinações (antropológicas e econômicas). Ao contrário do que afirma a psiquiatria contemporânea, a causalidade dos sintomas assim como as posições subjetivas (neurose, psicose, perversão) não dependem de um acidente biológico nem de uma incidência do social ou de uma interação estrita. O sujeito afetado pelo inconsciente, pelo sintoma, representado pelo significante, é aqui considerado como resto antinômico a cada saber, ponto de não-saber de toda ciência. O sujeito não se confunde nem com o indivíduo, nem se reduz à pessoa. Ele também não corresponde ao usuário (Capdevielle & Doucet, 2004). O sujeito do inconsciente, da fala, do ato, pode ser apreendido se quem se interessa por ele o escuta. Ele se manifesta nas falhas do discurso (lapsos, atos falhos, chiste), mas igualmente no sonho e através do sintoma, pois todas essas manifestações traduzem a verdade de um desejo inconsciente como demonstrou Freud. É por isso que a psicanálise não considera o sintoma como disfunção ou como déficit, mas como um recurso utilizado pelo sujeito frente a uma situação de impasse psíquico. É uma solução que deve permitir ao sujeito entrelaçar o mais íntimo de seu ser ao laço social, tendo como condição que o discurso, que o laço social não vise justamente reduzir ou dissolver essa singularidade. Esse interesse bem freudiano pelo sintoma não deve nos fazer esquecer que, se o encontro dos corpos (na medicina como também na psicanálise) tornou-se possível, foi porque, no início, houve demanda.

Lacan insiste na importância para o médico de partir da demanda, colocá-la em ação, dar-lhe seu devido lugar, permitir sua elaboração a partir da queixa. O que pode permitir sustentar a posição do médico é, então, o fato de que a demanda seja entendida e interpretada na falha entre a necessidade e o desejo. "Quando alguém demanda alguma coisa, não é de modo algum idêntico e é, por vezes, até mesmo diametralmente oposto àquilo que ele deseja" (Capdevielle & Doucet, 2004). Porque, na cena inconsciente, o desejo não pede realização. Com efeito, o que o sujeito pode desejar mais é aquilo que ele não pode (o fora da linguagem do recalcamento originário) e de que não quer saber nada. A partir disso temos esse conjunto de paradoxos encontrado no campo médico: o paciente que reivindica em alto e bom tom a cura sem modificar sua própria relação com o contexto que mantém a doença. Tal qual o paciente que se abate no exato momento em que vai sair de sua condição de doente (reação terapêutica negativa). Ou como aquele outro que, enfim, só espera uma coisa: ser homologado e reconhecido em seu estatuto e na sua identidade de sujeito doente ou sofredor. A posição de Lacan permite levar em consideração a importância da oposição, por vezes conflituosa, da zona de tensão entre o que é demandado na encenação das sintomatologias, e o desdobramento do desejo na repetição, na fantasia ou no campo inconsciente (operações de recuperação de restos do gozo perdido ao falar).

Encontro de corpos e promoção da demanda precisam do reconhecimento da singularidade e de um retorno ao particular. O interesse pela particularidade do caso é fundamental em psicanálise porque permite demonstrar como a experiência individual faz presente, sempre, o universal da estrutura. Mas com uma verdadeira inversão de perspectiva em relação a outras modalidades de tratamento, como aquelas promovidas pela medicina contemporânea: não se trata de celebrar o particular para melhor reduzi-lo ao universal, para melhor dissolvê-lo pura e simplesmente pela via da generalização, da categorização. O que a psicanálise reconhece e o que pode ensinar é a presença, o impacto e a ação de uma dimensão universal no particular do caso, sem que, no entanto, somente a estrutura permita prever, ordenar ou predizer qualquer coisa sobre o destino de um sujeito. Esta subversão: caberia à medicina se apropriar dela para que se torne, segundo Lacan, uma encruzilhada fecunda, até mesmo o lugar do exercício de uma redefinição verdadeira das ciências do Homem. É possível também medir a oposição radical entre a abordagem analítica e as orientações da ciência moderna que a medicina sempre tenta acompanhar, a contratempo. Isso a leva a se alinhar do lado da clínica do signo, da farmacêutica, em um triplo movimento: uma categorização que tem como efeito reduzir cada vez mais os desvios e as diferenças (amostras estatísticas), a promoção de formas sintomáticas segregativas segundo um modelo unifatorial, dedutivo e linear, eliminando toda complexidade (Gaspard, 2010), e, enfim, o uso com fins terapêuticos das novas ferramentas e instrumentos. Pois, de fato, o que funda a medicina, desde sempre, é a existência de objetos terapêuticos (tecnologias, medicações, medicamentos) que existem em profusão no mundo atual e aos quais se volta a demanda consumista dos indivíduos.

Interseção política: o lugar do sujeito

Sob a influência das novas palavras da ordem do discurso da ciência (inovação, prevenção, verificação, avaliação, experimentação, etc.), o indivíduo contemporâneo se vê na obrigação de realizar uma celebração de si mesmo que frequentemente dá lugar ao desespero e a buscas metonímicas e práticas cada vez mais compensatórias (Ehrenberg, 1991, 1995, 1998; Lebrun,1997). Depressão crônica, *burn-out*, adições, fibromialgia: um conjunto heteróclito de situações clínicas ilustra as modalidades atuais de tratamento da alteridade como também as novas *economias de gozo* de nossa época. Ora, a complexidade dessas situações, especialmente no âmbito hospitalar, os impasses e paradoxos que elas geram, tanto do lado dos pacientes quanto dos cuidadores, contribuíram para a edificação de uma soma de saberes (os referenciais, os guias de boas práticas) e de regras (jurídica, deontológica, ética). Em relação a isso, a colocação em prática, em inúmeros países, dos novos enquadramentos legais - consentimento do paciente, direito dos doentes, direito à autonomia, direito à saúde - reforça a posição do indivíduo e do usuário no sistema de atenção à saúde. Ela se apoia em uma ideologia de saúde pública que sustenta a seguinte ideia: se o indivíduo está doente é porque "se comportou mal", "gerenciou mal seu capital de saúde", donde uma tendência da epidemiologia a definir estilos de vida, "bioestilos" (Skrabarek,1995) - abrindo as portas para o direito à saúde (mesmo que uma sociedade não possa garantir nada além do direito de acesso ao cuidado), ao direito de dispor de seu corpo, de morrer com dignidade, ao consentimento livre e esclarecido, etc. Esse movimento de fundo no campo médico é um desdobramento remanescente da cultura do narcisismo (Lasch, 2000), que coloca as problemáticas identitárias e a relação consigo mesmo totalmente em primeiro plano.

Essa evolução social não é sem consequência para a relação do sujeito com o saber, pois ela vem embaralhar as cartas de toda clínica sob transferência no "self-service" das psicoterapias. O mesmo acontece com a multiplicidade das iniciativas de automedicação e de autodiagnóstico, autorizadas especialmente pela rede da internet e enaltecidas pela mídia, e que desapropriaram o médico de sua aura tradicional e de seu saber sobre a arte de cuidar e curar. Ora, longe de representar a ideia de uma verdadeira subversão social, todos esses fenômenos integram, paradoxalmente, o mesmo movimento de adesão às novas normas dominantes que fazem da medicina "uma tecnologia geral do corpo" (Foucault, 1954-1975: 273). A consideração do humano prometida pelos novos direitos se acompanha, entretanto, de uma tentativa de redução do sujeito às normas em vigor.

Historicamente, duas modalidades de normas não homogêneas contribuíram para promover uma sociedade da normalização baseada na medicalização da existência. As primeiras consistem "em pressões diversas, em palavras de ordem concorrentes que, no entanto, vão no sentido de uma intensificação das produções de bens materiais e imateriais, engajando os sujeitos em uma economia de corpos e de espíritos" (Le Blanc, 2004: 99). Essa linha de reflexão também pode ser encontrada nos trabalhos de Michel Foucault (1975) sobre o poder disciplinar e a produção de comportamentos adaptados que participaram do advento das sociedades liberais. As segundas consistem nas "injunções a se realizar, para ser si mesmo". Essa pressão social à individualização que faz de cada um "autor de sua própria vida" leva a reivindicar cada vez mais autonomia. Assim, isso tem a ver com o novo direito do paciente que é o consentimento livre e esclarecido. Aquele que pode dar seu consentimento é "o adulto são de corpo e espírito, a pessoa competente e autônoma" capaz de dar seu parecer sobre todos os procedimentos do tratamento que lhe são propostos. Se esse novo direito favoreceu a consideração da palavra dos pacientes e dos familiares nos dispositivos de tratamento, nem por isso deixou de traduzir "a obrigação permanente de escolher" que constitui nossa modernidade. Trata-se de escolher a partir de um saber, de um conhecimento científico o qual implica que "o sujeito deve transformar em seu ser para ser capaz de verdade e, então, apto ao conhecimento" (Gori & Del Volgo, 2005: 51). Entretanto, que consequências podem ter essas novas normas para os sujeitos e para os próprios cuidadores? O doente estaria, nos serviços de medicina, totalmente sujeitado à norma? Não se pode assinalar a presença de um processo de subjetivação irredutível à normalização, inclusive do lado dos que cuidam?

Incluímos o exemplo de nossos trabalhos sobre a configuração contemporânea do morrer em nossa reflexão (Doucet, Leboul, Gaspard & Calvez, 2011). Essa pesquisa de campo, tendo como referência o corpo teórico psicanalítico, psicopatológico e sociológico, procurou colocar em questão as práticas de cuidado de pacientes no final da vida numa perspectiva individual e coletiva. Ela interrogou os efeitos de um processo de normalização do morrer (Castra, 2003) que tem na origem uma redução do sujeito. Na verdade, é possível considerar que cada cuidador se apoia em um modelo e, mais particularmente, em um modelo do "bem morrer" para definir os contornos de sua atividade e as especificidades de um acompanhamento do fim da vida conforme o "estilo de morte" (Strauss, 1992) aceitável. Esse modelo associa uma nova abordagem médica sobre o fim da vida, centrado essencialmente na gestão da dor, dos sintomas de desconforto e no controle do fim da vida, uma psicologização da morte e, enfim, sua ressocialização na perspectiva de uma morte tranquila e reconciliada. O desenvolvimento de uma abordagem reflexiva em torno do fim da vida traduz, nos serviços de atenção à saúde, a vontade de restaurar a dignidade do sujeito humano e uma preocupação pela humanização. Se não se pode deixar de se regozijar pelo retorno do humano ao seio da medicina tecnicista e funcional, qual é realmente o lugar reservado ao sujeito?

A pulsão que agita o corpo sinaliza, em certos casos, a insubordinação à norma. Ela faz objeção ao comando social de uma morte anunciada que se gostaria que fosse tranquila. Ela desvia para si o curso de um tratamento médico por demais estandardizado, que esquece o corpo, "uma medicina sem o corpo", como escreve Didier Sicard. Assim, o fato de que a psicanálise seja "a escola do respeito pelo sintoma" (Heuillet, 2006) não deve nos fazer esquecer que, além do que se interpreta do sintoma, como também do que o paciente ou analisante pode compreender dele, existe um resto, o traço de um gozo não simbolizado e não reabsorvível pelo simbólico e do qual, por vezes, o sujeito não abre mão. Portanto, os hiatos são inevitáveis na relação doente-médico, uma vez que a demanda de alívio dos sofrimentos é entendida por este como equivalente a uma demanda de cura que depende da erradicação pura e simples do sintoma.

Entre o desejo ignorado, que existe no paciente, e a ferocidade do "empuxo a curar" médico (um dos três impossíveis freudianos) se situa uma falha que vem macular diversos esforços terapêuticos. Um grande número de condutas ou comportamentos de doentes não pode ser interpretado coletivamente no interior dos serviços (como faz a psicanálise) se os registros da demanda, do desejo e da necessidade não são rigorosamente distinguidos. Nessa ótica, podemos citar as condutas ambivalentes dos cuidadores diante de alguns comportamentos de objeção, até mesmo de oposição radical (recusa do cuidado, recusa alimentar, etc.). A abordagem psicanalítica e a referência à estrutura subjetiva podem modificar a análise dessas situações e evitar toda conduta que implique um forçamento. Por exemplo, levam a considerar que a recusa de um paciente pode, paradoxalmente, testemunhar a função "fecunda" do desejo. Nesse caso, a recusa poderia se apresentar como a manifestação de um sujeito que tenta salvar seu desejo. Em outro caso, referido à estrutura psicótica, poderia se tratar de uma oposição à opressora presença persecutória do Outro médico. Outras modalidades de manifestações do sujeito podem ser assim examinadas, tais como os comportamentos de não obediência às prescrições terapêuticas por parte de pacientes que, no entanto, demandam alívio, como também algumas formas inexplicadas de resistência aos tratamentos. Manifestações de afeto, raiva, medo, conflito, cronificação da dor, são também manifestações do sujeito que não cessam de atravancar a rotina da prática médica. Portanto, é possível ver que o uso do corpo é antes de tudo relação com o Outro, mas também com a dimensão do gozo (Gaspard & Doucet, 2009). Pois um corpo é tanto um corpo que goza, um corpo gozante, quanto um corpo gozado pelo Outro.

Interseção ética: do "dever de escutar" à possibilidade do ato

Os progressos da medicina tecnocientífica, que relega cada vez mais a clínica tradicional à cabeceira do doente, e o colóquio singular entre o doente e o médico convocam doravante a reflexão ética a ocupar uma posição de arbitragem das práticas entre o quadro legislativo e o projeto normativo. Não é, então, espantoso que a distinção entre deontologia e ética possa ser especialmente ilustrada nos conflitos de valores colocados pelas problemáticas relacionadas ao fim da vida, como também pela assunção dos encargos referentes ao tratamento da dor.

Com efeito, historicamente, é a indignação de certos profissionais frente ao abandono dos moribundos ou à busca interminável de uma cura[2] além do que seria razoável, que se encontra no fundamento da doutrina dos cuidados paliativos[3] (Marche, 2009). O paradigma da negação social da morte, ao se deslocar para a crítica da gestão médica do morrer, contribuiu em parte para alimentar a reflexão dos profissionais sobre a transformação das atividades de acompanhamento dos incuráveis. Mas será que o novo modelo do "bem morrer" não corre o risco de mudar o curso da prática do cuidado? Não se pode assinalar entre os cuidadores uma interiorização das normas do morrer na origem de uma tentativa de normalização das condutas no fim da vida? Canguilhem indicou que a vida não é um ajustamento às normas, nem uma adaptação às normas exteriores, mas uma invenção de normas, uma criação. A vida psíquica possui o poder de destituir as normas que se manifestam na criatividade da vida comum. A noção de sintoma no sentido psicanalítico do termo permite compreender o paradoxo

[2] N.T. No original: "l'acharnement thérapeutique".

[3] N.T. No original: "soins palliatifs".

que consiste em se queixar de um sintoma do qual não se quer abrir mão. Apesar de existir um assujeitamento - em parte consentido pelo sujeito - às normas, as desordens da pulsão e as imprevisibilidades do desejo, que não podem ser evacuadas, continuam a se manifestar e perturbam o trabalho do cuidado. Isso explica o fato de certos médicos se sentirem tentados a colocar muito rapidamente a demanda no registro das necessidades (fisiológicas, orgânicas, somáticas, etc.), a interpelar ou a utilizar o saber analítico somente para suturar melhor a falta, a divisão subjetiva. Por essa razão - e a época nos demonstra isso regularmente - o progresso da ciência médica em sua relação com o corpo não faz mais do que colocar em evidência a impossibilidade de prever quais seriam suas consequências no âmbito dos indivíduos, dos discursos e das práticas. Essas situações de impasse, nas quais o corpo médico não se encontra mais à altura de antecipar os efeitos (tanto reais quanto simbólicos) do atravessamento de uma urgência, da doença ou do fracasso técnico (procriação assistida, medicina fetal, enxertos, implantes, etc.), resultando em um verdadeiro curto-circuito do inconsciente ou no escancaramento, numa verdadeira irrupção de gozo, de um real tomado no imaginário do corpo, um impossível a ser apreendido pelas palavras. Tantos pontos de obstáculo nos quais o que é tratado do corpo vivo, do corpo-organismo desperta nos cuidadores novas figurações do horror ou do impossível de suportar.

A pesquisa sobre os cuidados paliativos sobre a qual já falamos anteriormente fornece exemplos marcantes disso. Tamanho é o espanto angustiado dos cuidadores diante da emergência do sujeito: "O que é que ela percebe?". O que percebe essa paciente de seu corpo que não é nada além de chagas, como ela se percebe com esse corpo horrível e como compreender que ela recuse a clivagem que, segundo eles, a protegeria? Ela afirma "É meu corpo" e os cuidadores ficam sem voz. Outro paciente "encurvado, sem comunicar" diz, de repente, "É duro morrer"; ainda, aquele que os cuidadores "pensavam que ele não se dava conta" derrama algumas lágrimas, também, o paciente que recusa todo e qualquer tratamento proposto, entretanto "para o seu bem". É nos interstícios, naquilo que escapa à racionalidade explicativa ou interpretativa, à norma, que o sujeito está como real convocando os cuidadores à criatividade. Sair dessa armadilha do real, que se tornou por demais presente – a ponto de um cuidador descrever que sente a presença de um afeto de angústia antes de chegar ao serviço –, é possível com a condição de se orientar em direção a uma dialética que não seja a da pulsão de morte. Cada um tenta recobrir o real com o simbólico e permitir que o imaginário encontre seu lugar: promovem-se massagens corporais, bolos de aniversário, tempos de conversa, interesse pela história do paciente, tentativa de dar um sentido à sua prática clínica. Os cuidadores, todavia, estão tocados por essa tarefa que exacerba o questionamento sobre o sentido da existência e se encontram submetidos, reagindo a isso, a um "empuxo à prática", extrapolando seus próprios limites. Entre o real do sujeito e os contornos atuais de um real introduzido pelo discurso da ciência, a medicina redescobre, então, sua divisão e contradição constitutiva: o ideal de mestria como uma forma de onipotência através do projeto de cuidado vem se chocar com o ineducável fracasso da experiência clínica, diante da finitude do humano. Na verdade, aqui nos afastamos do imperativo da eficácia e da supressão dos sintomas caros à nossa modernidade. As manifestações do sujeito, as respostas que ele dá ao real do seu organismo, a tomada de posição face às suas determinações orgânicas ou somáticas colocam os cuidadores diante do enigma da "insondável decisão do ser"[4] (Lacan, 1966b: 177). É em tal contexto que se convoca a dimensão ética, "aquela que se estende na direção do gozo".

Se o estatuto do sujeito, como sublinhamos, constitui para inúmeros praticantes uma fonte de inquietação ética, não convém de toda maneira comemorar tão rapidamente a "etificação"[5] generalizada de diferentes práticas clínicas, em primeiro lugar a medicina e a psicanálise (Allouch,1997). Do ponto de vista da ética médica, escutar deveria ser um dos primeiros deveres por permitir ao paciente historicizar o que lhe acontece e elaborar um romance sobre sua doença.

[4] N.T. No original: "l'insondable décision de l'être".

[5] N.T. No original: "l'éthification". A palavra não existe em francês, assim como em português.

> A vontade de escutar deve ser independente dos impedimentos que podem levar à renúncia desse dever elementar. A duração da troca verbal não pode ser codificada e este problema não pode ser resolvido de maneira simples, até porque o tempo nos remete à nossa relação com a morte e com a castração. Os médicos, em particular, encontrarão sempre boas razões para encurtar esse tempo de fala, considerado habitualmente como simples tagarelice[6] (Del Volgo, 2003: 39-40).

Ora, além do fato de que, no âmbito de inúmeras práticas médicas, o tempo consagrado à escuta tende a se reduzir de maneira drástica, essa aptidão do "saber escutar" - posto que ela engaja o médico em uma função psicoterapêutica - pode ser a porta aberta às relações contratransferenciais e às resistências não analisadas. Isso foi assinado por Freud, em 1890, nestes termos:

> A partir do momento em que os médicos reconheceram claramente a importância do estado psíquico na cura, lhes veio a ideia de não mais deixar que o doente decidisse sobre o grau de sua disponibilidade psíquica, mas ao contrário de lhe arrancar deliberadamente o estado psíquico favorável graças aos meios apropriados. É com essa tentativa que se inicia o tratamento psíquico moderno[7] (Freud, 1890/1985: 12).

A preocupação ética não é, então, suficiente. Em outro plano, a organização sistemática de comitês de ética, certamente para engajar uma reflexão sobre questões fundamentais (como por exemplo, no âmbito dos ensaios clínicos sobre o papel do placebo, a exposição a título experimental de grupos de controle, etc.), resume perfeitamente a peleja entre *utilitarismo ético e universalismo ético*. Os fatores que estão em

---

[6] N.T. No original: "La volonté d'écouter doit être indépendante des contraintes aptes à faire renoncer à ce devoir élémentaire. La durée de l'échange verbal ne peut pas être codifiée et ce problème ne peut se résoudre de manière simple d'autant que le temps nous renvoie à notre rapport à la mort et à la castration. Les médecins en particulier trouveront toujours de bonnes raisons pour écourter ce temps de parole, considéré habituellement comme simple bavardage".

[7] N.T. No original: "A partir du moment où les médecins ont clairement reconnu l'importance de l'état psychique dans la guérison, il leur est venu à l'idée de ne plus laisser au malade le soin de décider du degré de sa disponibilité psychique, mais au contraire de lui arracher délibérément l'état psychique favorable grâce à des moyens appropriés. C'est avec cette tentative que débute le traitement psychique moderne".

jogo, e por trás desse debate eles são consideráveis, tanto em termos econômicos (empresas farmacêuticas) como de dominação política e ideológica, não podem ser ocultados.

A psicanálise exige, pois, que fiquemos atentos e vigilantes quanto aos riscos de desvio, com fins prescritivos e até mesmo moralizadores, à questão ética. Com efeito, ela renovou: "a questão da ética não se correlaciona mais com a repressão, mas com o recalque. O sujeito não quer saber nada do que lhe é insuportável. Ou não quer mais saber nada do que, de qualquer maneira, escapa à apreensão pelo saber - seu ser de gozo"[8] (Sauret, 1994: 194). Aqui não se trata de servir ao legislador, de colocar em jogo as relações de força entre disciplinas ou organizações sociais, mas de que um espaço de fala e de pensamento, especialmente coletivo, possa se abrir para investigar o sentido de uma prática e preservar a dimensão do desejo sem qualquer lógica de perícia ou codificação. O paradoxo do debate ético é que ele chama cada um à sua responsabilidade para pensar os desvios, as transgressões, o mau uso das regras e dos códigos sem, portanto, favorecer outros (regras e códigos) e derivar na sanção. Em um sentido amplo, trata-se de manter uma certa falha ou hiância para permitir (através de crises ou de conflitos) uma reinvenção coletiva e individual como uma forma amena de transmissão que sustente a possibilidade do ato que vise recolocar em função o sujeito. Um ato que se inscreva na conexão do sujeito com o gozo, quer dizer que, de um lado contribua para que o doente consiga desvalorizar o mais-de-gozo destilado pelo discurso da ciência e a ideologia do mercado e, de outro, para que escape ou se libere das correntes do gozo sugestivo e da "paixão pelo bem" do clínico.

[8] N.T. No original: "la question de l'éthique en la corrélant non plus à la répression mais au refoulement. Le sujet ne veut pas savoir ce qui lui est insupportable ou ne veut plus savoir ce qui de toute façon échappe à la prise du savoir - son être de jouissance".

Conclusão

> *Pensada em relação à natureza, a doença era o negativo indeterminável cujas causa, formas, manifestações não se ofereciam senão obliquamente e sobre um fundo sempre recuado; percebida em relação à morte, a doença se torna exaustivamente legível, aberta sem resíduo à dissecação soberana da linguagem e do olhar [...]. Da experiência da Desrazão nasceram todas as psicologias e a própria possibilidade da psicologia; da colocação da morte no pensamento médico nasceu uma medicina que se oferece como ciência do indivíduo.*
>
> Foucault, 1963/1994: 200-201

Desde que a morte foi plenamente integrada à experiência médica e pôde ser adiada (aumento da esperança de vida), a doença pôde ser separada da metafísica do mal para "tomar corpo no corpo vivo dos indivíduos" (Ibid.). Assim se entende a importância da medicina e o lugar determinante que ela ocupa na constituição, como também doravante seu prestígio no conjunto das ciências humanas. A mutação dos cadáveres de Bichat ao homem freudiano, na virada do século XIX, vai abrir espaço para a experiência da individualidade na nossa modernidade e emprestar "à fala de cada um o poder de ser infinitamente escutada" (Ibid.). Por isso, ali onde a saúde veio substituir a salvação[9], o médico viu, no desenrolar do último século, sua posição tradicional de mestria ameaçada - se não pervertida, segundo Lacan - pelo novo estatuto do corpo imposto pela ciência. Diante desse mundo tecnocientífico que "deixa escapar entre seus dedos o número infinito daquilo que pode produzir como agentes terapêuticos novos" (Ibid.), o médico, não passou a ser cada vez mais solicitado para ser um simples distribuidor de produtos que permita manter e garantir a homeostase de um gozo exigido?

Nesse contexto, mesmo que a pregnância do discurso médico na nossa sociedade conduza, numa extensão contínua, a uma "medicalização da existência" (Gori & Del Volgo, 2005), à qual o fim da vida não escapa, não há qualquer possibilidade de que a demanda mude de

[9] N.T. "le salut" pode ser entendido aqui como a "salvação divina".

estatuto. O recurso generalizado à quimioterapia se inscreve em uma dupla tensão: permitir aos indivíduos manter ou atingir um alto nível de desempenho e mascarar, em um consumo que visa confortar, fazendo calar qualquer mal-estar, qualquer "falta a ser". É isso que o discurso capitalista promove através de seus novos canais tecnológicos e ideológicos, buscando esvaziar as dimensões do impossível ou da impotência. "É um gozo sem limite, mas também sem diferença, perfeitamente unisex; e sem adiamento, imediato. Ele é sem laço social autista, fora do discurso - mas tem o dom da ubiquidade. [...] Ele adquire um caráter de obrigação, o direito ao gozo se torna dever de gozar. Obrigado? Sim, é assim que o mercado determina: para todos sem exceção"[10] (Laurent & Miller, 1996: inédito). A eliminação progressiva do sujeito e a submissão à tutela ou ao silêncio[11] de todas as clínicas referidas a ele (psicanálise, medicina, psiquiatria) se inscreve em um movimento de alienação geral. A cumplicidade inédita do discurso da ciência e uma ideologia de mercantilização mundializada permite a promoção das mais diversas formas de objetivação. A redução do corpo a uma soma de peças soltas, assim como da psique aos circuitos neurofisiológicos, autoriza a subida ao poder das práticas mágicas ou de novos modos de religiosidade (por vezes fundamentalista). Com efeito, através de um surpreendente movimento pendular tudo parece contribuir para recolocar em voga uma das virtudes da medicina do fim do século XVIII: o consolo. Essa neorreligiosidade, mesmo laicizada, é uma mistura de cuidados físicos e apoio psicológico, que encontramos na paixão contemporânea pelo *acompanhamento*[12] (*coaching*).

Assim, no âmbito da gestão do fim da vida através da prática dos cuidados paliativos, o acompanhamento deve ajudar o paciente a ver-

[10] N.T. No original: "C'est une jouissance sans limite, mais aussi sans différence, parfaitement unisexe; et sans ajournement, immédiate. Elle est sans lien social - autiste, hors discours - mais a don d'ubiquité. [..] Elle prend un caractère obligé, le droit à la jouissance devient le devoir de jouir. Obligé? Oui, ainsi le détermine le marché: pour tous, sans exception".

[11] N.T. No original *bâillon* que, em sentido figurado, refere-se ao impedimento da liberdade de expressão.

[12] N.T. No original: "l'accompagnement".

balizar suas emoções e a transpor as etapas do luto para que consiga tomar consciência progressivamente de sua condição e aceitar sua morte próxima. Os cuidados paliativos visam restaurar a dignidade do paciente e estabelecer novas formas de humanização em oposição à abordagem tecnicista do fim da vida no hospital. Na medida em que o hospital se tornou o principal lugar onde as pessoas morrem, os cuidados paliativos se apresentam como uma alternativa a esse tecnicismo. Para se desenvolver, essa corrente pode se apoiar em uma representação cultural de base, segundo a qual,"antes", ou seja, nas sociedades tradicionais, a morte era organizada coletivamente através de ritos de passagem. O tecnicismo do cuidado não só individualizou a morte, como também retirou dela sua dimensão social. Trata-se, então, de inventar novas modalidades de morrer. Esta representação, sem dúvida alguma, embeleza a morte nas sociedades ditas tradicionais; mas nela a morte conhecia variações e não era tão tranquila quanto o olhar romântico voltado para essas sociedades pode levar a crer. Mas tais representações têm uma função ideológica. Elas permitem dar às práticas contemporâneas um sentido que extrapola o meio hospitalar, fundando uma reapropriação social da morte nas práticas que têm uma ancoragem antropológica. De acordo com essa representação, os profissionais de cuidados paliativos teriam uma função comparável a de um modelo de acompanhamento de "antigamente", só que com uma licença profissional no mundo hospitalar. Assim, eles inventariam maneiras humanizadas de morrer em um universo altamente medicalizado. Falar sobre a morte, favorecer a simbolização são técnicas utilizadas para atingir o objetivo terapêutico maior que constitui o acesso a uma morte tranquila e reconciliada. Atingir esse estádio é para os cuidadores uma prova de um "acompanhamento bem-sucedido". Essas técnicas de "psicologia positiva" (Zech, 2006) – centradas mais nos aspectos da "salutogênesis" do que da "patogênese" não se distanciam quase nada das práticas de *counseling*. Elas visam mobilizar as "habilidades cognitivas e emocionais" do paciente para melhorar sua "qualidade de vida" e impregnaram amplamente as práticas do cuidado (clínica do trauma, doenças graves ou doenças autoimunes, etc.), correndo-se o risco de praticar uma espécie de psicologia médica que Lacan colocava sob o selo da relação epistemossomática (Lacan, 1996a/1987: 22). Aqui torna-se difícil pensar em alguma interface com a psicanálise. Na verdade, esta última pôde emergir em resposta e em oposição a uma ciência que, devido à sua certeza, não podia admitir a divisão do sujeito. E desde sua criação foi definida e constituída como prática e discurso sustentando formas de resistência críticas com respeito aos avanços e efeitos da ciência. É essa mesma recusa do modo de pensar totalitário que faz do inconsciente um naufrágio mítico e joga no limbo o sujeito da fala, que pode permitir tanto à medicina quanto à psiquiatria evitar, doravante, escorregar nos protocolos passionais e de vir a ser o que Lacan temia - "discursos empestiados".

Pois doravante é urgente tomar a defesa do sujeito, contra tudo e contra todos, sujeito este cada vez mais excluído das práticas de uma ordem normativa que têm o encargo de acompanhar e amortecer as consequências de uma série de rejeições promovidas pelo discurso da ciência (amor, sexo, Nome do Pai, etc.). Trata-se de defender o sujeito e promover também o que, através de cada discurso, imprime a marca de sua subversão: a de escapar das malhas do enunciado ou da categoria, de resistir a qualquer atribuição até vir a perturbar a ordem do discurso. Nesse caso, sem hesitar em incomodar os mercadores do grande sono quimioterápico (esses novos mestres da cidade), a se autoinstituir para se fazer conhecer. Aí, enfim, vir apagar os rastros e participar da incessante refundação das montagens mítico-religiosas como também da denúncia da "ilusão pós-moderna do indivíduo, transparente e liberado. Ilusão [...] porque, apesar das nossas contorções libertárias e dos protestos da boa fé científica, renovam-se indefinidamente o desejo de pertencer e a vontade de saber, mas sempre associados, como à sua sombra, à vontade de ignorar"[13] (Legendre, 1999: 10).

[13] N.T. No original: "l'illusion post-moderne de l'individu transparent et libéré. Illusion [...], car en dépit de nos contorsions libertaires et des protestations de la bonne foi scientifique, se renouvellent indéfiniment le désir de s'appartenir et la volonté de savoir, mais toujours associés, comme à leur ombre, à la volonté d'ignorer".

Referências bibliográficas

Allouch, J. (1997). *L'éthification de la psychanalyse: calamité*. Paris: EPEL.

Canguilhem, G. (1943/2005). *Le normal et le pathologique*. Paris: PUF.

Capdevielle, V. & Doucet, C. (2004). *Psychologie clinique et psychopathologie*. Paris: Dunod.

Castra, M. (2003). *Bien mourir, sociologie des soins palliatifs*. Paris: PUF.

Del Volgo, M.-J. (2003). *La douleur du malade*. Toulouse: ÉRÈS.

Doucet, C. (sous la dir.). (2011). *Le psychologue en service de médecine*. Paris: Elvesier Masson.

Doucet, C.; Leboul, D.; Gaspard, J.-L. & Calvez, M. (2011). Étude pluridisciplinaire des effets du modèle contemporain du mourir sur les pratiques soignantes individuelles et collectives en services de soins palliatifs: La place du sujet dans les pratiques soignantes contemporaines. Rapport final, Contrat de recherche *Fondation de France*, Appel à projet "Recherche en soins palliatifs", maio 2011.

Ehrenberg, A. (1991). *Le culte de la performance*. Paris: Hachette, Littérature.

Ehrenberg, A. (1995). *L'individu incertain*. Paris: Hachette, Pluriel.

Ehrenberg, A. (1998). *La fatigue d'être soi*. Paris: Odile Jacob, Poches.

Foucault, M. (1963). *Naissance de la clinique*. Paris: PUF, Quadrige, 1994.

Foucault, M. (1975). *Surveiller et punir*. Paris: Gallimard.

Foucault, M. (1954-75). *Dits et écrits*, Tome 1. Paris: Gallimard, Quarto.

Freud, S. (1890/1985). Traitement psychique. In: *Résultats, idées, problèmes*, Tome 1 (1890-1920). Paris: PUF.

Gaspard, J.-L. (2010). Nouveaux symptômes et lien social contemporain. In: Jodeau-Belle, L. & Ottavi, L. (orgs). *Les fondamentaux de la psychanalyse lacanienne: repères épistémologiques, conceptuels et cliniques* (pp. 357-372). Rennes: PUR.

Gaspard, J.-L. & Doucet, C. (2009). *Pratiques et usages du corps dans notre modernité*. Toulouse: ÉRÈS.

Gori, R. & Del Volgo, M.-J. (2005). *La santé totalitaire: essai sur la médicalisation de l'existence*. Paris: Denoël.

Lacan, J. (1955-1956/1981). *Le Séminaire, livre III, Les psychoses*. Paris: Seuil.

Lacan, J. (1966a/1987). La place de la psychanalyse dans la médecine. *Le Bloc--Notes de la Psychanalyse, 7*, 9-38.

Lacan, J. (1966b). Propos sur la causalité psychique. *Écrits*. Paris: Seuil.

Lasch, C. (2000). *La culture du narcissisme*. Castelnau-Le-Lez: Climats.

Laurent, É. & Miller, J.-A. (1996). *L'Autre qui n'existe pas et ses comités d'éthique*, Leçon du 4 décembre 96, inédit.

L'Heuillet, H. (2006). *La psychanalyse est un humanisme*. Paris: Nouveau Collège de Philosophie, Grasset.

Legendre, P. (1999). *Sur la question dogmatique en occident*. Paris: Fayard.

Le Blanc, G. (2004). *Les maladies de l'homme normal*. Editions du Passant Ordinaire.

Lebrun, J.-P. (1997). *Un monde sans limite*. Toulouse: ÉRÈS, Point hors ligne.

Marche, H. (2009). Le travail relationnel au cœur de l'expérience du cancer. Mises en forme ordinaires et institutionnelles de cette épreuve. *Thèse* pour le *doctorat* de sociologie, sous la direction du Professeur Marcel Drulhe, CIRUS-CERS, Université de Toulouse.

Sauret, M.-J. (1994). *La psychologie clinique: histoire et discours*. Toulouse: PUM.

Skrabarek, P. (1995). *La fin de la médecine à visage humain*. Paris: Odile Jacob.

Strauss, A. (1992). *La trame de la négociation, sociologie qualitative et interactionnisme*. Paris: L'Harmattan.

Zech, E. (2006). *Psychologie du deuil, Impact et processus d'adaptation au décès d'un proche*. Paris: Mardaga.

Zénoni, A. (1991). *Le corps de l'être parlant*. Paris, Bruxelles: De Boeck université.

Na trama da cultura. A psicanálise para além das quatro paredes

Junia de Vilhena*
Carlos Mendes Rosa**

Introdução

Nos dias atuais a psicanálise engendra diálogos com diferentes campos do saber e em diferentes espaços muito além do consultório particular. Tal fato, que se mostra como uma tendência inexorável, tem em Freud seu mais sólido respaldo, pois ele já afirmava que a psicanálise possui uma essência que não se perde, ainda que o trabalho analítico ocorra em outras esferas que não o *setting* convencional. Em seu texto "Linhas de progresso na terapia analítica" (título bastante sugestivo) ele declara:

> É possível prever que, mais cedo ou mais tarde, a sociedade despertará, e lembrar-se-á de que o pobre tem exatamente tanto direito a

* Psicanalista. Doutora em Psicologia Clínica. Professora do Programa de Pós-Graduação em Psicologia Clínica da Pontifícia Universidade Católica do Rio de Janeiro (PUC-Rio). Coordenadora do Laboratório Interdisciplinar de Pesquisa e Intervenção Social - LIPIS da PUC-Rio. Pesquisadora da Associação Universitária de Pesquisa em Psicopatologia Fundamental. Pesquisadora correspondente do Centre de Recherches Psychanalyse et Médecine, CRPM-Pandora. Université Denis-Diderot Paris VII. Membro do GT Processos de subjetivação, clínica ampliada e sofrimento psíquico da ANPEPP. E-mail: vilhena@puc-rio.br.

** Psicólogo. Mestrando do Programa de Pós-Graduação em Psicologia Clínica da Pontifícia Universidade Católica do Rio de Janeiro (PUC-Rio). Especialização em Psicopatologia Clínica pela UNIP - Universidade Paulista. Pesquisador Associado do Laboratório Interdisciplinar de Pesquisa e Intervenção Social - LIPIS da PUC-Rio. Bolsista do CNPq. E-mail: carlosmendesrosa@gmail.com.

> uma assistência à sua mente quanto o tem agora à ajuda oferecida pela cirurgia [...] quando esse dia chegar haverá instituições ou clínicas de pacientes externos, para as quais serão designados médicos analiticamente preparados. [...] no entanto, qualquer que seja a forma que essa psicoterapia para o povo possa assumir, quaisquer que sejam os elementos dos quais se componha, os seus ingredientes mais efetivos e mais importantes continuarão a ser, certamente, aqueles tomados à psicanálise estrita e não tendenciosa (Freud, 1919a/1996: 210-211).

Propomos serem os fundamentos que legitimam o trabalho psicanalítico todos aqueles que se relacionam com a escuta, a linguagem, a palavra, o desejo e o sofrimento psíquico de ricos e pobres atendidos em consultórios particulares ou instituições. Freud (1932/1996) advertiu que o contato clínico com os pacientes será sempre o precursor e revitalizador da teoria. A psicanálise originou-se como método de tratamento e, não obstante o seu desenvolvimento em outros campos, nunca abandonou seu chão de origem, estando vinculada ao contato com os pacientes para aumentar sua profundidade e desenvolver-se ainda mais. Segundo o mestre de Viena, os subsídios para novas teorias não podem ser obtidos de outra maneira, sob pena de a clínica tornar-se estéril e desvinculada da realidade, caindo na condição de mero exercício de retórica das classes abastadas.

Podemos observar, ainda, que se por um lado a metapsicologia psicanalítica fundamenta a prática analítica com seus pressupostos básicos - aquilo que é inerente ao campo teórico: a tópica, a dinâmica e a economia do funcionamento psíquico -, essa mesma prática, paradoxalmente, frequentemente transcende a teoria e promove novas reflexões. Nesse cenário, o ato de religar a fantasia inconsciente à realidade externa aparece como um dos principais problemas teóricos colocados para os debates sobre a ampliação da clínica. De sorte que a partir da inclusão da realidade social e do ambiente, tanto no processo de constituição do sujeito quanto no campo da análise, o estudo teórico e prático dos processos psíquicos adquire cada vez mais complexidade.

O trabalho da análise se contrapõe ao imediatismo, à velocidade da informação e às mazelas da sociedade de consumo. Não oferece a eficácia supressora de sintomas que os medicamentos alardeiam e não promete os milagres que as intervenções cirúrgicas afirmam propiciar. Mas, para abrir seu campo de atuação para toda a sociedade brasileira, a psicanálise precisa estar disposta a levar em consideração as implicações subjetivas dos abismos socioculturais existentes no quadro atual de nossa "realidade", ressaltando a dimensão objetiva dessas desigualdades, a dimensão ética da injustiça e os aspectos subjetivos do sofrimento. Nessa perspectiva, a psicanálise torna-se a disciplina que reconhece no campo social os elementos essenciais ao agenciamento da subjetividade, almejando, assim, a indissociabilidade entre indivíduo e sociedade. Por essa razão, a proposta de um percurso de dessubjetivação que envolve a clínica psicanalítica não se aliena daquilo que da cultura nos pertence e tomamos como próprio.

Ao atravessarmos a fronteira que separa a clínica particular e restrita às classes mais favorecidas da clínica social e comunitária nos depararemos com as questões da produção de conhecimento e da posição ou lugar que ocuparemos enquanto profissionais do cuidado. A questão do conhecimento pode ser expressa pela alegação de que todo conhecimento produzido segue algum tipo de orientação ou finalidade e nesse sentido não se pode pensar em neutralidade em ciência. Entretanto, assumir a impossibilidade de um saber não ideológico não implica em confundir o objeto de nossa prática profissional com aquele de nossa prática política. O que levaria o clínico pesquisador à "obrigação" de se posicionar a favor dos interesses daqueles que promovem a geração de conhecimento, ou seja, daqueles que detêm o poder, ou na posição de militante em defesa das classes menos favorecidas. Parece que nenhuma dessas posturas se ajusta bem à clínica que se baseia na escuta. E, na ausência de condições ideais para o dispositivo analítico, resta a adequação à realidade dos locais onde é demandado o nosso saber, sem perder de vista aquela essência à qual se refere Freud. Para tanto devemos, antes de tudo, tentar construir um pano de fundo não somente para o *setting* analítico, mas, e principalmente, para a existência humana. Se não se pode tratar o sujeito desvinculado de seu contexto, há que se considerar todo o contexto da atual realidade brasileira e suas formas de subjetivação.

Conforme afirmamos em trabalhos anteriores (Vilhena, 2002, 2003, 2004), vivemos apavorados! Como não podemos mais confiar nas estruturas e instituições que nos amparavam, somos lançados em nosso desamparo e, aparentemente, reduzidos à materialidade da vida biológica – a vida nua, como Giorgio Agambem definiu na introdução de seu livro *Homo sacer: o poder soberano e a vida nua* (2002). Para o autor, a pólis deve ser considerada como o "lugar em que o viver deve se transformar no viver bem" (Agambem, 2002: 15). No entanto, cada vez mais a cidade tornou-se o lugar do perigo, das ameaças, de território conflagrado. Blindamos nossos carros, gradeamos nossos prédios, cercamos nossas praças acreditando saber de onde vem o mal. Fingimos também desconhecer que grades, cercas e muros não são objetos inertes e sim discursos que produzem respostas e agenciam subjetividades (Vilhena, 2004). Cada vez mais nos acostumamos com o fechamento paulatino dos espaços de convivência pelas grades. Assistimos (certamente com repercussões clínicas) a uma inversão histórica em uma tradição milenar da humanidade. O que agora causa pânico são os espaços abertos e não mais os fechados. Temos medo de andar pelas ruas, pelas praças, pelas avenidas, como se do aberto, do público, da ágora pudessem surgir os demônios das "classes perigosas". Não nos parece ao acaso o surgimento de tantos casos diagnosticados como síndrome do pânico e uma grande mudança na sociabilidade de nossas populações.

O momento atual parece agudizar a dialética entre a identidade e alteridade, conduzindo-a a um paroxismo (Pelbart, 2003). O encontro com o Outro não é mais uma possibilidade de deixar-se afetar e permitir-se novas interações, mas uma ameaça em potencial. Nos fundamentalismos cotidianos inventa-se e recria-se o perigo e o inimigo – bandido, favelado, traficante, negro, menores infratores – para que se possa oferecer segurança e defesa e a ilusão de ordem. A história mostra-nos, através do racismo, do preconceito sexual e da indiferença face aos miseráveis, a facilidade com que se desumaniza o "diferente" ou "inferior" sem que nos sintamos minimamente responsáveis. Acreditando que esse não é sujeito moral como "nós", toda crueldade pode ser cometida. A famosa frase de Hitler ilustra bem o que estamos apontando: "sem dúvida alguma os judeus são uma raça, mas não são humanos".

Através do diálogo com a antropologia, a história, e a ciência política compreendemos que devido à permanente sensação de insuficiência, posto que a sociedade, em seu imperativo do gozo, nos diz que tudo podemos, adquirimos novas patologias e distintas formas de sofrimento psíquico. Longe de estarmos tratando de um "sujeito contemporâneo", uma tolice histórica e psicanalítica, temos sim novos agenciamentos subjetivos a serem considerados na escuta deste sujeito que sofre. Na sociedade atual, na qual a maioria da população se submete a relações de poder caracterizadas pela ilegalidade, as práticas autoritárias não são afetadas por mudanças institucionais ou eleições livres. Isto especialmente porque as transições políticas não remetem às transformações do Estado em sua relação com as classes populares, qual seja o controle institucional da violência ilegal praticada pelas próprias autoridades públicas.

Ao contrário do que nos fazem crer, não houve um período de transição para a democracia e, sim, plena continuidade de desmandos e arbítrios para parte significativa da população. Sob o signo da conciliação, perdura um Estado que mantém relações ambíguas com a sociedade: autoritário e violento para com a grande maioria da população, dócil e transigente aos interesses das elites (Vilhena, 2009). As práticas ilegais cresceram tanto em nossa cultura que, frequentemente, o fora da lei é rico e poderoso, ganhando com isso reconhecimento social. De igual maneira, as instituições que deveriam ser responsáveis pela manutenção e observância da lei não raro são pegas em flagrante desrespeito da mesma - com toda a nossa cumplicidade. A polícia e o judiciário seriam exemplos paradigmáticos.

Nossa cultura de referência, formada pelos mitos que estruturam as fantasias individuais e grupais e pelo imaginário que engendra determinações simbólicas forjando as subjetividades, é a principal construtora das identidades coletivas e individuais. Produtor de identidades, o território, que também é produto das mesmas, compõe o "ser" de cada grupo social, por mais que sua cartografia seja reticulada, sobreposta e/ou descontínua. Aqui podemos colocar o espaço como campo de construção da vida social e de intersecção, no tempo plural do cotidiano, entre os fluxos dos acontecimentos e os fixos - o incontável arsenal de objetos técnicos. Cada espaço é, portanto, global e particular; expressa o mundo e, simultaneamente, condições próprias e singulares de sua constituição -, como nos lembra Marisa Monte no paradoxo escolhido como título para o seu último CD, "Infinito ao meu redor" - "Universo particular" (EMI, 2006).

A subjetividade hoje é produto das transformações pelas quais o mundo vem passando; da busca de um mundo onde possam imperar a ordem e a certeza acerca das coisas que estamos fazendo e para onde estamos caminhando à constituição de individualidades cada vez mais iguais e estandardizadas. Diante das desordens e injustiças que imperam em nossa sociedade, sob a égide de ideais "higienistas", foram criados mecanismos de distanciamento e hierarquização que possibilitem a existência de mapas de navegação sociais nos quais as classes privilegiadas se mantêm protegidas e alheias (indiferentes!) a toda essa miséria e "poluição social". A questão da diferença não se coloca, assim, apenas entre culturas, mas no interior de cada uma delas. O que promove a ilusão de unidade e coerência é o fato de que toda sociedade hierarquiza os seus discursos, conferindo-lhes maior ou menor legitimidade e elegendo aquele que irá reconhecer como o "discurso da cultura/dominante". Em nossa cultura ou reconhecemos no Outro um semelhante e, nesse caso, conferimos a ele os mesmos atributos de humanidade que encontramos em nós, ou vemos no diferente o sujeito portador de características desabonadoras, menos "humano" do que nós e, portanto, passível de violências e atos que justificam sua discriminação.

As sociedades não são entidades em si mesmas. Pelo contrário, só existem através dos indivíduos que as atualizam no exercício de suas vidas pessoais - refiro-me aos inúmeros e diferenciados discursos que circulam numa dada cultura. Além disso, nenhuma cultura, por mais simples que seja, é um todo coerente e indiferenciado, mas uma trama, uma teia como chama Geertz (1978), mais ou menos articulada de discursos frequentemente contraditórios.

Pelo fato de a psicanálise não desejar navegar por tais caminhos, propomos um diálogo com outros saberes que recortam os fenômenos sociais como forma de melhor compreender e se inserir no campo complexo da realidade brasileira. Buscamos conhecer uma realidade específica que será sempre passível de ser criticada, caso contrário seria uma mera ideologia. Tal realidade está vinculada a uma busca da verdade. Não uma verdade absoluta, mas a de um ideal que busca a verdade, pois, ao buscarmos o significado, buscamos verdades sobre o significado.

A clínica de ontem

À época da revolução francesa, que marca o início da psiquiatria como hoje a conhecemos, a figura do doente mental não equivalia à figura do cidadão, pois o "louco" não era definido como um sujeito de razão e de vontade. Exatamente por faltarem ao doente mental os atributos necessários ao pleno exercício dos direitos de cidadania, a psiquiatria pôde postular a internação e sua reeducação, como sujeito e como cidadão, através de um processo terapêutico de ortopedia moral. Com a pedagogia da sociabilidade instituída por Pinel no Grande Hospital, seriam devolvidos ao "louco" tais atributos de razão e vontade, o que lhe permitiria reinscrever-se no espaço social. Com requintes de fina ironia, para recolocar o doente mental em condições de participar da vida social a condição prévia seria a sua exclusão (Gabbay, 2010).

Dois séculos de manicômios marcam a história a partir do advento do Grande Hospital. Ao longo do século XIX a concepção dos manicômios se transforma do internato educacional proposto por Pinel para um local de sujeição violenta do louco com enfoque na lesão orgânica presumível que acarreta a enfermidade mental e não mais na desrazão (Pessotti, 1996). Como afirma o autor, em nenhum outro período da humanidade tantas pessoas foram internadas e solapadas em seu direito de conviver com os de sua própria espécie. Nunca antes a violência da imposição normativa se fez tão presente sobre o espírito (*geist*) que apenas busca formas conflitantes e desesperadoras de obtenção de prazer e solução de suas próprias incongruências. Nesses locais a humanidade fica reduzida apenas à forma, pois somente olhando de longe aquelas figuras podem lembrar um ser humano, uma vez que seu conteúdo e suas "funções" são taxadas como aberrantes e trágicas. Dignas de sentir pena, medo, nojo...

No início do século XX começam a surgir na Europa os primeiros movimentos no sentido contrário do que se vinha praticando até então, ou seja, em defesa dos direitos dos pacientes psiquiátricos e de sua inclusão na sociedade. Mais tarde trabalhos como *A história da loucura* de Foucault (1961/1997) e *Manicômios, prisões e conventos* de Goffman (1961/2001) impulsionam a discussão sobre o resgate da subjetividade e da cidadania dos loucos. No Brasil tais movimentos começam a aparecer no final da década de 70 do século passado e notabilizam-se por um processo de reinserção social que devolvesse ao louco seu estatuto de sujeito; iniciou-se com a problematização do modelo manicomial e de sua articulação com o regime militar na medida em que esse modelo funcionava como prática de exclusão e tortura de presos políticos (Amarante, 1995). Inspirado no movimento e nos ideais da Reforma Psiquiátrica europeia, esse processo tem como objetivo elaborar propostas de transformação do modelo asilar e do paradigma da psiquiatria. Nessa época foi criado o Movimento dos Trabalhadores em Saúde Mental que assumira o lema "Por uma sociedade sem manicômios", além de várias denúncias contra a política nacional de saúde mental. Para Amarante (1995), grande expoente brasileiro da reforma psiquiátrica, desinstitucionalizar significa tratar o sujeito em sua existência e em relação com suas condições concretas de vida e não apenas administrar-lhe fármacos ou psicoterapias, mas construir possibilidades concretas de sociabilidade. Isto é mais que um processo técnico, administrativo, jurídico ou político; "é um processo ético, de reconhecimento de uma prática que introduz novos sujeitos de direito e novos direitos para os sujeitos" (Amarante, 1995: 494).

Sobre a nova forma de enxergar o sujeito louco, Corbisier (2010) escreveu que os profissionais da saúde mental passaram a trabalhar com o conceito de que havia razões múltiplas para o adoecer mental; que os sintomas eram frutos de uma desorganização na vida da pessoa como um todo e tinham conexões com as dores da existência; valorizando o aspecto mais humano, acrescenta que a loucura mostrava as linhas mais frágeis do esqueleto psíquico, traduzia, em línguas novas, contornos emocionais pouco ou nada aceitáveis pelas famílias e pelas próprias pessoas; que a mesma rompia escandalosamente com o bom senso, qualquer senso, produzindo assim uma ruptura com o conhecimento racional das doenças mentais; e, por tudo isso, confrontava os profissionais com uma necessidade imperiosa de conversar muito com essas pessoas para tentar começar a descobrir por quais caminhos mentais elas andavam.

Tratando das iniciativas comunitárias, Zamora (2007) afirma que existem três dimensões básicas da participação social ativa que se dividem em: ser parte, no sentido do pertencimento, ter algo a dizer, a oferecer e a receber e tomar parte através de uma atuação crítica. Essas condições reforçam o pressuposto básico de que a população local é a protagonista legítima de qualquer projeto ou de qualquer mudança política que diga respeito à sua vida, cabendo aos técnicos e especialistas apenas a facilitação das condições de autoanálise e autogestão, ou seja, dos processos de discussão e resolução dos seus problemas. Apesar de não se tratar de uma iniciativa comunitária na acepção do termo, o desenvolvimento dos CAPS se deu através de processo semelhante: a população (de pacientes) teve a oportunidade de participar nos principais direcionamentos dos serviços substitutivos ao manicômio. Fato que ecoa até o presente na figura dos conselhos de usuários do serviço de saúde mental. Essa participação dos pacientes à qual nos referimos só começou a ser possível a partir da década de 90 do século passado, através de um projeto de lei que propunha reconstruir a ordem da assistência psiquiátrica no Brasil (Delgado, 2011). Só então os primeiros conselhos de usuários foram formados e suas reivindicações passaram a ecoar nos fóruns de Saúde Mental por todo o país. Drástica mudança na forma de enxergar os loucos que antes não tinham sequer racionalidade.

A clínica ampliada

No bojo das lutas pelo resgate da cidadania e consequente autonomia por parte dos sujeitos chamados "loucos", outras batalhas são travadas pelos diferentes saberes que recortam as doenças mentais ou o sofrimento psíquico. Nesse contexto surge a chamada clínica ampliada, que nomeia a tentativa de inserção dos saberes e técnicas psicanalíticas dentro das instituições. O presente texto reflete sobre o saber psicanalítico dentro dos Centros de Atenção Psicossocial (CAPS), que surgem como instrumentos principais do movimento de humanização dos tratamentos em saúde mental. A proposta é discutir a contribuição da chamada clínica ampliada para os serviços que hoje se constituem.

A primeira questão pensada acerca das práticas em saúde mental é que os trabalhadores que atuam nas instituições têm que lidar sempre com muitos "problemas complexos" e precisam ter equilíbrio para não se deixarem arrastar pela "loucura" que se instaura à sua volta. Para além da enorme quantidade de pacientes gravemente comprometidos que afluem todos os dias para os CAPS, devido em parte à drástica redução de leitos manicomiais ocorrida em todo país - não que isso seja exatamente ruim -, não raro são os casos de pacientes que entram em crise, mesmo sob os cuidados da equipe, ou que são trazidos ao CAPS em plena condição de surto. Nesses casos, o procedimento difere da usual triagem feita nos CAPS de todo o país. É necessário que se faça primeiro um "diagnóstico de crise" para depois tratar o paciente dentro do protocolo estabelecido. É inevitável falar da ambivalência que se estabelece entre os diversos polos de tensão dentro da instituição, entre o usuário portador de transtorno e a ordem estabelecida, entre o ideal dos livros, artigos e leis que discutem a reforma e o possível que se consegue a cada dia com pessoas reais e às vezes pouco preparadas para o serviço. Se pensarmos na instituição como uma entidade que se inscreve no imaginário dos pacientes e familiares, então é preciso analisar que todos os trabalhadores presentes ali, desde o médico até o porteiro, são representantes dessa entidade e precisam ter o preparo necessário para lidar com as especificidades do atendimento à saúde mental.

Eis um momento em que o saber psicanalítico se atualiza, busca novos contextos de atuação e engendra diálogos com disciplinas antes muito afastadas de seu campo de práticas (Rosa, no prelo). Aqui aparece o primeiro ponto no qual a psicanálise pode contribuir com o processo terapêutico que se pretende instaurar. Supondo-se o analista um sujeito analisado e questionando, a partir do dispositivo da psicanálise, o *status* vigente e as ações das equipes e profissionais da instituição, convidando os diferentes atores da cena clínica (pacientes e profissionais) a avaliar a pertinência e a responsabilidade de suas ações. Isto é, que se faça valer o dispositivo psicanalítico e sua escuta diferenciada para fazer pensar e, em nenhum caso, se seja auditor das ações de colegas e pacientes. Pois questionar as ações propostas e o andamento destas para a melhoria dos serviços significa, em alguns casos, evidenciar a patologia social que se instaura no ambiente institucional. Como, por exemplo, interrogar se é válido existir uma sala fechada para os "técnicos de saúde" no coração de um local que se diz aberto, a partir da crença de que todos (pacientes e trabalhadores) são atores do processo em igual importância. Ou mesmo solicitar o encaminhamento de um paciente que está causando mais malefícios à equipe do que benefícios a si mesmo e que é mantido na instituição por um ideal onipotente de que se pode ajudar a todos.

Outra questão que atravessa a clínica asilar com graves prejuízos ao paciente, com a qual os serviços posteriores à reforma lutam ainda, é a centralidade do diagnóstico médico e do tratamento farmacológico (Campos, Rosa & Campos, 2010). Baseada em uma perspectiva notadamente empirista, a atual psiquiatria se encontra despreparada para lidar com as questões relativas à subjetividade dos pacientes. Exatamente por ter aberto mão do conhecimento psicopatológico e filosófico de seus precursores, a psiquiatria parece apostar que todos os problemas que se relacionam com conflitos psíquicos poderão ser resolvidos com o avanço das neurociências e com a crescente eficácia dos medicamentos. Não que esses fatos não venham ocorrendo, uma vez que as neurociências avançam cada dia mais nos mistérios das redes neurais e os atuais psicofármacos têm cada vez melhores resultados na supressão e controle dos sintomas clínicos associados à loucura.

Vale considerar que, desde Freud (1891/1996), a relação direta entre psiquismo e cérebro passou a ser contestada, abrindo espaço para novas formas de relação entre organismo e psiquismo de maneira a ultrapassar o paralelismo psicofísico vigente em meados do séc. XIX. Podemos utilizar ainda a distinção de Birman (2000) de que o organismo é de ordem estritamente biológica, enquanto o corpo é de ordem sexual e pulsional. Os registros desejante e pulsional do corpo são irredutíveis ao conceito de organismo. Se o que está na fonte das pulsões é o organismo, o corpo é tecido nas tramas dos destinos pulsionais, vicissitudes pelas quais a psicanálise se interessa.

Acrescentamos que a questão da medicação merece um olhar mais crítico do que a mera avaliação de eficácia relacionada aos signos clínicos. Pois, quando se observa a relação triangular clínico-paciente-medicamento, existe um ponto importante a ser considerado. O mediador dessa relação parece ser o *Unheimlich*, postulado por Freud (1919b/1996) como aquela categoria de coisas que, por mais estranhas que pareçam, evocam uma familiaridade tal que se tornam assustadoras. Aqui nos referimos aos delírios psicóticos que aparecem tão facilmente na maioria dos pacientes institucionalizados.

Sem nenhuma pretensão de criticar a medicação como instrumento válido e necessário nos tratamentos dos chamados "usuários" de toda a rede de atenção em saúde mental, desejamos alertar para o risco do uso da medicação como forma de aplacar esse sentimento tão natural que nós (clínicos) sentimos ao nos depararmos com as bizarras construções imaginárias que os pacientes nos apresentam. O medicamento não pode se configurar como resposta ao "não saber" do clínico em relação ao seu paciente, pois dessa forma perde-se a oportunidade de escutar o sujeito e corre-se o risco de aprisioná-lo em uma dependência química perigosa.

Desejamos utilizar aqui um exemplo que ilustre aquilo que defendemos em relação ao cuidado clínico (do grego *clinos* - que significa inclinar-se sobre) com os pacientes e sua necessária medicação. No emblemático filme "Uma mente brilhante" há uma cena em que o médico explica a John Nash sobre a necessidade de continuar tomando a medicação antipsicótica para que suas alucinações não retornem. Nesse momento, o matemático explode de cólera e diz que sua medicação o está impedindo de trabalhar, de pensar e até de manter relações sexuais com sua esposa. Ele então questiona o que seria melhor: parar de alucinar ou poder exercer as outras funções da sua vida? A partir disso, poderíamos abordar a questão das complicadas reações adversas que os neurolépticos de primeira geração, capitaneados pela Clorpromazina, geravam nos pacientes. O medicamento sintetizado por Charpentier e utilizado por Jean Delay foi uma verdadeira revolução em sua época, especialmente para os pacientes "agitados" - denominação dada aos pacientes psicóticos cuja produção delirante coexistia com grande agitação psicomotora e comportamentos agressivos (Schatzberg & Nemeroff, 2006). Apesar dos grandes avanços que a indústria farmacêutica vem conseguindo, alguns efeitos colaterais ainda persistem e incomodam os pacientes que necessitam desse tipo de medicação, dentre eles destaca-se hoje a questão do ganho de peso e da perda da libido.

Entretanto, ao observar a cena relatada, nosso interesse deve direcionar-se para a questão mesma do delírio na psicose e para nossa função enquanto clínicos, que temos de "enfrentar" esse problema. O papel do psicanalista no tratamento de pacientes psicóticos não pode assemelhar-se à função do médico que prioriza a supressão dos sintomas - na maioria das vezes os sintomas positivos da esquizofrenia. Nesse caso estaríamos nos colocando como agentes de uma ordem que deseja a normalização dos sujeitos *a qualquer preço*. A posição clínica é aquela que proporciona ao sujeito um saber sobre o seu padecimento para que ele possa, através da complacência da língua (Del Volgo, 1998), descobrir o que está elidido de sua vida e de seu desejo. Nesse sentido, o delírio é pródigo de informações acerca do inconsciente do sujeito.

Na tela do cinema, bem como na vida real, John Nash opta por continuar sua vida, apesar dos delírios, e muitos anos (e lutas) depois é agraciado com o Nobel de matemática. Longe de fazer uma apologia à não medicalização, o que pensamos é discutir a forma de abordar a questão da psicose na clínica. É conseguirmos enxergar que os pacientes psicóticos são muito mais complexos e possuem muitas outras questões vivenciais do que aquelas relativas aos delírios e alucinações. Freud (1919a/1996) já apontava que a formação delirante é uma tentativa de restabelecimento do mundo de maneira aceitável para que o psicótico nele habite. Pode-se pensar, ainda, que o delírio se apresenta como uma solução possível para os conflitos do sujeito, uma vez que os problemas que não encontram respostas na realidade se desembaraçam no real da loucura ao preço da perda de parte dessa realidade compartilhada por todos. Delirar ainda é melhor do que morrer...

Outra questão que se coloca na clínica das psicoses diz respeito à localização, simbólica e imaginária, do Outro como referência de vida para o sujeito. Tenório e Rocha (2007) afirmam que as modernas classificações psiquiátricas, ao excluírem a diferenciação entre neurose e psicose, optando pela descrição dos signos clínicos em termos de uma negatividade ou prejuízo do paciente, terminaram por apagar o traço singular de "invenção" do sujeito na utilização de sua loucura para manter um mínimo de concatenação em sua vida; perde-se com isso a chance valiosa de enxergar ordem e coerência na desordem psíquica da psicose. Ironicamente o termo *disorder* (original em inglês do termo transtorno) vem eclipsar a verdadeira desordem mental que conta tantas coisas importantes sobre o seu possuidor. É preciso localizar o arranjo que singulariza aquela psicose no seu tempo e desenvolvimento específicos, para assim localizar a posição (lugar) do sujeito na sua loucura.

Tratando ainda das dificuldades enfrentadas pela psiquiatria, Sigal (1989) inscreve o diagnóstico psiquiátrico clássico não como forma de compreensão do paciente, mas como forma de cristalização do sofrimento na enfermidade mental classificável, fazendo desaparecer qualquer singularidade. O conceito de diagnóstico psiquiátrico teve suas bases estabelecidas na forma de conceber os aspectos psicológicos como extensão da biologia. Não sem razão o diagnóstico em saúde mental nasce a partir da classificação utilizada por Buffon na botânica, na qual eram separadas as plantas de acordo com características observáveis, tais como a presença de flores ou semente. Quando Pinel inicia seu trabalho no Grande Hospital, a primeira classificação por ele utilizada, baseada no método da botânica, separa os "loucos" pela pluralidade fenomenológica de cada doença. Desta maneira temos a ala dos agitados, a dos agressivos, dos deprimidos etc (Schatzberg & Nemeroff, 2006). Isto significou adotar uma postura empirista que valorizasse exclusivamente as descrições nosotáxicas dos fenômenos clínicos.

Se pensarmos em uma dinâmica que privilegia o resgate dessa subjetividade, não podemos aceitar que o diagnóstico médico seja o único norte na orientação dos tratamentos dentro do CAPS: pode ser um dos nortes, mas não o único. É lugar comum afirmarmos que a história das práticas em saúde mental tem todo o seu passado marcado pelo modelo médico, mas essa justificativa também não resolve as questões atuais da relação entre os profissionais do cuidado e da assistência na instituição. O trabalho analítico não deve obedecer a um modelo psiquiátrico que tenha uma resposta já catalogada nos seus manuais de classificação, mas constituir-se numa aposta no discurso do sujeito (Gabbay & Vilhena, 2010). Freud (1937/1996) abriu tal precedente quando afirmou que depende exclusivamente do trabalho analítico obter sucesso em trazer à luz o que está completamente oculto, completando aquilo que foi esquecido, a partir dos traços que deixou atrás de si. Ou seja, formulando uma construção que sirva ao paciente para que este possa ressignificar sua própria existência. Desejamos aqui apostar no trabalho analítico como veículo capaz de lidar com as estruturas que apareçam na clínica institucional. Em última análise, espera-se seja possível abrir um espaço, dentro da instituição, para que o sujeito se expresse sem que a escuta de seu sofrimento seja orientada por ideais médicos de cura ou de reabilitação (Bueno & Pereira, 2002).

Torna-se fundamental para a psicanálise contemporânea uma redescrição da clínica, com a busca de dispositivos analíticos que possam atender à diversidade de situações que a caracterizam, a despeito de sua localização (Vilhena & Santos, 2000). Para a psicanálise se estabelecer dentro do espaço institucional faz-se necessário também que os profissionais abram mão do conforto de seus consultórios e aproveitem as vastas oportunidades oferecidas pela clínica ampliada dos

CAPS. As experiências correntes deixam claro que essa atuação não pode se reduzir à pura reprodução das ações praticadas no consultório privado. Tal atitude iria de encontro à natureza da clínica que ali se desenvolve, além de torná-la completamente ineficaz por falta de elementos de trabalho (Rinaldi, 1999).

Cabe ressaltar que os serviços substitutivos em saúde mental têm, no papel, o emblema das práticas humanistas e interdisciplinares. E, em alguns casos, não sem a dedicação dos profissionais que lá atuam, conseguem aplicar tais princípios de forma a humanizar os tratamentos. A despeito das demandas do governo ainda serem de controle e gestão da loucura como desviante, ao mesmo tempo que persiste uma preocupação com as questões de direitos humanos: que o país nunca mais seja levado a um tribunal internacional por crimes contra a humanidade, fato único que ocorreu em 2006 (Delgado, 2011). Para isso existem em todos os serviços públicos dessa natureza as "Folhas de Acompanhamento de Pacientes" a serem preenchidas mensalmente pela equipe. Essas "Folhas" servem para o Estado gerir o processo como um todo e destinar os recursos disponíveis para esse ou aquele setor de atendimento. Todo e qualquer procedimento no CAPS é regulado pela Portaria 189/2002 do Ministério da Saúde, que especifica o valor e o público alvo de cada serviço dentro da Instituição. Esse controle é feito através dos formulários de APAC (Autorização para Procedimento de Alta Complexidade). Tudo isso regido por uma clara predileção por tratamentos que visem à normalização e à reinserção dos pacientes na sociedade.

Em defesa da clínica atual

Apesar de fazermos críticas ao sistema vigente, não podemos deixar de constatar que tanto uma ruptura radical com o modelo hospitalocêntrico como a criação de novas formas de atendimentos menos individualizadas eram necessárias. As áreas do saber "psi" que atuavam na instituição precisavam sair de seus consultórios (onde exerciam a função jocosa, dada por Foucault, de "porteiros de loucos") e atuarem nos espaços abertos e comuns das novas residências terapêuticas. Nesse campo de possibilidades, a prática psicossocial se apresentou como a saída que melhor atendia aos interesses tanto de familiares, quanto de profissionais e do próprio estado. Até mesmo a importância da família no processo de recuperação do paciente com transtorno mental é um fator muito melhor explorado pela dinâmica dos serviços que funcionam em regime aberto, sem o isolamento do paciente.

É certo que exista uma grande diferença entre o que se praticava nos manicômios e as novas formas de atendimento ao paciente que surgiram com a perspectiva da reabilitação psicossocial, tanto do ponto de vista da humanidade dos tratamentos quanto de seu valor para a sociedade. Tal fato se deve em grande parte à nova concepção de interdisciplinaridade como forma de abordar e compreender o sofrimento dos pacientes. Quando diferentes recortes teórico-práticos olham para a mesma cena, a possibilidade de ampliação do que se vê é muito maior. Vários são os casos de pacientes que chegam à instituição pública demandando tratamento psiquiátrico e têm grande parte de suas questões resolvidas pela atuação de assistentes sociais, enfermeiros e terapeutas ocupacionais. E tantos outros nos quais o diagnóstico psicopatológico, que nos CAPS é comumente feito em equipe, beneficia-se de informações colhidas pelos profissionais de outras áreas fora do campo *psi*, tornando-se mais completo e adequado àquele sujeito.

A instituição (CAPS) é quase sempre terapêutica! Foi moldada para essa finalidade, inclusive com ajuda dos próprios usuários, e alcança em parte seus objetivos de reabilitação e socialização. Valorizando devidamente essa política de tratamento, a proposta agora é dar mais um passo em direção ao sujeito, indo da individualidade à singularidade, ampliando as possibilidades da reabilitação através da psicanálise. A discussão, então, deve passar à esfera do questionamento sobre a sutil diferença entre terapeutizar e assujeitar. O que percebemos nas instituições é um apagamento da incômoda singularidade do "pathos", pois associada a ele sempre aparece uma falta a ser significada. Algo que nunca é tarefa fácil. Ainda mais quando essa falta surge sob as diversas formas que a loucura tem para oferecer tais como as crises, os delírios e a agressividade. Comportamentos que não condizem com as esperadas "civilidade" e "cidadania" (Alberti & Figueiredo, 2006).

Salientamos, mais uma vez, que a atenção psicossocial não deve jamais desconsiderar a loucura como um arranjo que diz respeito a um sujeito único. E, para os que acreditam que a dor e o sofrimento mortificam, quando calados, a psicanálise oferece uma chance para que identidade e sentido possam ser criados. A fala, ao desvelar o recalque, denuncia a opressão libertando o sujeito; seja no plano intrapsíquico da "loucura", seja naquele imposto pelos estigmas historicamente constituídos, quando estes dominam o extrapsíquico (Vilhena & Santos, 2000). Afirmamos ainda que a experiência analítica não se constitui como um processo de cura propriamente, mas como a possibilidade de que o sujeito possa relançar seu desejo e se apropriar com isso, de outra maneira, de sua própria história. E que o desejo continua sendo o substrato bruto a ser escutado e redirecionado nas falas de nossos pacientes, em qualquer contexto ou temporalidade (Birman, 2000).

Pode-se inferir que a função da psicanálise é propiciar o aparecimento do sujeito para que este possa conduzir o seu próprio tratamento, utilizando-se para tanto dos mecanismos psicanalíticos: a fala, a transferência e sua capacidade de elaboração simbólica. Isto só se torna possível à medida que o sujeito encontre alguém para endereçar suas palavras, suas dores, seu desejo. Nota-se que as práticas atuais caminham em um sentido de retorno à clínica do singular, entretanto agora com nova roupagem e sem o estigma das internações. Se no primeiro momento a prática psicossocial dominou integralmente as ações reformistas, hoje a singularidade cobra cada vez mais o saber da clínica para evitar que a subjetividade seja institucionalizada, o que seria um verdadeiro "tiro no pé" da proposta de retorno dos pacientes à sociedade.

Goffman (1961/2001) afirma que a Instituição é o lugar onde o desejo se encontra excluído. Pode parecer estranho falar de desejo em sujeitos psicóticos, em sua maioria diagnosticados dentro da grande "família" da esquizofrenia. Mas geralmente vemos pacientes que viveram episódios psicóticos, ou que apresentam traços desses episódios, e que, no entanto, têm grande parte de sua existência preservada e permeável ao trabalho da análise. Em certos campos preservados de sua vida, o sujeito consegue, com o suporte do clínico e o dos grupos formados na instituição, descobrir o próprio desejo e utilizar-se dele como mola propulsora de seu próprio tratamento. Aqui o analista e os grupos se colocam na posição descrita por Fedida e Widlocher (1990) como psiquismo auxiliar do paciente.

Também podemos considerar a condição que Winnicott (1982) denominaria como "ambiente suficientemente bom", talvez o primeiro lugar desse tipo que esses pacientes venham a ter em suas vidas. É interessante pensar nessa metáfora do "lugar" ou do "ambiente" quando falamos de CAPS. Pensar um simples portão da frente destrancado remete-nos a imaginar como é, para um paciente que ficou trancafiado por anos em manicômios, saber que ele pode sair dali na hora em que bem entender. Ou, então, para os pacientes que não têm autonomia sequer para terem as chaves da sua própria casa, aqueles que são cuidados pelas famílias, ganharem este poder de entrar e sair do CAPS – considerando-se, com Winnicott, que o ambiente precisa estar tranquilo e seguro para que o bebê se desenvolva, pois as invasões constantes do meio podem promover cisões na personalidade do sujeito que o encaminhem para uma psicose, quão desestruturado e hostil não deve ter sido o ambiente de cada paciente que chega à instituição. Interessante pensar nas palavras de Foucault (1961/1997) de que o louco não tem lugar; ou não tem chão ou tem água debaixo de seus pés – em clara referência aos navios que transportavam os loucos de uma localidade a outra na esperança de que a viagem os curasse.

É importante também lembrar a questão do trauma psicológico e da ferida narcísica resultantes de sentimentos de desamparo e vergonha. Igualmente, da perda da autoestima resultante do fato de não ser capaz de viver com as devidas condições sociais e culturais, ou seja, não ter lugar, estar separado de qualquer referência. Nesse ponto nem o aparelho social cumpriu a sua função como um receptáculo para promover o desenvolvimento pessoal dos sujeitos, nem o mundo é referência como provocativo para estimular qualquer sentimento de mudança.

Todo mundo quer ser - querer ser é a força fundamental dos seres humanos. Ser alguém e estar lá para alguém são variações possíveis de uma existência que ocorre apenas em um olhar, um gesto, uma palavra dirigida a alguém que lhe confirme que ele existe, que tem um ponto de referência. Pertencer a um lugar se constitui como uma abertura para estar no mundo (Vilhena, Moreira, Novaes & Bittencourt, 2011). Não devemos cair na armadilha de equiparar pobreza com desestruturação psíquica e pensarmos que todos os pobres (classe social da enorme maioria dos pacientes) estão fixados em identidades coletivas "pré-visíveis", nas quais todo sentimento vira lamento e toda experiência significa carência (Vilhena, 2002). Contudo, é preciso levar em conta que muitos lares são desestruturantes, como mostram as entrevistas feitas na chegada dos pacientes, e que as Instituições Substitutivas oferecem hoje um local com condições físicas e sociais para que o sujeito se sinta "acolhido". Nelas, as equipes de trabalho têm a condição de criar ambientes em que as cobranças e os preconceitos que o mundo externo apresenta em tão alto grau de crueza possam ser minimizados de modo a serem criados estados tranquilos (talvez os primeiros) em que uma segurança mínima possa ser experimentada e o *self* possa emergir de sua fortaleza construída defensivamente ao longo de toda uma existência (Winnicott, 1975). Segundo Winnicott, a cura consiste em desenvolver um processo de regressão a partir do qual a tendência natural do indivíduo a crescer de forma sadia possa restabelecer-se.

Aqui nos interessa mais fortemente a mudança na forma de compreender o fenômeno "loucura". A ideologia dos serviços substitutivos agrega a questão da responsabilização do "louco" pela sua loucura, o que não ocorria com os pacientes trancados e "tratados" nos grandes manicômios. A responsabilização implica o paciente no seu próprio sofrimento retirando-o da condição passiva de expectador da sua própria vida. Mais do que isso, é necessário que o paciente também se comprometa com sua recuperação. Isso significa tratá-lo como cidadão, que tem direito a opinar, que tem voz. Tal como na cena do filme "O discurso do rei" na qual o terapeuta questiona por que deveria escutar o que o Rei lhe ordena e o futuro Rei, furioso por não se fazer entendido, grita "porque eu tenho voz!" - reconhecendo, pela primeira vez, muito mais para si que para seu interlocutor, que ele portava o poder da voz.

Em psicanálise entendemos que, se falado - reconhecido e nomeado -, o sujeito pode então falar de si e do mal que o aflige. Porque falar - lembrar, repetir e elaborar - é também poder dar um testemunho, denunciar, visto que o "pacto de silêncio" é pacto de morte, condenando o sujeito ao apagamento psicossocial, ao trauma psíquico e à mortificação narcísica provocada pela surdez e cegueira dos interlocutores - sejam a família, a sociedade ou o Estado (Vilhena & Santos, 2000). Nesse sentido, optamos por uma clínica que privilegia o sujeito imerso na cultura, no entanto valorizamos de igual maneira sua singularidade, como forma de não tornarmos a técnica uma mera reprogramação de sintomas, criando sujeitos dependentes da instituição e sem qualquer capacidade para lidar com suas próprias questões: o que seria mais uma forma de "normatizar" a sociedade e controlar o sujeito, privando-o de suas dores e de sua essência; em uma palavra - de seu *pathos* (Rosa, no prelo).

Por fim, o que podemos perceber é que cada paciente traz, em sua história, a marca da exclusão e da perda da voz, esta entendida como perda da capacidade de se fazer presente, importante - sujeito. E, quando alguém se coloca em posição de escutá-lo, garantindo que, naquele espaço, ele terá de volta seu direito de expressão, isso já se torna terapêutico. Isso é visível desde o acolhimento dos pacientes na primeira consulta até os atendimentos psicoterápicos. Porém o que se pretende, para além da simples manifestação falada que gera a catarse, é o questionamento da relação entre a necessidade e o desejo do sujeito. Sendo a psicanálise uma prática de subjetivação, esperamos que o analista esteja sempre em posição de transformar o universal do discurso do adoecer mental em um diálogo singular construído na relação intersubjetiva com seu analisando.

O êxito da análise está ligado à demolição de uma ilusão histórica e antropológica, à admissão do limite individual e de uma subjetividade íntima e solitária. Transitar em ambos os registros (cultural e singular), apesar de suas heteronomias, produz um campo de contradição enriquecedor. Contradição e ruptura entre dois lugares de ser, entre identidades, no conflito, promovendo o reconhecimento de si como sujeito. Ou seja, a psicanálise em diálogo e ocupando o espaço onde é demandada.

Referências bibliográficas

Agambem, G. (2002). *Homo sacer: o poder soberano e a vida nua*. Belo Horizonte: Ed. UFMG.

Alberti, S. & Figueiredo, A. C. (2006). Apresentação. In: Alberti, S. & Figueiredo, A. C. (orgs.). *Psicanálise e saúde mental: uma aposta* (pp. 7-18). Rio de Janeiro: Companhia de Freud.

Amarante, P. (1995). Novos sujeitos, novos direitos: o debate em torno da Reforma Psiquiátrica. *Cadernos de Saúde Pública, 11*(3), 491-494.

Birman, J. (2000). *Mal-estar na atualidade: a psicanálise e as novas formas de subjetivação*. Rio de Janeiro: Civilização Brasileira.

Bueno, D. S. & Pereira, M. E. C. (2002). Sobre a situação analítica: a experiência de psicoterapia psicanalítica no hospital universitário da Unicamp. *Pulsional Revista de Psicanálise, 157*, 15-24.

Campos, D. T. F., Rosa, C. M. & Campos, P. H. F. (2010). A confusão de línguas e os desafios da psicanálise em instituição. *Revista Psicologia Ciência e Profissão, 30*(3), 504-523.

Corbisier, C. (2010). *Grupos e criatividade: para uma clínica mais humana e solidária*. Tese de doutorado. Departamento de Psicologia, Pontifícia Universidade Católica do Rio de Janeiro, Rio de Janeiro.

Del Volgo, M. (1998). *O instante de dizer*. São Paulo: Escuta.

Delgado, P. G. G. (2011). Saúde mental e direitos humanos: 10 anos da lei 10.216/2001. *Arquivos Brasileiros de Psicologia, 63*(2), 1-121.

Fedida, P. & Widlocher, D. (1990). Présentation. *Revue Internationale de Psychopathologie, 1*, 3-4.

Foucault, M. (1961/1997). *História da loucura na idade clássica*. São Paulo: Perspectiva.

Freud, S. (1891/1996). Projeto para uma psicologia científica. *Edição standard brasileira das obras completas de Sigmund Freud*, v. I. Rio de Janeiro: Imago.

Freud, S. (1919a/1996). Linhas de progresso na terapia psicanalítica. *Edição standard brasileira das obras completas de Sigmund Freud*, v. XVII. Rio de Janeiro: Imago.

Freud, S. (1919b/1996). O estranho. *Edição standard brasileira das obras completas de Sigmund Freud*, v. XVII. Rio de Janeiro: Imago.

Freud, S. (1932/1996). Novas conferências, explicações, aplicações e orientações; Conferência XXXIV. *Edição standard brasileira das obras completas de Sigmund Freud*, v. XVII. Rio de Janeiro: Imago.

Freud, S. (1937/1996). Construções em análise. *Edição standard brasileira das obras completas de Sigmund Freud*, v. XXIII. Rio de Janeiro: Imago.

Gabbay, R. (2010). Cidadania e loucura: um paradoxo?. *Revista Eletrônica Polem!ca*, *9*(3), 43-55.

Gabbay, R. & Vilhena, J. (2010). O sujeito da loucura. *Latin American Journal of Fundamental Psychopathology On Line*, *7*(2), 40-53. Disponível em <http://www.fundamentalpsychopathology.org/journal/v07n02/3.pdf>. Recuperado em 04/09/2011.

Geertz, C. (1978). *A interpretação das culturas*. Rio de Janeiro: Zahar.

Goffman, E. (1961/2001). *Manicômios, prisões e conventos*. São Paulo: Editora Perspectiva.

Khel, M. R. (2003). Muito além do espetáculo. Disponível em <http://www.mariaritakehl.psc.br/conteudo.php?id=76>. Recuperado em 5/09/2011.

Pelbart, P. P. (2003). *Vida capital – Ensaios de biopolítica*. Iluminuras: São Paulo.

Pessotti, I. (1996). *O século dos manicômios*. São Paulo: Editora 34.

Rinaldi, D. L. (1999). Clínica e política: a direção do tratamento psicanalítico no campo da saúde mental. Disponível em <www.interseccaopsicanalitica.com.br>. Recuperado em 16/04/2011.

Rosa, C. M. (no prelo). Por uma psicoterapia psicanalítica de grupo. *Revista Eletrônica Polem!ca*, *10*(4). Rio de Janeiro.

Schatzberg, A. F. & Nemeroff, C. B. (2006). *Tratado de psicofarmacología*. Barcelona: Masson.

Sigal, A. M. (1989). Psicanálise, grupos, instituição pública. *Revista Percurso, 2*, 42-44.

Tenório, F. & Rocha, E. C. (2007). A psicopatologia como elemento da atenção psicossocial. In: Alberti, S. & Figueiredo, A. C. (orgs). *Psicanálise e saúde mental: uma aposta* (pp. 55-72). Rio de Janeiro: Companhia de Freud.

Vilhena, J. (2002). Da cidade onde vivemos a uma clínica do território. Lugar e produção de subjetividade. *Pulsional Revista de Psicanálise, 163*, 48-54.

Vilhena, J. (2003). Da claustrofobia à agorafobia. Cidade, confinamento e subjetividade. *Revista do Rio de Janeiro, IX*, 77-90. Ed. UERJ.

Vilhena, J. (2004). Tá tudo dominado... Cidade, confinamento e subjetividade. In: Vilhena, J. (org). *A clínica na Universidade. Teoria e prática* (pp. 95-111). Rio de Janeiro: PUC/Loyolla.

Vilhena, J. (2009). Qual a psicanálise que queremos: clínica psicanalítica e realidade brasileira. In: Souza, M. R. de & Lemos, F. C. S. (orgs.). *Psicologia e compromisso social. Unidade na diversidade* (pp. 253-277). São Paulo: Escuta.

Vilhena, J. & Santos, A. (2000). Clínica psicanalítica com comunidades. Um desafio contemporâneo. *Tempo Psicanalítico* - SPID, *32*, 9-35.

Vilhena, J.; Moreira, A. C. G.; Novaes, J. V. & Bittencourt, M. I. G. F. (2011). À la recherche d'une écoute. La clinique psychanalytique dans la banlieue de la citoyenneté. *Revista Latinoamericana de Psicopatologia Fundamental, 14*(2), 283-297. Disponível em <http://www.fundamentalpsychopathology.org/art/junho2011/5.pdf>. Recuperado em 5/09/2011.

Winnicott, D. W. (1975). *O brincar e a realidade*. Rio de Janeiro: Imago.

Winnicott, D. W. (1982). *Da pediatria à psicanálise*. Rio de Janeiro: Francisco Alves.

Zamora, M. H. (2007). Uma contribuição crítica a projetos comunitários. *Revista Polem!ca, 4*. Disponível em <http://www.polemica.uerj.br/pol21/oficinas/lipis_4.htm>. Recuperado em 07/09/2011.

O corpo feminino para além da castração no século XXI

Marcelo Veras*

Há alguns anos, servi-me da história de Heloísa e Abelardo para pensar uma questão fundamental na relação entre os sexos, a saber, a exceção feminina estabelecida pela lógica das fórmulas da sexuação, presentes no *Seminário XX* de Jacques Lacan (Veras, 1994). Duas lógicas distintas foram deduzidas a partir do modo próprio com que Lacan trabalhou a negação do quantificador universal na posição feminina, chamada comumente entre os lacanianos de "não-todo". A primeira seria a lógica do "todo", uma lógica em que o simbólico é apresentado como sendo capaz de dar conta da nomeação de todas as coisas, lógica em que há um significante capaz de nomear o conjunto dos significantes. A esse significante seria atribuída a consistência do simbólico que, nos anos 50 do século passado, foi atribuída por Lacan ao Nome-do-Pai. Já a lógica do "não-todo" explora o fato de que não existe um significante que dê conta do todo. O simbólico, a partir dessa perspectiva lógica, é insuficiente e aponta para um significante sempre faltante, o significante d'A mulher (com maiúscula). Quinze anos mais tarde, e trinta anos após a morte de Lacan, no momento em que é feita uma reflexão sobre seu legado, proponho retomar as questões desse texto sobre Heloísa e Abelardo para um olhar sobre a feminilidade e o corpo da mulher no século XXI.

* Psicanalista. Doutor em Psicologia (PPGP em Psicologia-Instituto de Psicologia/UFRJ). Médico (UFBa). Professor da Especialização em Teoria Psicanalítica da UFBa e da Especialização em Psicanálise de Orientação Lacaniana da Escola Baiana de Medicina e Saúde Pública. Membro da EBP e da AMP. E-mail: marcelofveras@gmail.com.

A clínica lacaniana da diferença entre os sexos, que tem sua versão mais acabada no *Seminário XX*, é uma clínica em que homens e mulheres buscam sua posição sexual a partir de uma alteridade que nunca se transforma em complementaridade. Assim, homens e mulheres jamais se completam sexualmente diante do Outro sexo. Trata-se de uma lógica distinta da que faz de homens e mulheres seres nos quais há um puro elemento viril correlato ao falo, em um planeta, e um puro elemento feminino correlato à castração, no outro. Somos todos, independentemente do sexo biológico, afetados pelo que escapa do binarismo falo/castração. Desfaz-se, desse modo, o equívoco de que homens são de Marte e as mulheres são de Vênus. Somos todos marcianos diante de uma Vênus inacessível. Para justificar a retomada de meu primeiro texto, parto da premissa de que há um corte entre o século XXI e o século precedente e apenas podemos falar de corte quando algo do real está em jogo.

É importante, consequentemente, situar, mesmo que em uma frase, o que é o real para Lacan à época do *Seminário XX*. Uma frase proferida por ele em 1977 parece resumir a distinção entre o registro do real e o do simbólico de maneira muito clara: "O sentido é o Outro do real". Ou seja, o real é sempre algo que escapa ao sentido. Porém, uma vez que se dá sua irrupção sem sustentação do simbólico, há sempre um trabalho do ser falante para tentar explicá-lo, atribuindo-lhe algum sentido. Para a psicanálise, já que ao real nada falta, nada nele se modifica, é fundamental identificar as novas coordenadas simbólicas determinadas por essa ruptura. Ou seja, abordar as condições de gozo de um sujeito habitado pela linguagem no século XXI, apontando o modo como algo do real afeta a ordem simbólica e a produção de novos sentidos.

Muito cedo Lacan postulou que o fracasso da função simbólica tinha algo a ver com o feminino. Essa associação fica evidente a partir da análise do caso Schreber, em que o "empuxo à mulher" é uma das vicissitudes da foraclusão do Nome-do-Pai. Da "Coisa" ao objeto *a* e deste à lógica do "não-todo", observamos sucessivos modos de abordar o que não pode ser dito pelas palavras. Ou seja, como transpor os limites do simbólico uma vez que somos seres imersos no simbólico? Colocamos em questão precisamente os limites das grandes instituições simbólicas que soçobram na aurora do século XXI. De todas as imagens, nenhuma daria mais o tom desse declínio do que a agonia das torres gêmeas. Mais recentemente, o desencanto do sonho de uma União Europeia estável e unida nos mostra que o Euro fracassou em ser o símbolo de uma unificação de culturas em momentos tão diferentes. Nesse sentido, o mundo em que problematizamos a feminilidade é um mundo que não apresenta consensos, grandes símbolos ou discursos prevalentes. Predomina, ao contrário, a desconfiança diante dos grandes símbolos e uma cacofonia dos diversos discursos. Como efeito, há uma abertura sem precedentes para novos e plurais modos de viver a pulsão.

O texto sobre Heloísa buscava mostrar que sua posição era muito mais próxima da concepção lacaniana do "não-todo" do que o amor em Deus, proposto por Abelardo à sua amada. Assim como Santa Teresa d'Ávila, Heloísa era uma religiosa muito à frente de seu tempo. Partindo desse texto, pergunto se é possível que a psicanálise contribua para identificar algo novo que caracterize uma ruptura entre a representação do feminino do século passado e do atual. Buscando restringir a amplidão da proposta, tomaremos por base a escrita lacaniana do feminino e o modo como podemos abordar determinados aspectos recentes da representação corporal a partir do ordenamento simbólico do século XXI. Para além dos textos clássicos, achei importante percorrer algumas situações e mídias do mundo contemporâneo. O pano de fundo é o matema proposto pelo psicanalista Jacques-Alain Miller para afirmar que o declínio da força dos grandes símbolos fez com que os objetos de gozo, ofertados pelo mundo capitalista, assumissem cada vez mais importância na determinação da subjetividade contemporânea: $a \rightarrow \$$.

Breast Milk Baby

A castração despontou na teoria freudiana como ponto de ancoragem das neuroses de transferência. Os quadros de histeria e obsessão, descritos por Freud, tornaram-se clássicos ao colocar a castração, dedução lógica do sujeito a partir da percepção da diferença anatômica entre os sexos, como eixo nuclear de sua clínica. Na clínica freudiana, homens e mulheres, em sua referência ao Outro sexo, desfilam seus impasses em localizar no parceiro a condição que lhes falta para assunção de seu sexo.

De um modo inédito na psicanálise, Lacan deslocou a questão da repartição entre os sexos do impasse da castração. Em 1973, no texto *Étourdit*, ele afirma que o heterossexual é aquele que, independente de seu próprio sexo, ama as mulheres. Aqui, não se trata mais da diferença anatômica entre os sexos. Seu propósito, como diz o próprio autor, é revisar a noção de que a função fálica se apoiaria em um "fânero" suplementar ao corpo da mulher para torná-lo um *organon* específico dessa função (Lacan, 2001: 464). Esse deslocamento não deixa de trazer consequências para o entendimento psicanalítico da vida amorosa, mais precisamente para a distinção entre o "fazer amor" e o "ato do amor". O primeiro, para Lacan, é da ordem da poesia. Já o "ato de amor" resvala para a "perversão polimorfa do macho" (Lacan, 1975: 68). Chamo atenção para o aspecto polimorfo da condição do ato, que aponta para o objeto e não para o falo. Como veremos adiante, essa condição será subvertida na erótica masculina uma vez que o homem busca revestir o objeto com semblantes fálicos para não enfrentar a questão da castração. Nesse sentido, quando o discurso amoroso - que é da ordem da poesia - fracassa, a mulher cai da condição de Dama e o Um do amor se desfaz, revelando a separação entre o corpo da parceira e os objetos que lhe foram colados.

Foi lançada recentemente, nos Estados Unidos, uma boneca chamada de Breast Milk Baby, em que as meninas colocam um sutiã que é uma espécie de seio artificial e amamentam seus bebês. Percebemos que um outro estatuto do corpo está em jogo nesse brincar. Recordamos que em Freud as bonecas eram uma equação para resolução do conflito edípico. Brincar de boneca passava naturalmente pela identificação materna porém passava, igualmente, por ter um falo do pai na famosa equivalência bebê = falo.

A nova boneca, apesar dos protestos diversos, sobretudo de setores religiosos nos Estados Unidos[1], mostra uma dimensão que vai além da

---

1 Parte dessa controvérsia pode ser encontrada diretamente no site do fabricante: <http://thebreastmilkbaby.com/>. Recuperado em 07/09/2011.

equação bebê = falo, fazendo emergir o seio como objeto *a* descolado do corpo. Esse seio, agora vendido nas prateleiras, nos mostra um novo estatuto do objeto *a* na civilização. Não mais velado pelo discurso, mas dado diretamente sem passar pela via do desejo. Trata-se de uma característica do mundo contemporâneo em que, para Miller, concomitantemente ao declínio das grandes ordens simbólicas, há a promoção do objeto *a* ao "zênite social" (Miller, 2004). O novo brinquedo ratifica um comentário de Brousse (2008) sobre o seio como objeto *a*. Ela evoca os seios de Santa Ágata, cortados e expostos em uma bandeja, como uma desencarnação progressiva do seio que o faz passar de uma lógica édipica a um contexto de mais além do édipo. É desse modo que o corpo feminino nos parece emergir no século XXI, como uma colagem de objetos *a* que respondem à perversão polimorfa acessível, de modo cada vez mais imediato, através do olhar absoluto da hegemonia das câmeras e telas de LCD[2].

Do corpo-falo ao corpo-carne

A psicanálise não só pode como deve dialogar com a cultura de seu tempo. Esse movimento convoca o psicanalista a pensar a teoria em constante mutação. Tomemos como exemplo a tecnologia a serviço do individualismo contemporâneo. Chega a ser redundante demonstrar o óbvio predomínio das imagens nas sociedades atuais. A possibilidade de ver, e ver cada vez mais, nutre o consumo de milhares de aparelhos que conectam os corpos com uma tela e não tanto com outros corpos. Em 1995, o filme de Hal Salwen, "Denise está chamando", antecipava uma sociedade em que os encontros reais seriam cada vez mais substituídos pelos encontros virtuais. Nesse filme, a protagonista Denise tenta organizar um encontro de amigos que sempre fracassa pelo fato de que cada um, imerso em seu mundo individualista, apenas consegue se ligar ao outro por aparelhos como os, à época, recém-chegados telefones celulares. Nem o desejo de Denise de ter um filho escapava à

---

[2] Fazemos referência ao livro de Gerard Wajcman, *L'oeil absolu*, lançado em Paris pela Editora Denoël em 2010, que discorre sobre a presença totalizadora do olhar no mundo contemporâneo.

interface dos *gadgets*. Diante da impossibilidade de um encontro real, o pai da criança deposita em um banco o esperma que depois foi inseminado na futura mãe, Denise. O filme antecipava o paradoxo da conectividade do século XXI. A hiperconexão se tornou o principal fator de separação entre as pessoas.

É nesse mesmo pano de fundo que, ainda no final dos anos 1990, a cantora Madonna foi celebrada como ícone da emancipação feminina. Por ocasião do escândalo do videoclipe *Justify my love*, a escritora Camille Paglia (1990), contrariando uma forte corrente feminista que condenava pesadamente o comportamento de Madonna, considerava ter encontrado finalmente uma "real feminist".

O clipe coloca em cena a própria Madonna, em uma inequívoca referência a Marilyn Monroe, que se oferece às modalidades diversas de se fazer objeto da fantasia sexual masculina. Contudo, o domínio total da cena e a permanente captura do olhar do parceiro revelam a posição sádica que se apresenta por trás da aparente submissão. De forma provocante, ao final de cinco minutos de música e sexo surge a frase digna do Marquês de Sade: "Poor is the man whose pleasures depend on the permission of another"[3].

Já no século XXI, perguntamo-nos se o véu da beleza feminina sustenta a fantasia masculina com a mesma tenacidade, sobretudo se to-

[3] Pobre do homem cujos prazeres dependem do consentimento do outro; tradução nossa.

mamos como referência o fato de que o corpo da mulher não mais encontra, no referencial fálico, sua unidade. Busquemos responder a essa questão a partir do matema $a \rightarrow \$$.

Vinte anos depois do clipe de Madonna, encontramos em Lady Gaga, alçada pela imprensa à categoria de ícone *pop* para a geração atual, uma situação muito distinta. Aqui não podemos mais falar da aliança entre o feminino e o belo. Podemos nos apoiar em um comentário de Brousse (2008) sobre a questão da arte em nosso tempo para abordarmos o modo como a cantora aparece em suas *performances*. Para Brousse, produziu-se no século XXI uma ruptura entre os ideais e o belo, em outras palavras, a imagem do belo revestia o objeto como dejeto, I(A) recobria *a*. "Hoje, essa barreira acabou. I(A) não governa mais a abordagem do objeto pulsional pela Arte. A separação entre o Ideal e o objeto é consumida e é o *a* sem véu que se adianta" (Brousse, 2008: 174).

Lady Gaga causou impacto no público e grande repercussão na mídia ao aparecer vestida com uma roupa feita de carne crua em uma cerimônia de premiação, ou seja, uma noite de gala. É precisamente essa nova exposição da roupa e do corpo feminino que me interessa. Aqui, não há mais uma erótica comandada por algum discurso, objeto ou palavra. Contudo, o mais contundente é que, para além do discurso, há uma nítida evocação do *sex-appeal* bruto dessa carne que recobre o corpo.

Dentre os filósofos atuais, podemos citar o italiano Mario Perniola (2005), que propõe uma nova aliança entre a filosofia e a sexualidade, na qual o que se descortina é um horizonte pós-humano. Para ele, não se trata mais da moda, o importante é o *look*. Ao invés de pensar o dualismo ocidental como corpo e alma, sua proposta é que o *look* é a resposta à verdadeira oposição, que se situa entre a vida e a roupa:

> Porém, mais que à moda, noção agora obsoleta e antiquada, a experiência de uma sexualidade neutra e inorgânica convém ao *look*, entendido como uma cultura do corpo-roupa, completamente emancipada tanto do conformismo *haute-couture* quanto do subjetivismo da antimoda. De fato, no *look*, a experiência da roupa como maquilagem, tatuagem, ginástica, *hair dressing*, dietética, aeróbica, *body building*, cirurgia plástica

> e engenharia genética constitui os passos seguintes de um caminho que conduz ao homem quase coisa (Perniola, 2005: 61).

No clipe *You and I*, Lady Gaga perfaz um caminho inverso ao do clipe *Justify my love*. Ao invés da mulher sensual, desejada por um homem, o clipe é um longo ritual em que um homem mutila e explora o corpo da cantora, moldando, em cenas que evocam explicitamente o filme "A noiva de Frankenstein", de John Whale, o corpo capaz de interessá-lo sexualmente.

Do "real feminism" de Madonna, passamos, segundo Marcia Tiburi (2010), ao pós-feminismo, marcado pelo crime de matar "A mulher" sonhada pelas feministas do século passado. Para Camile Paglia (2010), não se trata simplesmente da morte d'A mulher, ela vai adiante e vê, no novo fenômeno Gaga, a morte do sexo. Em suas palavras: "No entanto, o ponto principal é que a jovem Madonna estava em chamas". Ela era de fato a verdadeira herdeira da imperiosa Marlene Dietrich. Para Gaga, o sexo é fundamentalmente uma peça de decoração e de superfície, ela é como a *ersatz* de um pedaço de mobília rococó laminado. Resta-nos refletir sobre o modo como a psicanálise se orienta nesse debate. É possível ver que o século XXI exige pensar tanto as causas da ruptura que se impõe quanto uma posição que norteie as ações clínicas no novo contexto.

Do pansexualismo ao Outro sexo

A partir dos anos 1980, começou a ganhar espaço cada vez maior, sobretudo no ambiente universitário americano, a *Queer theory*. Dentre os diversos e heterogêneos aspectos da sexualidade abordados pela nova corrente, chama atenção a ruptura proposta entre o binarismo masculino/feminino e a abordagem da sexualidade completamente oposta à clássica sentença de que o destino do sexo é a anatomia. Judith Butler é, sem dúvidas, um dos mais conhecidos expoentes. Apesar de ser frequentemente chamada de pós-feminista, ela mesma recusa esse rótulo e prefere ser chamada de feminista, por reconhecer que há, ainda, muitas situações em que as mulheres precisam dessa identidade para superar as dificuldades econômicas e culturais. Embora seja próxima da psicanálise, o que a incomoda sobre a questão dos transgêneros é o modo como eles são patologizados pela psicanálise.

Podemos pensar o modo como a psicanálise aborda o *sex/gender problem* partindo de um esboço de resposta a um comentário de Butler em uma entrevista recente:

> fui conversar com alguns lacanianos outra noite e um deles disse: "Bem, mesmo se pensarmos na transexualidade como uma espécie de psicose, isso não é uma categoria patologizante, pois, quando uma pessoa fala sua psicose, ela está nos dando a estrutura da psique humana, portanto está falando uma verdade universal". Achei aquilo um argumento bastante espantoso, porque, mesmo que o psicótico esteja falando uma verdade universal de algum modo, o fato é que está falando essa verdade a partir de uma posição psicótica e chamá-la de psicótica é invariavelmente patologizante nesse sentido (Knudsen, 2010: 172).

Uma confusão se estabelece quando a leitura de Lacan é feita pelo prisma do feminismo. A feminilidade sobre a qual Lacan se debruça vai de encontro precisamente às ideias correntes do feminismo de sua época. Daí a referência em mais de uma passagem de seus textos ao "MLF", Mouvement pour la Libération de la Femme. Podemos inicialmente tomar esta diferença partindo do conceito freudiano de identificação. O feminismo é um movimento, ou seja, um coletivo agrupado em torno do significante d'A mulher. Já a feminilidade, na teoria de Lacan, é a resposta singular ao que não é passível de coletivização. Isso Lacan definiu precisamente como a falta desse significante. Não se trata, contudo, de uma ausência de um significante que outrora tenha feito sua inscrição. É portanto uma falta radical, uma foraclusão, o que não impede que algo dessa ausência faça retorno no real.

Decorre dessa constatação que nenhum ser falante pode encontrar "Uma" mulher a quem possa se identificar, independente do sexo biológico, do gênero ou de qualquer posição "trans" que o mundo *Queer* possa fabricar. Essa impossibilidade, contudo, não deixa de convocar cada um a responder sobre sua posição sexual. Na histeria, a inexistência é velada pela "outra mulher", onipresença na clínica dos desencontros amorosos femininos. Na psicose, pela falta do significante do Nome-do-Pai, a simbolização dessa impossibilidade fracassa. A constelação clínica dos fenômenos que se seguem tem no horizonte aquilo que Lacan chamou, no Étourdit, de "empuxo à mulher". Assim, não se trata de ver as questões da transexualidade e da feminilidade como patologias, mas como fazendo parte de um universal da loucura, a loucura que Lacan, nos anos setenta, evocou com a tese de que as mulheres são loucas, mas não são loucas do Todo[4].

À falta do significante d'A mulher, Lacan responde com o significante do falo. Contudo, pelo próprio fato de que o simbólico não é capaz de marcar toda a experiência de gozo do ser falante, há um gozo que não pode ser medido, qualificado ou contado, pois estas são operações de linguagem. Como assinala Éric Laurent (1993: 107), a instituição de um significante recobre algo da percepção imaginária: "Em um bom método estruturalista, Lacan distribui a oposição ter/não ter o pênis em uma oposição simbólica, marcada ou não marcada, situada a partir do falo. A oposição estrutural faz do falo um traço simbólico distribuindo dois termos, marcado e não marcado pela presença do órgão, traço imaginário".

---

[4] Les femmes sont folles, mais pas folles du Tout.

Ser homem ou mulher deixa de ser, consequentemente, apenas uma questão complementar entre ter ou não ter o pênis. Ao afirmar que a sexualidade do ser falante passa pelos caminhos equívocos da linguagem, a psicanálise rompe com qualquer naturalismo no sexo. Contudo, o fato de que a sexualidade seja atravessada pela linguagem não quer dizer em absoluto que ela seja capaz de nomear sem restos o gozo em questão. Em Lacan, a constatação de que o Outro é barrado indica precisamente uma incompletude do simbólico, velada apenas parcialmente pelo Nome-do-Pai.

Quando Lacan lança mão das fórmulas da sexuação, fica evidente que, para além do simbólico e do imaginário, o real de um gozo fora da lógica masculino/feminino está em questão. Por ser uma experiência de gozo e por não ser possível um enquadramento na lógica do com/sem órgão, essa experiência marca para todos os seres falantes, biologicamente marcados como homem e mulher, que ambos têm a ver com o que na teoria lacaniana será designado como Outro sexo.

Essa percepção somente é possível quando levamos em conta que as fórmulas da sexuação não são meros signos ou quantificadores, pois que elas se aplicam ao gozo encarnado, ou seja, devem dar conta do gozo e de seu continente corporal. O que a lógica do não-todo veio demonstrar é que marcar as experiências de gozo nesse continente através da lógica da castração e do falo é insuficiente. O corpo é "não-todo" afetado pela repartição sexual instaurada pela lei fálica.

Homens desbussolados, mulheres sem limites

Heloísa e Abelardo respondiam a um mundo em que a função simbólica era suficientemente sólida para que toda a trama dos amantes girasse em torno do amor a Deus. Desse modo, podemos dizer que a força de um símbolo sustentava a posição de exceção paterna:

$$\text{Deus} \rightarrow \exists x \; \overline{\Phi x}$$

Relembremos as dedicatórias da segunda e da terceira cartas trocadas entre os dois. Segunda carta, Abelardo: "À Heloísa sua irmã amada em Cristo, Abelardo. Nele seu irmão". Terceira carta, Heloísa: "A Deus pela espécie, a você como mulher"[5].

Essa resposta de Heloísa é uma verdadeira revolução para sua época. Em latim a expressão é ainda mais marcante, "sua singulariter", ou seja, como mulher para um homem sua posição é singular e não se apoia na universalidade da espécie criada por Deus. Sem negar Deus, Heloísa afirma a seu amado que a condição para uma mulher amar um homem não passa pela lei universal, é sempre algo único, no sentido de que somente o amor pode fazer uma mulher sentir-se única.

Contudo, é possível supor que as coisas se passam de outro modo quando falta no mundo a referência sólida do Deus de Abelardo. Não mais poder contar com o *Domino specialiter*, ou seja, com uma resposta pela identificação, deixa os homens diante de uma desorientação que em nada remete à singularidade e sim à multiplicidade de S_1's do mundo contemporâneo. No *Seminário XX*, Lacan demonstra com muita clareza a relação entre o Outro barrado e o objeto *a*. O lugar de endereçamento ao Outro é barrado no sentido de que há uma falha: S (Ⱥ).

Porém, para o corpo vivo, dizer que há uma falha na localização do gozo no campo do Outro não implica que esse gozo, não recoberto pela palavra, seja inexistente. Isso precisamente será chamado de objeto *a* (Lacan, 1975: 31). Assim, é uma condição para que o objeto *a* seja elevado ao zênite social que o mundo esteja na era do Outro barrado, descrente de garantias universais.

É necessário, tomando essa nova disposição das coisas, pensar quais são os efeitos sobre homens e mulheres. A partir do Seminário sobre a angústia, como afirma Miller: "o gozo se libera da armação significante de sua prisão fálica [...] e se demonstra, ao contrário, que são os objetos *a* que dão corpo ao gozo" (Miller, 2005: 28). A seguir essa

---

[5] Em latim: *Domino Specialiter*, sua *singulariter*.

lógica, percebemos que o gozo fálico (-φ) não é mais o único comando do Supereu no século XXI, o comando de gozar incide cada vez mais sobre o gozo de *a*.

O que muda com a passagem de φ a *a*? Se, para Lacan, é o falo que dá o corpo ao gozo, então é ele que instala um regime dialético que, como significante do desejo, é índice da presença de uma alteridade necessária para que se passe do mundo narcísico ao laço social (Lacan, 1998). Porém, quando *a* dá corpo ao gozo sem passar pelos circuitos do desejo, estamos em um regime *a*-dialético, sem trocas, sem palavras. O parceiro, nesse regime, é reduzido a ser um *dealer* de objetos para consumo. Mesmo que estes objetos estejam colados em seu corpo, eles são como os pedaços de carne da roupa de Lady Gaga, alimentam o circuito pulsional acéfalo sem que o parceiro seja capturado pelo desejo, pois lhe falta a investidura das insígnias fálicas. Na lógica de um tratamento, isso implica em uma pergunta: como fazer para que a constatação de que o Outro é barrado, ao invés de implicar em desinteresse pelo Outro, leve o sujeito a demandar uma análise? Pensemos, igualmente, essa pergunta no contexto da comédia dos sexos: para que serve o parceiro além de ser possível gozar de partes dele?

O último ensino de Lacan me parece ser concebido precisamente para afrontar essas questões, tão presentes no século XXI. Ou seja, como pensar a psicanálise para além da dialética da castração, do "além do Édipo", enfim, além do primado do falo simbólico. Para Miller isso somente é possível no momento em que é promovida por Lacan uma disjunção entre castração e interdição. A castração deixa de ser referenciada à lei fálica e passa a indicar simplesmente o fato de que há a possibilidade de se fazer uma negação, negação lógica, se pensarmos a partir das fórmulas da sexuação do *Seminário XX*[6]. Miller chama atenção para o fato de que, ao dissociar a extração do objeto *a* da castração, Lacan chega a criar um neologismo, a *separtição* (Miller, 2005).

[6] Miller, J.-A., Aula V do curso de orientação lacaniana intitulado "A obra de Lacan" do dia 2 de março de 2011 - inédito.

Por isso Lacan é levado a detalhar as separações anatômicas do objeto, as separações naturais do objeto extraído do corpo, precisamente sem a intervenção de um agente que seria o Outro. Trata-se do que ele chama, termo retomado de Freud, separação. Não a castração, mas a separação dos objetos, a separação dos órgãos. Ele fala mesmo, em um dado momento, da *separtição*, para indicar que se trata como de uma partição no interior, que concerne ao sujeito do organismo (Miller, 2005: 56).

Sobretudo para o sujeito masculino, referenciado ao "ter" da equação fálica, a moral civilizada de nossa época tem uma relação muito distinta da castração. Em algumas comunidades, os velhos buracos do corpo não empolgam mais. O corpo torna-se palco de novas experiências. Tatuagens, *piercings*, cirurgias plásticas e tantas outras intervenções são feitas visando à diferença absoluta. Para Laurent (2011), essa exigência moderna de diferenciação absoluta é o modo mesmo como o Supereu se manifesta no século XXI.

> É esse o paradoxo, enquanto no século XX o conformismo implicava em "fazer como todo mundo", agora é, ao contrário, fazer cada um a seu modo. O paradoxo é que cada um terá uma tatuagem diferente, porém todo mundo terá uma tatuagem, e isso porque o simbólico por si mesmo já não basta, é então preciso inventar coisas novas com o corpo (Laurent, 2011: s.p).

Porém um mundo no qual se constata o declínio do símbolo fálico e a ascensão do objeto *a* acarreta efeitos distintos para homens e mulheres. A medida fálica é também a medida que regula as relações entre os seres falantes. É ela que serve de bússola para que o sujeito se oriente no campo da realidade. Entre os homens, ela instala a regra que regula o laço social, o que implica em incluir a dimensão política inerente à relação entre a exceção do mestre e a lei para todos.

$$\forall x \Phi x$$

Com o objeto *a* dominando a cena social, tudo se passa de outro modo. Pelas suas próprias características, de não ser orientável no tempo e no espaço, ele deixa os nostálgicos do falo desbussolados, para utilizar uma expressão de Jorge Forbes. A cultura do objeto *a* é uma cultura que leva ao individualismo. De diversas formas, são inúmeros os que trabalham a solidão do par homem + *gadgets*.

Entre as mulheres, como pensar o feminino na contemporaneidade para além da castração? Retomamos aqui a pergunta que nos motiva. Seria um retrocesso pensar que a solução passa por reintroduzir, no debate atual, a lógica da castração para todos. Essa é uma acusação que se faz com frequência à psicanálise, a de sermos todos nostálgicos do Édipo e da castração. Foi essa inclusive a crítica maior feita por alguns, como Deleuze e Guattari, sobre o "familiarismo" da psicanálise: os psicanalistas hesitavam em sair de seu enclave edípico. Lacan, contudo, já nos anos setenta, pensava as questões com as quais nos debatemos no momento atual. Enquanto muitos o criticavam por não aderir aos movimentos feministas, ele se ocupou em distinguir a reivindicação feminista do feminino.

É importante lembrar que Heloísa, mesmo com sua magistral capacidade de falar sobre sua posição singular, passou o resto de sua vida em um convento, fazendo uma obra entre mulheres, enquanto os homens continuaram promovendo suas guerras. Santa Teresa, igualmente, tornou-se um expoente maior da ordem das carmelitas descalças, mas teve que sucumbir às exigências de retratação da igreja sob pena de ser acusada de bruxaria[7]. Desse modo, mesmo sendo duas mulheres de exceção, a questão do não-todo fálico se impunha a elas diante de uma ordem masculina secularizada, em que a castração se colocava como limite, nem que fosse as jogando na fogueira.

No momento em que o feminino não mais é efeito de $-\varphi$ e da castração, entram em cena outras formas de resposta ao enigma do gozo feminino. Se antes o debate era em torno do ponto G, gozo vaginal

---

[7] No prefácio à autobiografia de Santa Teresa D'Ávila, Frei Betto faz a menção de que a Igreja via com muita desconfiança os passos de Teresa. Foi nesse contexto que ela foi instada a escrever suas memórias em que fala de seus pecados canais e do modo como teve a revelação divina, *in* D'Ávila, T. *O livro da vida*, Penguin, Ed. Companhia das Letras, São Paulo, 2010.

ou fetiches, outras situações emergem na clínica como tentativas de dar uma localização e um limite a esse gozo. Para além da imagem e do belo, as cirurgias plásticas se tornaram um novo ritual de reconfiguração do gozo do corpo da mulher que não passa pela lógica da castração. A meu ver, essas cirurgias não são correlatos da castração, pois representam bem mais o movimento de *separtição* a que nos referimos acima. Sob o imperativo de inscrição no corpo de um limite ou um corte, forja-se toda uma cultura da dismorfofobia em que o sujeito nunca encontra um ponto de reconciliação com sua imagem especular (Veras, 2006).

Surgem igualmente as mutilações diversas, muito mais presentes na clínica do feminino no momento atual. São mulheres que cortam o corpo sem fazer desse gesto um apelo ao outro. De mais de uma paciente escutei a relação entre o corte, que em si é experimentado como fonte de um gozo, e o alívio de uma angústia sem palavras que se sucede.

As novas medeias

Para concluir, é importante situar que o feminino, no século XXI, aponta muito mais para a tragédia de Jasão e Medeia do que para a história de Abelardo e Heloísa. O mundo de hoje não mais é surpreendido quando despontam mulheres no poder. A imagem da *Mater dolorosa*, da mãe que suporta todos os sacrifícios pelos filhos, há muito que vem sendo substituída, e mesmo a assistência pública assegura o direito ao parto sem dor. As mulheres, cada vez mais, se dedicam a carreiras antes exploradas unicamente pelo universo masculino. Assim, se, por um lado, ao recusar a maternidade, elas se aproximam do que Lacan dizia ser uma mulher verdadeira, ou seja, a que se afasta do polo materno (Miller, 2010), por outro a questão do feminino ainda é um obstáculo no momento em que elas permanecem no registro fálico do ter.

O masculino, para Lacan, está sempre sob o risco do ridículo. É justamente esse ponto que distingue a impostura masculina do semblante feminino. O semblante feminino existe para recobrir o nada, daí que na feminilidade está sempre em questão um saber sobre os semblantes. Já o homem se apega ao viril para fugir do confronto com o "não" inerente à castração da mulher. Ou seja, a condição de seu desejo passa pelo semblante fálico para não se confrontar diretamente com a questão do gozo pulsional, o que pode ser escrito com a fórmula: $\$ \diamond \varphi(a)$.

Há, contudo, aquelas que podemos chamar de novas medeias. O saber fazer de Madonna passava por ocupar esse semblante de φ para um homem. Já a roupa de carne de Lady Gaga evoca uma condição erótica em que é posta em questão não a castração, mas a *separtição* do objeto. Aqui não se trata de $\$ \diamond \varphi(a)$ e sim de convocar os homens a estarem à altura de um desejo que não seja um semblante fálico.

Seria essa, finalmente, a posição do psicanalista? A provocação cínica da roupa de carne não parece suficiente para apagar a angústia inerente à inexistência da relação complementar entre os sexos. O objeto *a*, por si só, pode garantir o gozo isolado mas é incapaz de sustentar a relação sexual. Com Lacan, aprendemos que a relação sexual não existe e que somente é possível a condição de um amor mais digno se conseguirmos nos desembaraçar das questões do "ter" e consentirmos numa perda de gozo. Nesse sentido, proponho uma nova leitura da roupa de carne de Lady Gaga. Para a psicanálise, a roupa pode funcionar muito bem, com a condição de que a carne seja a do parceiro.

Referências bibliográficas

Brousse M.-H. (2008). O objeto de arte na época do fim do belo: do objeto ao abjeto. *Opção Lacaniana, 52*, 173-177.

Knudsen, P. (2010). Conversando sobre psicanálise, uma entrevista com Judith Butler. *Estudos Feministas*, Florianópolis, *18*(1), 161-170.

Lacan, J. (1975). *Le Séminaire, livre XX – Encore*. Paris: Éditions du Seuil.

Lacan, J. (1998). Subversão do sujeito e dialética do desejo no inconsciente freudiano. *Escritos*. Rio de Janeiro: Jorge Zahar.

Lacan, J. (2001). Étourdit. *Autres écrits*. Paris: Éditions du Seuil.

Laurent, E. (1993). Positions féminines de l'être. *La Cause Freudienne, 24*, 107-113.

Laurent, E. (2011). O Supereu sob medida – entrevista à Revista @gente digital, *8*. <http://agente.institutopsicanalisebahia.com.br/entrevista.html>.

Miller, J.-A. (2005). Introdução à leitura do Seminário 10 da Angústia de Jacques Lacan. *Opção Lacaniana, 43*, 7-81.

Miller, J.-A. (2010). Mulheres e semblantes II. *Opção Lacaniana* on-line nova série, *1*.

Miller, J.-A.. Uma fantasia. Disponível em <http://www.congresoamp.com/fr/template.php?file=Textos/Conferencia-de-Jacques-Alain-Miller-en-Comandatuba.html>. Recuperado em 14/04/2012.

Paglia, C. (1990). Madonna, a real feminist. New york Times de 14/12/1990. Disponível em <www.nytimes.com/1990/12/14/opinion/madonna-finally-a-real-feminist.html>. Recuperado em 14/04/2012.

Paglia, C. (2010). Lady Gaga and the Death of Sex. *Sunday Times*, 12/09/2010.

Perniola, M. (2005). *O sex appeal do inorgânico*. São Paulo: Editora Studio Nobel.

Tiburi, M. (2010). O crime de Lady Gaga. *Revista Cult, 146*.

Veras, M. (1994). *O silêncio das heloísas*. *Opção Lacaniana, 10*, 11-15.

Veras, M. (2006). O *making off* do objeto. *Opção Lacaniana, 45*, 59-63.

Angústia, morte e vida: clínica psicanalítica em oncologia

Maria Facó*

Anna Carolina Lo Bianco**

A clínica psicanalítica em oncologia nos faz deparar de imediato com pacientes que estão sofrendo fisicamente e que se encontram sob o impacto de um diagnóstico associado, quase sempre a morte. Uma vez diagnosticado com câncer, o paciente se encontra em uma situação que o faz problematizar de uma maneira radicalmente diferente da habitual, mais ou menos explicitamente, tanto o sofrimento quanto a finitude. Por se encontrar colado ou aprisionado ao significante "câncer", que é, muitas das vezes, vinculado ao significado "morte", se vê agora com uma imagem de corpo despedaçado, justamente ele que se acreditava senhor de um corpo unificado. Isso, por sua vez, arremessa-o a uma proximidade com o fim da vida, do qual se acreditava distante. O afeto que advém dessa queda - o despedaçamento da imagem e a proximidade da morte - é a angústia.

* Doutoranda do Programa de Pós-graduação em Teoria Psicanalítica do Instituto de Psicologia da UFRJ. Membro participante do Tempo Freudiano Associação Psicanalítica. Psicóloga do Centro de Oncologia Ortopédica do Instituto Nacional de Traumatologia e Ortopedia. E-mail: mariafaco@oi.com.br.

** Professora do Programa de Pós-graduação em Teoria Psicanalítica do Instituto de Psicologia da UFRJ. Membro do Tempo Freudiano Associação Psicanalítica. Bolsista de Produtividade em Pesquisa - CNPq. Membro do GT Psicanálise, cultura e política da ANPEPP. E-mail: aclobianco@uol.com.br.

Não se trata aqui de afirmar que a angústia é restrita ao campo da doença, nem que ela é, depois de superada, para sempre suprimida. O manejo da angústia é de extrema importância em todo o percurso de uma análise. No entanto, procuraremos aqui nos interrogar sobre as consequências a serem tiradas, para a clínica dos pacientes com câncer, da abordagem da angústia que circunda a vida daqueles que receberam tal diagnóstico. Veremos que, curiosamente, na retomada de importantes textos psicanalíticos, encontramos algumas rápidas referências ao câncer. Por exemplo, em 1920, Freud aponta o caráter desarticulado das células cancerígenas em relação ao organismo em sua totalidade, como se tivessem vida e interesse próprios. "As células dos neoplasmas malignos que destroem o organismo talvez devessem ser descritas como narcisistas", uma vez que desconsideram a preservação do organismo como um todo (Freud, 1920/1996: 61). Anos depois, Lacan irá falar da dor, ressaltando a sua consideração para além dos registros físicos, dando destaque ao câncer como exemplo:

> o caráter complexo da dor, seu caráter, por assim dizer, intermediário entre o aferente e o eferente nos é sugerido pelos resultados surpreendentes de tal secção que permite, em certas afecções internas, sobretudo as cancerosas, a conservação da notação da dor, embora a supressão, ou a remoção, de uma certa qualidade subjetiva que constitui seu caráter insuportável seja efetiva (Lacan, 1959-1960/1997: 78).

Essas duas passagens apontam para lugares de onde a psicanálise pode vir a incidir na experiência dos pacientes com câncer. Ainda que nenhum dos dois psicanalistas haja particularmente tematizado sobre o trabalho com estes pacientes, ambos nos deixaram o legado de uma práxis, com indicações teóricas e clínicas precisas, que se trata de fazer valer para tirar delas os efeitos contingentes para o atendimento em oncologia. É, portanto, à reflexão sobre esse legado e ao desenvolvimento de seu exercício que iremos nos dirigir para estabelecer alguns pontos que nos orientem na clínica dos pacientes com câncer.

O câncer: a morte como *das Unheimliche*

Começamos por lembrar que *das Unheimliche*, ou "o estranho", é entendido por Freud como um encontro com o que é assustador, algo da ordem do horror, o qual, ainda assim, remete ao que é conhecido, familiar. Afirma ele: "é tudo que deveria ter permanecido secreto e oculto, mas veio à luz" (Freud, 1919/1996: 243). Não se tratando de nada novo ou que diga respeito ao alheio, é algo "familiar e há muito estabelecido na mente, e que somente se alienou desta através do recalque" (Freud, 1919/1996: 258). Foi então repelido do consciente e passou a demandar um empenho contínuo de força para que se mantivesse assim afastado, pois a cessação dessa força poria em rico seu sucesso e tornaria necessária uma nova ação de recalque (Freud, 1915/2004).

Freud mesmo (1919/1996) cita a morte como um dos exemplos dessa experiência do estranho, descrevendo o medo de morrer como sendo intenso desde os tempos remotos, estando este "sempre pronto a vir à superfície por qualquer provocação" (Freud, 1919/1996: 259). Assim, recalcamos que um dia iremos morrer. Geralmente, não pensamos sobre isso. Na confrontação com um câncer, a experiência que emerge desse familiar da morte recalcado é da ordem de uma intensa estranheza, de um horror. Traz de volta as repercussões do termo tal como se fez entender desde cerca de 400 a. C., na Grécia, por Hipócrates, através das palavras "carcinos" e "carcinoma", como expressão de uma doença de mau prognóstico (Coelho, 2003: 3). Conhecido, desde então, como sendo uma das enfermidades mais temidas pelo homem, o câncer forja, na cultura, um percurso a se evitar, por evocar a morte, sobre a qual nada queremos saber.

Em consequência da sua conotação de morte, o estigma em torno do câncer sempre existiu (Shávelson, 1992). Com a psicanálise, pode-se considerar que é do humano então lidar com isso de maneira complicada, pois diz respeito justamente ao encontro com algo que se quer afastar. Há, portanto, uma forte resistência em falar sobre a morte e o morrer. Dificilmente, diz Freud, "existe outra questão [...] em que as nossas ideias e sentimentos tenham mudado tão pouco desde os primórdios dos tempos [...] como nossa relação com a morte" (Freud, 1919/1996: 259). Não existe algo que se assemelhe à morte como experiência, pois nem mesmo o desmaio deixa vestígios que possam desvendar tal mistério. Como não há registro de morte no inconsciente, as pessoas vivem como se não fossem morrer. "Nosso inconsciente não crê em sua própria morte, comporta-se como se fosse imortal" (Freud, 1915/1996: 306). Por isso, dizemos que é um estranho que, no fundo, é familiar. Sabemos que vamos morrer, só não queremos ser lembrados disso. Assim, quando o câncer é diagnosticado e é comunicado ao paciente, isso que estava afastado se apresenta de forma contundente. Por sua relação com uma morte que não se coloca mais distante, mas próxima e muitas vezes iminente, o câncer acossa o sujeito diante de sua finitude.

Ao lado da notícia do câncer, há quase sempre o aparecimento da dor – relacionada ao sofrimento no corpo –, que pode ser consequência não só da doença, mas, muitas vezes, do próprio tratamento (como a quimioterapia, por exemplo) e, por outro lado, relacionada aos próprios sentimentos que o se saber com câncer trará. E, ainda que nem todo paciente com câncer sinta dor ou passe por um intenso sofrimento físico, a maioria dos pacientes experimenta o estranho da morte recalcado que vem à luz com o diagnóstico.

O significante câncer

Manuela[1] é uma paciente adulta, de 54 anos, internada por um problema na coluna, atendida a pedido da equipe assistencial da internação de um hospital de ortopedia e traumatologia, porque ela estaria, segundo diziam, muito deprimida. A paciente relata que se internara para tratar de uma deformidade na coluna, tendo descoberto, durante a internação, que tinha um câncer, um mieloma múltiplo. A equipe orientou, naquele momento, que ela fosse encaminhada a um hospital de câncer e concluiu que o problema na coluna era secundário ao

[1] Nome fictício.

mieloma. Ressaltou, para ela, que seu rim tinha anatomia e fisiologia normais, bem como seu fígado e outros órgãos vitais se mostravam íntegros em suas funcionalidades. Apontaram, pois, que ela deveria se alegrar com isso. Ela fala, então, a uma de nós, da sua dificuldade por "se sentir presa". E se refere "àquilo", que é "difícil falar", "aquela palavra" que só com muita reticência e choro consegue nomear: "câncer". Sente-se presa, ao que tudo indica, à palavra.

O diagnóstico de câncer geralmente é recebido como um susto, horror, tal como indicado pela paciente acima. Entre outros motivos, como dissemos, por toda uma marcha do significante câncer na cultura, que opera, copulando, digamos assim, com outros significantes aqui e acolá (dor, medo, fraqueza, morte), produzindo efeitos de angústia no sujeito.

Ao fazermos a articulação dos significantes, de acordo com a lógica que os constitui como tais, nos encontramos com a marca do sujeito aqui entendido a partir da estrutura neurótica. Esse que não é expresso em termos de signo ou de significado que diga dele o que ele é, mas sim de um jogo, a cada vez, de oposição entre significantes. "O sentido é, então, sempre uma surpresa resultante da articulação entre significantes" (Silva, 2009: 76). Tal como Lacan (1956/1998) aponta no seminário sobre a "Carta roubada", o significante é só um lugar, "não sendo, por natureza, senão símbolo de uma ausência" (Lacan, 1956/1998: 27). Ele vem no lugar, ele representa o sujeito no lugar onde não há palavra adequada, perfeita para denominar de que se trata ali.

Claro está então que não há nenhuma exterioridade ou condição preestabelecida, dada de antemão, que faça com que toda vez que se fale de câncer se lembre de morte. Trata-se do deslizar de uma cadeia de significantes, na qual um significante câncer se articula com outros significantes para representar um sujeito que teme a morte. O sentido de morte não resulta de algo inerente ao câncer, mas, sim, de uma relação na articulação de determinados significantes tais como: sofrimento, dor, etc. O sujeito aparece, neste contexto, como efeito desses significantes.

Trazemos essas passagens, que de outro modo são bastante conhecidas de todos, para termos viva a lembrança de que lidamos com o câncer como com as demais coisas de nossa vida, como se tivessem uma exterioridade, como se fossem concretas, independentes. E para mais uma vez constatarmos que, ao contrário, o que está em jogo é o lugar que tais coisas ocupam em um discurso quando é esse, justamente, que dá lugar a elas, a cada vez que as tomamos com as palavras, que as proferimos com as palavras, uma vez que somos seres de linguagem. Mas "quem, de fato, tem a experiência de que esse ou aquele objeto é efeito do discurso?" (Fernandes, 2003: 78). Como coloca Fernandes, uma vez que o sujeito se dissolve em sua invenção, ele como que se petrifica nela e uma mesa, por exemplo, passa a ser algo objetivo, uma coisa que existe aí, no mundo, independente da subjetividade que a apreende.

Quando a paciente se "cola" ou, tal como na indicação do extrato clínico, se aprisiona ao significante câncer, ou seja, ao que ele traz de um sentido de morte, é como se o extraísse do deslizar da cadeia, e ele passasse a exercer, de fora, efeitos sobre ela. Vale lembrar os momentos de isolamento, desinteresse pelo mundo no paciente com câncer, sobretudo nos momentos de intenso sofrimento físico. Toda a libido volta-se para o Eu. "O doente recolhe seus investimentos libidinais para o Eu e torna a enviá-los (aos objetos) depois da cura", diz Freud (1914/2004: 103). É como se todas as demais coisas da vida ficassem em suspenso até o momento em que a colagem ao significante câncer é desfeita. Qualquer significante que se *aprisione* a um sentido emperra o deslizar da cadeia.

O sujeito, na sua enunciação, nos dá notícias sobre o que uma coisa é ou deixa de ser para ele. Por isso, em psicanálise, o sujeito é convocado a falar. O analista aposta na fala não no que ela tem de completude, mas, sim, no que tem de tropeço, de falha, de suspensão, pois entende que neles o sujeito, que é sujeito do inconsciente, emerge sem o saber, sem o cálculo, sem a intencionalidade. É assim que escutamos o que a nossa paciente nos trouxe sobre o "aprisionamento" que vivia.

Nada no sujeito, nem mesmo o seu corpo, é causa de si mesmo, uma vez que o sujeito, tal como nos coloca Lacan, se constitui alienado ao significante, no que ele denomina como sendo o "campo do Outro" (Lacan, 1964/2008: 201). É o que pretendemos considerar quando a paciente nos fala do sofrimento que a atravessa naquele momento. Ela se confunde, se aliena, como veremos, com o significante "câncer". Não foi ela que o construiu, ele é dado por esse discurso que vem do Outro, isto é, vem da cultura em que estamos todos imersos e que dá a ele o valor de uma morte que se aproxima.

A alienação ao campo do Outro é o ponto de partida do sujeito "pelo fato de que o sujeito depende do significante e de que o significante está primeiro no campo do Outro" (Lacan, 1964/2008: 201). A presença da morte, nesse sentido, está colocada desde o início da vida, uma vez que a vida se mortifica para receber, como uma inscrição, a marca do significante.

Neste ponto, é importante mencionar a observação feita por Lacan (1959-1960/1997: 327) acerca do lugar do sujeito "entre duas mortes". A primeira morte é a da putrefação das células, do organismo, ou seja, estamos, desde que nascemos, morrendo aos poucos. A segunda diz respeito à nossa entrada na linguagem, à alienação ao significante. Em outras palavras, há como uma morte do organismo que implica no acesso à vida. No entanto, se fôssemos tão somente um organismo, não adviríamos em nossa condição de sujeito, por isso ele supõe uma segunda morte, que é a morte simbólica desse sujeito.

Neste contexto, o psicanalista promove, de início, um acolhimento da alienação do sujeito a um significante qualquer ("o câncer que aprisiona") para, em seguida, introduzir a opacidade, a separação, o não saber, como no caso exemplificado acima. É importante que a paciente se depare com algo que a quase todos nós é invisível: o fato de nenhuma relação entre um significante e um significado qualquer ser garantida.

A separação entre o sujeito e o significante que ele agora vê como o representando é como que o objetivo da intervenção que o analista fará, permitindo ao sujeito, nesse mesmo ponto, um mínimo de liberdade em relação à sua subjetividade, ao não se confundir meramente com o câncer e com o que ele traz de sofrimento. Trata-se de um percurso que implica a operação da alienação, sem a qual não se poderá dar lugar à separação, pois é ao se deparar com sua identificação com o câncer que dele poderá se desindentificar.

Retomando o caso da Manuela, ao mesmo tempo que há um oferecimento à paciente de se desindentificar com a doença que traz em seu corpo, ela passa a ser confrontada com o limite que a todos se apresenta: não somos plenos, totais, sem furos ou impossibilidades. Estamos então na referência à castração cuja característica principal é a de fazer cada um de nós encontrarmo-nos com os limites da vida (Freud, 1914/2004), encontro com o inadiável, com a perda de vida.

Há como que uma "escolha forçada" (Lacan 1964/2008: 207), em que o sujeito tem que se reconhecer como sujeito alienado aos significantes do Outro. Como no conhecido exemplo de Lacan, ao ouvirmos a injunção feita pelo ladrão "a bolsa ou a vida", estamos frente a uma ordem que nos obriga a uma escolha que, de qualquer forma, inclui a perda. Se escolhemos a bolsa, perdemos a vida. Se escolhemos a vida, temos a vida decepada da bolsa (Lacan, 1964/2008).

Tomado um caminho, esse caminho é de perda, pelo fato de que, forçosamente, há algo que se perde, pois há um fator letal, representado por uma imposição da morte no significante. Há algo de estrutura que o conceito de Real, tal como introduzido por Lacan, vem cernir. A morte é um Real, algo estrutural, a ser encontrado não só no final da vida, mas também na sua entrada e ao longo dela. Recorrendo à distinção estabelecida por Lacan (1964/2005) entre os termos aristotélicos tiquê e autômaton, vemos a primeira como o encontro com o Real, ou seja, como aquilo que, escapando ao simbólico, não pode ser dito nem imajado. Podemos aproximar aqui esse encontro com o Real das contingências da vida, daquilo que chega ao sujeito sem passar por seu controle consciente, para além das palavras e de sua imaginação. Chegamos então ao ponto central de nosso trabalho, porque se trata de lidarmos com o câncer como algo da ordem de uma contingência na vida, o que apontamos como um encontro com o Real.

O encontro com o Real do câncer, remetendo à morte, mexe com o campo do autômaton, entendido como a "rede de significantes" (Lacan, 1964/2005: 57). Nesse encontro, a rede, a cadeia de significantes sofre efeitos de suspensão, não dando conta da angústia que desse desenredamento advém. Aqui o sujeito se vê sem suas proteções imaginárias, sua ilusão de ser um corpo, de acreditar num eu que seria o senhor de seu corpo e de seus pensamentos. No caso dos pacientes com que lidamos, há o susto de não se reconhecer na imagem que sempre fez de si. Algo de um Real desarranja a imagem e ideia de si que o sujeito se fazia até então, desalojando suas coordenadas de saber. Quando seus ideais caem, quando se é aproximado da realidade do "ser para a morte" (Lacan, 1953/1998: 321), desse impossível da morte enquanto perda, do vivo que traz em si um "retorno ao inanimado" (Freud, 1920/1996: 49), é que teremos, no sujeito, a emergência da angústia. Em uma segunda volta, como veremos, tomamos a angústia como sinal, como possibilidade de trabalho, uma vez que o sujeito, frente ao impossível, frente à morte que o ronda, tende a se esconder na impotência. O trabalho ao qual o sujeito está convocado então, nesse contexto, é o de não transformar o impossível, o Real da morte, ou, conforme anteriormente colocado, da "primeira morte" (Lacan, 1959-1960/1997) em impotência.

A angústia e o objeto causa de desejo

Lacan (1962-1963/2005) afirma que a angústia é um afeto que não engana. Por oposição ao significante, para o qual a possibilidade do engano está colocada, na medida em que não há sentido que seja uma espécie de tradução fiel de nenhum significante, o afeto fica à deriva. Podemos encontrar o afeto "deslocado, enlouquecido, invertido, metabolizado, mas ele não é recalcado. O que é recalcado são os significantes que o amarram" (Lacan, 1962-1963/2005: 23). Em nosso exemplo clínico, é o significante "câncer" atrelado ao significante "morte" que é recalcado.

A angústia não engana na medida em que, para ela, não é possível a tapeação ou o engano das palavras. Ela escapa ao jogo ou engodo dos significantes, ao autômaton, à repetição da cadeia, para a qual a dimensão do gozo está colocada. A angústia é sinal do Real. Trata-se de um resto irredutível às palavras e às imagens. "Do Real, portanto, de uma forma irredutível sob a qual esse Real se apresenta na experiência, é disso que a angústia é sinal. [...] dentre todos os sinais, é aquele que não engana" (Lacan, 1962-1963/2005: 178).

A angústia não é representada por nenhum significante. Por isso, para falar dela, Lacan propõe o conceito de objeto *a*, como representante de um vazio, em pura perda, que, ao ser assim tomado pelo sujeito, opera com as contingências que se lhes apresentam, dando ensejo, ou melhor, causando desejo.

Se fôssemos plenos, não desejaríamos, seria como que uma eterna repetição de um puro gozo. É preciso se lançar numa certa descontinuidade, numa dimensão de perda onde o vazio escande, faz corte entre os significantes, para que o desejo possa ser causado. Se não, tratar-se-ia, conforme dito, de um puro gozo, no qual o deslizamento entre os significantes não se daria porque não haveria intervalo entre eles. O objeto *a*, aqui rapidamente situado como um vazio que não pode ser preenchido e opera em pura negatividade, assume sua função de resto irredutível no advento do sujeito no simbólico, no chamado, conforme vimos, campo do Outro, tesouro dos significantes.

> Objeto que localiza o *pathos* do corte que o significante faz incidir no corpo. Libra de nossa própria carne rendida ao Outro. Pedaço para sempre irrecuperável, que permanece preso à máquina formal de nossa entrada na linguagem, fazendo do corpo uma escansão viva. Parte sem relação com o todo; que evoca não uma totalidade, mas a falta radical da totalidade (Costa-Moura, 2006: 178, retomando Lacan 1962-1963/2005).

A relação do sujeito com o objeto *a* é fruto dessa pura negatividade, dessa hiância, ou de seu velamento, para que o sujeito possa se sustentar numa dimensão de eu (integrado, sem furo) ou de angústia, quando ele vem à cena. A angústia, diz Lacan, é um ponto médio entre gozo e desejo. Ao se deslocar de uma posição regida pela *falta,* que pode vir a ser completada, para outra de *perda*, em que o vazio, a descontinuidade está instituída na cessão do objeto *a*, pode-se ver surgir aí o sujeito como sujeito do desejo. A saída da angústia é conceber esse objeto *a* como causa de desejo. Não se trata de um objeto à frente do sujeito, a ser alcançado, mas, sim, de um objeto localizado como que por de trás, acossando o sujeito em seu desejo.

Para desejar é necessário suspender o gozo. O sujeito que, até então, digamos, estava na vida, repetindo seus modos de gozo, se vê, com câncer, diante do que podemos chamar um terremoto no seu terreno de gozo, ou seja, *grosso modo*, no seu repertório diante da vida. É comum ouvir frases do tipo: "depois que tive câncer, não fui mais o mesmo"; "o câncer me fez ver a vida com outros olhos", "a gente revê a vida quando se dá conta que vai morrer", etc. A suspensão desse gozo não é sem angústia.

Lacan indica o desejo como remédio para a angústia (Lacan, 1959-1960/1997). Algo que só comparece em pura perda, no acossamento do vazio, da causação de um objeto que opera em pura negatividade.

Quanto à nossa intervenção, faz-se necessário ressaltar que não se trata de uma pura comunicação ou sugestão que passe pelo saber, pois ela não é pedagógica. Nossa direção é a de poder furar a cadeia significante não na dimensão de saber, mas de objeto que causa, promovendo deslocamento, tal como no extrato clínico apresentado. Ao barrar a síntese, ao não compactuar com um imaginário de totalização, opera-se em corte, introduzindo a opacidade, manejando a angústia, onde o novo é ver surgir o sujeito, em seu desejo. É ao objeto causa de desejo que o sujeito vai estar referido, em psicanálise.

A psicanálise, portanto, não visa a um preenchimento de sentido como um tamponamento da angústia do sujeito. Não há receita preestabelecida sobre um puro, único, bom, belo e pleno sentido. O desejo do sujeito se dá, a cada vez, por uma articulação a um vazio que fura a cadeia significante, introduzindo descontinuidade entre um significante e outro. Aquilo que opera a descontinuidade é o objeto causa de desejo: objeto *a*. Como ele não é positivável, uma vez que opera em pura negatividade, barrando "a síntese, a totalização" (Fernandes, 2003: 92), opera em corte, sendo a angústia sua única tradução subjetiva (Lacan, 1962-1963/2005).

Sobre o manejo da angústia

Em relação ao manejo da angústia, Lacan problematiza a distância que se deve dela tomar de forma que a angústia não se coloque tão próxima, como na passagem ao ato - por exemplo no suicídio -, nem tão distante, como na inibição (Lacan, 1962-1963/2005). Tomando como base o título de um artigo de Freud, Lacan diz que *Inibição, sintoma e angústia* perfazem uma linha para a qual caminha um malabarista sem que tenha a rede de proteção do significante (Santos, 2009; cf. Lacan, 1962-1963/2005). Em tal linha, o analista se coloca ao lado do paciente durante a sua travessia. Como diz Lacan (1962-1963/2005), é importante sentir o que o sujeito pode suportar de angústia e isso nos põe à prova a todo instante. A angústia é como o sinal de que algo de Real do sujeito foi tocado. No caso do paciente com câncer, tomamos esse Real, sobretudo, no que ele concerne à confrontação com a morte. Em um trabalho de análise, submetendo-se como "ser para a morte" (Lacan, 1953/1998: 321), o paciente pode redimensionar sua relação com a vida.

Assim, diante de uma possível queda do sujeito, quando ele "perde o chão", com o sofrimento de um câncer, não está ao alcance do analista, é claro, impedi-la. Não é o analista que lhe dará um outro sentido ao câncer ou uma nova imagem de seu corpo. Somente o sujeito, através de um ato[2] singular, pode se deslocar do lugar onde se encontrava, passando pela experiência de ausência de completude, de morte, que, em psicanálise, podemos aproximar ao conceito de castração. Tal conceito indica que há uma impossibilidade de se fazer Um, de ser pleno, total, sem furo. O neurótico transforma essa impossibilidade em impotência (Silveira, 2009), por isso tenta, através do saber e entre uma

---

[2] Vide Lacan (1967-1968) e Costa-Moura & Silva (no prelo).

queixa e outra, chegar lá, na tão sonhada completude, como se ela, de fato, existisse.

O ato ético e não ideal do sujeito advém do se angustiar, do cair, do se enganar, bem como do recolhimento de suas consequências. Em outras palavras, o que está em questão é como cada sujeito cai da ilusão do Um dos seus ideais, do corpo que se acredita ter, da morte da qual se crê distante.

O significante câncer, lançado no mundo desde tempos tão remotos, nos constrange com o vazio, o do objeto *a*. Diante disso: ou se recua, respondendo de um lugar de preenchimento, de saber, de ideal, de tamponamento ou, com angústia, se atravessa. O psicanalista é aquele que se colocará ali, ao lado, na travessia, manejando a angústia, a cada vez, concernido na dimensão da perda.

Considerações finais

A psicanálise não tem uma solução a propor. Ela não é uma panaceia. Trata-se de uma convocação ao trabalho, a cada vez, para cada sujeito, em seu ato. Na clínica com pacientes com câncer, uma vez que a angústia é o afeto que não engana, pois como afeto não pode ser recalcado, trata-se do ato de extrair da angústia a certeza que ela comporta.

Certeza essa de que estamos diante de algo que não cessa de não se escrever: o Real, a impossibilidade de tudo dizer, saber ou imaginar. Quando todas as coordenadas são perdidas, quando se perde o chão, o não recuar diante de uma realidade de perda é poder advir em ato, sem o saber, sem o ideal, numa dimensão ética e singular. Lembramos brevemente aqui do caso de uma paciente com câncer, em processo de transplante de medula óssea, que sustentou o seu desejo de fazer uma prova da OAB (Ordem dos Advogados do Brasil) pela qual, se aprovada, poderia exercer a advocacia. Para além dos argumentos do tipo "Não fica angustiada, não", "Faz depois do tratamento", "Por que isso agora?", ela se lançou ao trabalho sem garantias, a não ser a de que estava indo ao encontro de seu desejo, que era o de tornar-se advogada. Ela teve um ponto de desejo ali, no qual pouco importava se era para durar uma hora, um ano ou dez. Diferentemente do caso da Manuela antes apresentado, esta paciente, que chamaremos ficticiamente por Teresa, não estava, naquele momento, presa ao significante câncer, identificada com ele. Ela não se resumia ao câncer. Havia algo do sujeito e seu desejo que vinha se apresentar naquele ponto. A equipe acolheu o seu ato, planejando o seu tratamento na consideração do dia do exame. Teresa foi aprovada, tornando-se advogada. Em torno de um ano depois, veio a falecer de complicações do transplante. Como lembrança, sua mãe presenteou a equipe com uma foto da paciente do dia de sua formatura em Direito.

Consideramos a angústia, por tudo apresentado, não como sintoma a ser tamponado, mas como um ponto em que o sujeito está em questão, com o intuito de escutar nele o que é do seu desejo nesse momento mesmo de sofrimento e horror. Não se trata de passar ao largo da angústia, fornecendo respostas mais acertadas, mais belas ou ideais às suas questões, mas, sim, de construir ali com o paciente, na forma e no lugar de onde ele consegue falar de seu percurso de ter essa doença, de alguma coisa que diz respeito a um Real, a uma contingência ali colocada para ele.

O ponto chave parece apontar para a possibilidade da separação da alienação do significante câncer ao significado morte – tendo em vista, inclusive, que só há vida amputada de algo, ou seja, uma vida vivida com a dimensão da morte, em que posição tomada, a cada vez, por um sujeito, surge de um ato. É ao se submeter à sua alienação de ser para a morte que o sujeito pode se descolar do aprisionamento do sentido de morte ao significante câncer e ao próprio significante câncer em si e ser representado por outros, tal como, no exemplo acima, o significante advogada era para paciente.

Concluindo, para todo sujeito neurótico, conforme visto, a angústia é o ponto médio entre o gozo e o desejo. A angústia é mediana e não mediadora entre o gozo e o desejo, uma vez que, só depois de superada a angústia, e fundamentado no tempo da angústia, que o desejo se constitui. Para tanto, opusemos a um ideal de resposta à angústia a ética do desejo, porque só se sai do registro do ideal pela ética. O câncer, no caso, está colocado para todos os pacientes, mas é o desejo que singulariza a resposta de cada um, a cada vez.

Referências bibliográficas

Coelho, F. R. G. (2003). O controle do câncer. In: *Bases da oncologia* (pp. 3-24). São Paulo: Editora Marina e Tecmed Editora.

Costa-Moura, F. (2006). Determinismo e responsabilidade: a dimensão objetal do sujeito. In: *A operação do significante: o nome, a imagem, o objeto* (pp. 177-192). Rio de Janeiro: Tempo Freudiano Associação Psicanalítica.

Costa-Moura, F. & Silva, M. E. de A. (no prelo). Função ética do real e advento do sujeito. In: Elia, L. & Manso de Barros, R. (orgs.). *Estrutura e psicanálise.* Rio de Janeiro: UERJ.

Fernandes, F. L. (2003). Sobre a negatividade no *Seminário A angústia.* In: *O seminário de Lacan: travessia. A angústia* (pp. 75-93). Rio de Janeiro: Tempo Freudiano Associação Psicanalítica.

Freud, S. (1914/2004). À guisa de introdução ao narcisismo. In: *Escritos sobre a psicologia do inconsciente,* v. I. Rio de Janeiro: Imago.

Freud, S. (1915/2004). O recalque. In: *Escritos sobre a psicologia do inconsciente,* v. I. Rio de Janeiro: Imago.

Freud, S. (1915/1996). Reflexões para os tempos de guerra e morte. In: *Obras completas, ESB, v.* XIV. Rio de Janeiro: Imago.

Freud, S. (1919/1996). O estranho. In: *Obras completas, ESB,* v. XVII. Rio de Janeiro: Imago.

Freud, S. (1920/1996). Além do princípio de prazer. In: *Obras completas, ESB,* v. XVIII. Rio de Janeiro: Imago.

Heidegger, M. (1988). *Ser e tempo* (Parte I). Petrópolis: Vozes.

Heidegger, M. (1989). *Ser e tempo* (Parte II). Petrópolis: Vozes.

Heidegger, M. (2001). *Seminários de Zollikon*. Petrópolis: Vozes.

Lacan, J. (1953/1998). Função e campo da fala e da linguagem em psicanálise. *Escritos*. Rio de Janeiro: Jorge Zahar.

Lacan, J. (1956/1998). O seminário sobre "A carta roubada". *Escritos*. Rio de Janeiro: Jorge Zahar.

Lacan, J. (1959-1960/1997). *O seminário, livro 7: a ética da psicanálise*. Rio de Janeiro: Jorge Zahar.

Lacan, J. (1962-1963/2005). *O seminário, livro 10: a angústia*. Rio de Janeiro: Jorge Zahar.

Lacan, J. (1964/2008). *O seminário, livro 11: os quatro conceitos fundamentais da psicanálise*. Rio de Janeiro: Jorge Zahar.

Lacan, J. (1967-1968). *O ato psicanalítico*. Seminário inédito.

Lacan, J. (1969-1970/1992). *O seminário, livro 17: o avesso da psicanálise*. Rio de Janeiro: Jorge Zahar.

Santos, J. L. G. (2009). Função do objeto e angústia. Dissertação de mestrado. Rio de Janeiro: UFRJ/IP. 144fls.

Schávelzon, J. (1992). Sobre a psicossomática e câncer. In: Mello Filho, J. (org.) *Psicossomática hoje* (pp. 215-226). Porto Alegre: Artes Médicas.

Silva, A. T. (2009). A transmissão da psicanálise na clínica psicanalítica. Dissertação de mestrado. Rio de Janeiro UFRJ/IP. 137fls.

Silveira, P. D. (2009). A impossibilidade e a impotência nos discursos. *Artigos eletrônicos do Tempo Freudiano*. Disponível em: <http://www.tempofreudiano.com.br/artigos/detalhe. asp?cod=4o>. Recuperado em 25 maio de 2009.

Cuidado e transmissão: premissas para uma responsabilidade ativa na vida

Marisa Schargel Maia*

Tudo que eu fiz na vida foi tentando não envergonhar a criança que um dia fui.

Saramago

Muito se tem falado e escrito sobre o cuidar. Do campo da saúde ao da educação, atravessando a política e a sociologia, cuidar é a palavra de ordem em um mundo que se "descuidou" ao longo de séculos. Essa afirmação acaba por ser paradoxal, afinal vivemos um momento de progresso sem igual em que as novas tecnologias e, mais especificamente, as biotecnologias no campo da medicina estampam um cenário de desenvolvimento jamais visto.

No campo da saúde, sobretudo no campo da saúde da mulher e da criança, a produção científica aborda o cuidar em diversos formatos. Essas reflexões englobam, no mais das vezes, uma outra: a humanização. É comum escutarmos: "é preciso humanizar o campo da saúde!". Isso

* Psicanalista. Doutora em Saúde Coletiva (UERJ). Professora e Coordenadora do curso de Pós-graduação (lato sensu): Atenção Integral à Saúde Materno-Infantil (Maternidade-Escola da Universidade Federal do Rio de Janeiro. Pesquisadora (ME/UFRJ). E-mail: msmaia@centroin.com.br.

sempre me soou estranho. Afinal, como é possível cuidar, clinicar sem humanizar? Por que hoje se reivindica humanização nos atendimentos em saúde? Aos poucos, compreendi que não é óbvio que clinicar esteja associado a cuidar, existindo, assim, formatos relacionais no interior do campo clínico que, submetidos a jogos de fascínio, poder e ao exercício da tirania, permeiam as relações de cuidado, podendo mesmo dificultar um determinado estado subjetivo que poderia favorecer os processos de cura. Ainda, se centrarmos a atenção na clínica psicanalítica, a atualidade nos traz bons motivos para associarmos à ética da escuta a ética do cuidado.

Foi a partir desse âmbito de questões, ou melhor, na tentativa, sempre fugidia, de entender qual o sentido que a palavra Cuidar adquire na experiência do eu no mundo que resolvi enfrentar alguns aspectos dessa questão.

Ressalto, ainda, que este escrito tem como referência uma tripla inserção de trabalho: o ofício diário em clínica psicanalítica, o trabalho com formação de adultos no curso de pós-graduação "Atenção Integral à Saúde Materno-Infantil" da UFRJ e a "Estratégia Brasileirinhas e Brasileirinhos saudáveis: primeiros passos para o desenvolvimento nacional", estratégia do Ministério da Saúde que tem por objetivo fortalecer o conjunto de esforços em todo o país para articulação, integração e implementação de ações voltadas para a primeira infância. É importante destacar o aspecto inovador da estratégia: um de seus pilares fundamentais é a importância do desenvolvimento emocional primitivo para a promoção da saúde somatopsíquica do futuro indivíduo (Winnicott, 1945/1988). Aqui, toma-se o pensamento winnicottiano, entre outros, como referência para estruturar uma base conceitual em que a provisão ambiental, o ambiente facilitador, é um ator fundamental para alavancar os processos positivos de subjetivação, intervindo na qualidade de vida individual e, consequentemente, coletiva[1].

---

[1] Para um aprofundamento sobre a Estratégia consultar: <http://www.saude.gov.br/bvs>. Título: O futuro hoje: Estratégia brasileirinhas e brasileirinhos saudáveis: primeiros passos para o desenvolvimento nacional.

Essas três referências estão intrinsecamente relacionadas, já que em primeiro plano e sustentando as duas últimas estão o estudo e a prática psicanalítica que trazem consigo possibilidades diferenciadas de compreensão de uma ética voltada para os processos singulares de subjetivação. Pensar a Ética do Cuidado a partir das contribuições teóricas da psicanálise é refletir sobre a experiência humana-de-existir-com-o-outro (Maia, 2010) que sustenta as diversas ações especificas de cuidar.

Desse modo, um desafio e muitas dúvidas estão postas: como se transmite o cuidar, tanto nas relações sociais como nas de ensino? Quais as relações que existem entre cuidar e humanizar? Por que é tão constante a reivindicação de que o Cuidado tome o centro de nossas atenções na contemporaneidade?

Sobre o cuidar e a construção de vínculos na atualidade

Episódio para reflexão:

Há uns seis anos, o suicídio de um adolescente, sobre o qual ainda hoje encontramos depoimentos e testemunhos na internet, comoveu enormemente nossa comunidade: o menino, à época com 16 anos, com claras dificuldades sociais, teve seu suicídio assistido pela e na rede[2]. Não vou me aprofundar nos detalhes desse triste episódio, mas meu foco aqui é sublinhar que, paralela e simultaneamente à banalização desta experiência - que entendo como uma radical impossibilidade de cuidar -, uma mocinha, que também mantinha uma conversação com o rapaz na rede, se deu conta do que estava acontecendo e entrou em contato com a Interpol, que por sua vez contatou a polícia federal que conseguiu chegar à casa do rapaz; infelizmente, era tarde e o menino havia morrido. Temos, aqui, um vasto campo de reflexão: há quem

[2] É preciso sublinhar que temos consciência do quanto é delicado tocar e trazer uma história de vida tão triste à tona novamente, mas sabemos que casos semelhantes se multiplicam, urgindo por reflexão. No contexto deste escrito, não nos interessam as questões singulares de um ou outro caso, mas sim revisitá-los como uma síntese de muitos outros acontecimentos semelhantes.

diga e culpe as tecnologias de comunicação pelo esgarçamento dos laços afetivos e das redes sociais. Arautos atentos insistem em alardear que o progresso tecnológico do mundo atual traz o enfraquecimento dos vínculos afetivos, a solidão e o isolamento das subjetividades. Nosso esforço nesta comunicação é desmistificar esse tipo de "manchete", discutindo mais profundamente alguns aspectos aqui implicados.

De imediato destacamos do fato acima duas formas de agir frente às ações do rapaz que anunciava o suicídio: de um lado, a distância anestesiada daqueles que assistiram e incitaram sua ação, em uma espécie de ausência total de responsabilização. De outro lado, temos a força potencial de vínculo da menina e, quem sabe, do vínculo entre eles - a rapidez como conseguiu intervir no acontecimento-; infelizmente, o tempo de sua ação não foi rápido o suficiente a ponto de impedir seu trágico desfecho, mas uma questão chama a atenção: o que determina que alguns se relacionem com o outro de forma anestesiada, distanciada e que outros se afetem, se impliquem e se responsabilizem pela experiência vivida?

Vejamos, mais detidamente, essas duas vertentes da experiência subjetiva.

Na primeira, há um afastamento, uma dificuldade de empatia e uma coisificação do outro. Sem dúvida, os sujeitos implicados foram protegidos pelo anonimato da rede, que abre espaço para que o desejo de não comprometimento com as ações e suas consequências se realize. Mas não é possível achar que a Internet inove nesse campo: na história do Homem, a crueldade e a ausência de alteridade que a sustenta acompanharam toda a Modernidade e suas conquistas (Sémelin, 2009).

Pode-se inferir que o rapaz assumiu o lugar de "bode expiatório" do grupo, aquele que vai expurgar a dor de todos, ou, ainda, que ele vai apresentar e sustentar o desejo de todos. Bem sabemos que o desejo de morte é frequente entre os adolescentes e que tem um lugar específico na construção de vida, sabe-se também que a angústia inerente a esse processo pode determinar "passagens ao ato" (Freud, 1914b/1976). Quando lidamos com adolescentes, podemos compreender o desejo de morte como desejo de transformação de vida, já que o adolescente "deixa" o mundo infantil para paulatinamente ascender a outro formato subjetivo mais próprio. No entanto, quando dificuldades aparecem, o campo de ideais e projeções que lançam o adolescente para o futuro pode desaparecer, restando apenas o desejo de sumir, desaparecer, ou, nas palavras de uma menina, "eu não queria morrer, só queria 'deletar'". A ideia, ou fantasia que se desdobra em um "projeto" suicida surge no turbilhão de intensidades que estão implicadas nas transformações subjetivas como uma tentativa de contenção da angústia; sublinhemos, porém, que a execução do "projeto" que se efetiva a partir da fantasia depende de agenciamentos sociais, das histórias particulares de vida.

Com certeza, havia em curso uma "vulnerabilidade psíquica" (Maia, 2010) do menino para que a ideia de suicídio fosse levada a termo. O desespero que advém de angústias existenciais profundas, "inomináveis", como descreveu Winnicott (1945/1988), é apaziguado pela ideia de suicídio que clama por um "projeto". No caso do rapaz, a internet forneceu o agenciamento social necessário para que ocorresse o deslize da fantasia para a realidade.

A morte do menino foi, aparentemente, compartilhada, acolhida pelo grupo, mas aqui surge outro ponto de discussão: o grupo compartilhava a experiência do rapaz? Poderíamos dizer que a turba grita, incita, mas não compartilha. Sem dúvida, a ação, sob o formato de anonimato, dos participantes deu ao rapaz a circunstância de vida necessária para sustentar seu projeto na atuação que provocou sua morte. O anonimato da rede e um suposto grupo, também anônimo, sem rosto, sem cheiro, deu "corpo" ao projeto e fez com que o rapaz atuasse o deslizamento. Poderíamos pensar essa desafetação através das categorias de Le Bon e Freud, em que as capacidades críticas individuais ficam rebaixadas quando se instaura um funcionamento psíquico de massa a partir de processos psíquicos primários de identificação com um líder (Freud, 1921). No entanto, embora esse caminho de reflexão seja possível, seria um equívoco caracterizar os grupos da rede segundo essas categorias. Impossível generalizar e afirmar que esses grupos se sustentam com um funcionamento psíquico de massa. Mas também é preciso esclarecer que a análise feita neste trabalho não pode ser estendida a qualquer grupo virtual, pois isso empobreceria a riqueza contida nas redes sociais virtuais e a formação de grupos a partir desse instrumento. Centremos então a questão: mesmo que tenha sido facilitado pelo formato de comunicação da Internet, há um aspecto do formato de subjetividade daqueles que "compartilharam" o suicídio do rapaz que desejamos destacar e trazer para a reflexão: a dificuldade de criar empatia[3] com a dor do adolescente.

Sobre a construção de vínculos e os processos de empatia

Desde Ferenczi (1929/1992) e Winnicott (1975), sabemos que para o sujeito adquirir a possibilidade de responsabilizar-se por sua vida, suas escolhas e suas condutas é necessário que tenha tido a experiência da "irresponsabilidade" dos primeiros anos da infância; de fruir o mundo lúdico imerso na ternura de um ambiente acolhedor que se responsabilize por suas necessidades e sustente seu crescimento. Esse sentimento de confiança no ambiente cuidador será a base para a construção do sentimento de responsabilidade por sua vida e por sua coletividade. Parece simples, mas a chegada de um bebê é um marco de grandes alterações subjetivas tanto para a mulher como para o homem. É natural que haja uma oscilação afetiva com a presença de sentimentos ambivalentes, já que, como em todos os momentos limites da vida, a perspectiva de mudança de um "mundo conhecido" para outro que não se pode esquadrinhar precisamente assusta. Afinal, ser mãe e ser pai é para a vida toda.

Quando tudo corre como o esperado, ou projetado, o nascimento de um bebê é uma festa e alimenta narcisicamente os pais que, apesar das dificuldades, se reorganizam para essa nova etapa de suas histórias de vida.

---

[3] Empatia: "forma de conhecimento intuitivo do outro, que repousa na capacidade de partilhar e mesmo de ter sentimentos pelo outro" (Chemama, 1995).

Na fantasia parental se trata de "sua majestade o bebê", nada faltará a esta criança: terá a infância para o divertimento, não ficará sujeita às necessidades básicas, nem mesmo às doenças, a renúncia ao prazer ou restrições à sua vontade própria - nada a atingirá. Mesmo as leis da natureza e da sociedade serão contornadas em seu favor. Veio ao mundo para concretizar sonhos queridos que não foram possíveis aos pais. No limite, é o desejo de imortalidade dos pais que se encontra projetado no filho durante o processo de "narcisação", desejo já há muito recalcado diante da inexorável transitoriedade da vida e em prol da civilização (Freud, 1914a/1976). O amor parental, fantasioso e infantil advém do reencontro dos pais com seu narcisismo projetado. Porém por que os pais necessitariam reviver este processo? Segundo Freud, é preciso uma dose de ilusão para dar tempo ao bebê, ou à criança, para se adaptar progressivamente aos interditos culturais (Freud, 1914a/1976).

Em condições normais, a mãe é o primeiro mundo ambiente do bebê, seu primeiro objeto de amor; será a partir desta relação que ele se constituirá como sujeito. É através do olhar materno que ele construirá sua imagem própria, através de seu toque definirá seu contorno e territórios corporais passíveis de apreensão futura, será imantado afetivamente, adquirindo o prazer de ser querido dentro de uma comunidade de humanos. A modulação da voz materna, suas alegrias, irritações, tristezas e raivas trarão as primeiras marcas relacionais da subjetividade; é deste solo, árido ou fértil, que advirá a pessoa singular.

Em situações positivas, em um primeiro momento o bebê vive uma unidade com sua mãe, aqui a dependência é absoluta (Winnicott, 1945/1988). A partir das pesquisas de Stern, entendemos que não se trata de simbiose: mesmo que o bebê ainda não tenha uma unidade psicossomática, conta com diversos sensos de agência (Stern, 1992). Neste processo originário, o bebê estabelece com o meio uma interação ativa regida por um *senso de eu emergente*, constituindo-se como a mais primária forma de inserção do eu na cultura. Aqui não se trata de um eu circunscrito por um aparato psíquico estruturado, mas Stern atribui a esse momento emergente uma disponibilidade para interação, na qual o "eu" em formação apresenta uma intencionalidade. Um *senso de eu* com capacidade de intenção e discriminação, conferindo ao bebê a capacidade de responsividade, ou seja, ele é capaz de responder aos estímulos afetivos e cognitivos de seu mundo ambiente[4]. O que está em jogo são as "preferências" do bebê em relação às sensações que procura, às percepções que forma. A emergência deste *senso de eu* se dá por uma estranha coexistência da experiência do processo e do produto da organização. "O bebê entre 0 e 2 meses de vida pode experimentar o processo da organização emergente assim como o resultado" (Stern, 1992: 40). O *senso de eu emergente* é anterior à experiência de unidade corporal, a qual já é atribuída a um *senso de eu nuclear* (que sucede o emergente).

Ao cotejar a pesquisa de Stern com a teoria de Winnicott, conclui-se que, apesar de os bebês ainda não conhecerem a unidade corporal, pois esta se encontra em estado de emergência, também não experimentam estados de dispersão, desorganização ou simbiose; ao contrário, o que é predominante é o processo de organização de várias experiências isoladas que antecipam a vivência interativa de experiências cognitivas e afetivas.

Ao abordar a experiência da díade sob o ângulo materno, encontramos a *preocupação materna primária*, estado psíquico específico - começa no final da gravidez, continuando por algumas semanas depois do nascimento - em que a mulher desenvolve sensibilidade e percepção aguçadas sobre as necessidades do bebê; esse mecanismo psíquico materno contribui para que o bebê não experimente uma sensação de desamparo. Se a mãe puder viver a *preocupação materna primária*, ela será capaz de se identificar com o filho e suprir com sucesso suas necessidades básicas, permitindo sua marcha rumo à subjetivação sem que tenha que lidar com intensidades pulsionais excessivas, além de suas capacidades subjetivas (Winnicott, 1956/1988). Na continuidade deste processo, a mãe se desprende progressivamente da adaptação ao bebê e entra em um tipo de relacionamento *suficientemente bom*: introduz, aos poucos, a falha que

---

[4] No contexto deste escrito, é impossível reproduzir a série de experiências que levaram o autor às suas conclusões; indicamos seu livro para um aprofundamento: *O mundo interpessoal do bebê*, 1992.

traz consigo uma quantidade de frustração à experiência do bebê. De n maneiras ela lhe diz que ele já pode e deve esperar. É preciso traumatizar, afinal o bebê precisa crescer e saber que a vida não será fácil. Ao longo de sua teoria, Winnicott relaciona, hegemonicamente, o conceito de trauma à falha patológica do ambiente, mas em alguns trabalhos lhe confere o sentido de motor da subjetividade. Existe um aspecto normal do trauma, afirma Winnicott, "a mãe está sempre 'traumatizando', dentro de um arcabouço de adaptação, e, desse modo, o bebê passa da dependência absoluta para a dependência relativa" (Winnicott, 1965/1994: 114). Certamente, o resultado desse processo em nada se parece com os efeitos patológicos do trauma, já que a mãe tem a "capacidade de sentir" a possibilidade de adaptação de seu bebê.

Também para os pais não é um processo fácil: viveram o desejo narcísico de que a seu filho nada faltasse, mas terão que ceder. Com o desfecho desse percurso, o bebê viverá um processo de desilusão pela certeza de que depende de outro para sobreviver, se dará conta do desamparado que o espreita e passará a temer a perda de seus cuidadores. Feliz o bebê que pode viver esse processo sem interrupções abruptas em seu mundo ambiente (Winnicott, 1945/1988). Ao desenvolver um narcisismo primário sólido, base para sua trajetória de vida, o sujeito protege sua fragilidade psíquica, lhe dá "chão" e contorno (Freud, 1914a/1976).

Esses sujeitos que, a partir do cuidado ambiental, puderam ser cuidados em seu desamparo originário, podendo assim deslocar-se do *narcisismo primário* e desenvolver laços afetivos sociais que acolham sua fragilidade, são pessoas que poderão *correr riscos* na vida, mas raramente se sentirão *em risco, ou seja,* não se sentirão psiquicamente vulneráveis, pois têm introjetadas[5] essas primeiras experiências relacionais, esse primeiro mundo ambiente que lhes deu um sentido de vida aberto regido por um sentimento básico de confiança.

---

[5] Para um aprofundamento do conceito de "Introjeção" ver: Ferenczi, 1909, "Transferência e introjeção".

A possibilidade adulta de estabelecer vínculos empáticos se sustenta nesse bailado da primeira infância. É por essa razão que seria superficial responsabilizar a Internet pelo esgarçamento e pelo enfraquecimento da competência subjetiva para a empatia. Sem aderirmos a uma teoria específica, tomamos aqui o conceito de empatia como a possibilidade de manter uma relação alteritária, em que o outro é um outro que sente igual, de carne e osso, com quem nos identificamos. Neste ponto, nossa reflexão se radicaliza: é impossível ignorar que o anestesiamento à dor do outro acompanha o Homem por toda sua história moderna. "Hospedar" o outro como outro igual não é um dado biológico: os inúmeros genocídios do Século XX demonstram como nossa cultura civilizada inclui o extermínio em massa (Sémelin, 2009). O esforço implícito na Ética do Cuidado é justamente fazer barragem aos tão comuns agenciamentos sociais e pessoais destrutivos.

Cultura e formação de vínculos

É preciso insistir: por que os adolescentes não puderam estabelecer um vínculo empático? Cyrulnik sublinha que: "a empatia mais afastada do corpo, mais abstrata é aquela que, a partir de um pedacinho de realidade, consegue imaginar as representações de um outro" (Cyrulnik, 2009: 107). A partir do que acabei de esboçar, percebemos que é preciso um longo caminho até que a criança adquira o sentimento de reciprocidade, a capacidade de entendimento e compartilhamento de um sentimento ou representação. Esse "sentir com" o outro (Ferenczi, 1928b/1992), essa aptidão empática adquirida ao longo do desenvolvimento infantil não é um dado biológico; é claro que nossa espécie tem essa possibilidade virtual que faz parte da herança genética, mas será a partir de uma série complementar que associa os aspectos biológicos, psíquicos, ambientais e genéticos que poderemos desenvolver essa aptidão que abre espaço para a preocupação e para a responsabilidade ativa na vida. É importante sublinhar, com Cyrulnik, que "um potencial genético é constantemente modelado pelas pressões do meio sensorial, afetivo e até cultural" (Cyrulnik, 2009: 111). Essa proeza intelectual, afirma o autor, "depende tanto do desenvolvimento neurológico como das pressões do meio que cerca a criança. Se uma única conexão falhar, toda a *performance* será alterada" (Cyrulnik, 2009: 109).

As crianças que, por qualquer motivo, contam com uma provisão ambiental empobrecida terão dificuldade de ascender a esse estágio do desenvolvimento relativo ao sentir com o outro, o qual é base para as relações de reciprocidade. Desse longo processo de subjetivação advém o estilo relacional do adolescente ou adulto. No entanto, essa aquisição depende, além do ambiente familiar mais próximo, também do ambiente coletivo – da cultura e seus fundamentos; dos formatos de subjetividade hegemônicos incentivados e difundidos como ideais culturais de subjetividade, os quais são construídos de diferentes modos ao longo dos tempos. A transmissão cultural é constante e nos antecede. Isso inclui o lugar que os pais ocupam dentro da cultura, a provisão ambiental com que contaram e contam para dar sustentação ao bebê que chega: ninguém pode oferecer aquilo que não tem; por vezes até pode, mas isso não é o que ocorre com maior frequência.

Em um trabalho clássico, chamado *A violência da interpretação: do pictograma ao enunciado*, a psicanalista Aulagnier (1979) aborda profundamente a relação de base que dá sustentação cultural aos projetos e histórias de vida singulares. De acordo com Aulagnier, existe uma espécie de "contrato" que precisa ser selado entre os sujeitos e a cultura: o "contrato narcisista"[6]. Trata-se de um processo em que o sujeito encontra, no social, um suporte para uma parte de sua libido narcísica capaz de auxiliá-lo a ingressar na rede social através de laços identificatórios que extrapolam seu núcleo familiar mais próximo. O "contrato narcisista" se dá no processo de estruturação psíquica individual, estando vinculado ao campo da cultura.

As relações familiares estão sempre marcadas pela vinculação do casal parental com o social. O discurso cultural predefinirá o lugar que

---

[6] Enfatizamos que este trabalho foi publicado em 1979, não se referindo ao tão proclamado narcisismo contemporâneo. Aqui, a escolha do termo narcisista é conceituado para dialogar com o conceito freudiano de narcisismo primário (1914).

o infante ocupará futuramente no meio - um discurso de antecipação -, na expectativa de que através dele se transmita seu modelo. Fica assim assegurado ao sujeito um lugar social que extrapola o meio familiar, facilitando-lhe o processo de afastamento de seus cuidadores mais próximos, garantindo-lhe um suporte identificatório no social. Para Aulagnier, todo grupo social definirá *enunciados de fundamento* ou o *fundamento dos enunciados*. Esses enunciados podem ser de natureza mítica, sagrada ou científica, seu formato será definido a partir da cultura em causa. O importante é ressaltar que estes definem, para o grupo social, a "realidade do mundo, a razão de ser do grupo, a origem de seus modelos" (Aulagnier, 1979: 147), funcionando para a cultura como uma infraestrutura. A engrenagem de funcionamento que existe entre as instituições sociais e o universo linguístico parental só entra em movimento se os enunciados adquirirem função de fundamento, permitindo assim um diálogo entre os dois campos da experiência subjetiva, que fará mover-se a Cultura. O enunciado dos fundamentos abre espaço para a configuração de um meio ideal onde o sujeito pode se projetar no lugar de um sujeito ideal. Mas note-se: o sujeito ideal não se identifica nem com o *ego ideal*, nem com *ideal de ego*[7]: "ele se refere ao sujeito do grupo, isto é, à ideia (termo aqui mais legítimo que o de imagem) de si mesmo que o sujeito pede ao grupo como conceito que o designa como um elemento pertencente a um todo que o reconhece como uma parte homogênea a ele" (Aulagnier, 1979: 150).

Insisto no nosso problema, por que só a menina foi ao socorro do rapaz? Por que os outros jovens não puderam, como a menina fez, se implicar com a ação do outro que ali padecia? Por que a aptidão à empatia anda tão prejudicada em nossa cultura? Por que não puderam se responsabilizar? Será que todos esses adolescentes eram psiquicamente doentes? Talvez se constituíssem com uma plateia que, anestesiada, aplaudia o espetáculo, e neste caso a reflexão muda de rumo: o episódio deveria ser lido como um produto, um refugo de nossa cultura. Se tivermos resistência em aceitar que esses adolescentes eram psiquica-

---

[7] Para um aprofundamento das categorias ego ideal e ideal de ego ver: Laplanche & Pontalis, Vocabulário de psicanálise, 1983.

mente adoecidos, então, é preciso perguntar: qual é a implicação da cultura nesse acontecimento?

Minha hipótese é que, menos que um grupo submetido a um rebaixamento crítico devido a um processo hipnótico grupal, o que está em jogo no episódio do adolescente é uma manifestação macabra da lógica que sustenta nossa cultura, lógica que regeu toda a Modernidade e suas conquistas, lógica regida pelo domínio e pela submissão das diferenças, pela qual o humano padece sem o reconhecimento de suas sensibilidades. Tecendo uma longa e profunda análise de nossa cultura, Plastino afirma que em nosso cenário atual "os sentimentos de desamparo e vulnerabilidade tornam-se dominantes, exprimindo as consequências da hegemonia de formas de organização das relações sociais alicerçadas em uma concepção individualista na qual o 'outro' é considerado como competidor, quando não como um rival ou mesmo um inimigo" (Plastino, 2009: 54).

Em nosso caso, a morte de outro adolescente que não seja o próprio pode trazer uma sensação temporária de alívio diante da ameaça do próprio extermínio.

Refletindo a partir do que nos trouxe Aulagnier, podemos nos perguntar qual o lugar de sujeito social que nossa cultura prescreve para os jovens em crescimento. Cada vez mais cedo se exclui do mundo infantil sua dimensão lúdica: a lógica do brincar compartilhado é substituída pela lógica individualista da competição, do controle; cedo, bem cedo as crianças apreendem que não se pode fraquejar nos jogos competitivos, essa é a *síntese* da vida proposta pela cultura na atualidade, e o risco é de aniquilamento: se alguém tem que morrer que não seja eu. Tenho ouvido de jovens mães frases referidas a crianças de um, dois anos: "eu disse para ele não fazer, se fez, o problema é dele". A individualidade chegou à primeiríssima infância...

A ética do cuidado tem sido clamada em diversos campos por fazer resistência à lógica do domínio e da coisificação do outro. A vida como Cuidado não é um dado *a priori*, depende de uma transmissão que se dá em diversos níveis que se interligam formando a trama cultural e civilizatória. Em um nível microssocial temos as pessoas singulares com seus núcleos familiares que possibilitam a recepção ao pequeno infante: essa recepção não se dá sem cuidado; em outro nível, dando suporte aos projetos individuais, é preciso que haja uma rede social mais ampla, sustentando um lugar de sujeito social que possa acolher os projetos individuais. É a responsabilização como psicanalistas que nos faz associar a Ética da escuta à Ética do Cuidado. É a clínica como termômetro da cultura que nos leva a fazer esse deslocamento. Cabe lembrar que ética diz respeito a éthos, que significa morada, conjunto de hábitos e êthos sintetiza uma disposição de alma, disponibilidade de espírito. A compreensão da Ética a partir dos significados de êthos e éthos implica em tomar o Cuidado, a partir de uma inspiração heidegeriana, como experiência do ser no mundo em relação com outros; o ser é sempre em relação, não existe sozinho (Costa, 2009). Pensar o Cuidado em sua dimensão ontológica significa tomar a vida coletiva não como um invasor à espreita, mas como hóspede de si próprio.

Referências bibliográficas

Aulagnier, P. (1979). *A violência da interpretação: do pictograma ao enunciado*. Rio de Janeiro: Imago.

Chemama, R. (1995). *Dicionário de psicanálise Larousse*. Porto Alegre: Artes Médicas.

Costa, A. (2009). A fábula de Higino em *Ser e tempo*: das relações entre cuidado, mortalidade e angústia. In: Maia, S. M. (org.). *Por uma ética do cuidado* (pp. 29-51). Rio de Janeiro: Garamond/FAPERJ.

Cyrulnik, B. (2004). *Os patinhos feios*. São Paulo: Martins Fontes.

Cyrulnik, B. (2009). *De corpo e alma: a conquista do bem-estar*. São Paulo: Martins Fontes.

Debord, G. (1997). *A sociedade do espetáculo*. Rio de Janeiro: Contraponto.

Ferenczi, S. (1909). Transferência e introjeção. *Obras completas*, v. I. São Paulo: Martins Fontes.

Ferenczi, S. (1928a [1927]). A adaptação da família à criança. *Obras completas*, v. IV. São Paulo: Martins Fontes.

Ferenczi, S. (1928b). Elasticidade da técnica psicanalítica. *Obras completas*, v. IV. São Paulo: Martins Fontes.

Ferenczi, S. (1929). A criança mal acolhida e sua pulsão de morte. *Obras completas*, v. IV. São Paulo: Martins Fontes.

Freud, S. (1914a/1976). Sobre o narcisismo: uma introdução. *Edição standard brasileira das obras psicológicas completas de Sigmund Freud*, v. XIV. Rio de Janeiro: Imago.

Freud, S. (1914b/1976). Recordar, repetir e elaborar. *Edição standard brasileira das obras psicológicas completas de Sigmund Freud*, v. XII. Rio de Janeiro: Imago.

Freud, S. (1921/1976). Psicologia de grupo e a análise do ego. *Edição standard brasileira das obras psicológicas completas de Sigmund Freud*, v. XVIII. Rio de Janeiro: Imago.

Laplanche, J. & Pontalis, J. B. (1983). *Vocabulário de psicanálise*. São Paulo: Livraria Martins Fontes.

Maia, S. M. (2004). *Extremos da alma: dor e trauma na atualidade e clínica psicanalítica*. Rio de Janeiro: Garamond/FAPERJ.

Maia, S. M. (2009). Crianças do porão: descuido, violência psíquica e cuidado. In: Maia, S. M. (org.). *Por uma ética do cuidado* (pp. 357-378). Rio de Janeiro: Garamond/FAPERJ.

Maia, S. M. (2010). Processos de subjetivação, cuidado e vulnerabilidade psíquica. *Revista de psicoterapia da infância e da adolescência, XIX*(19), 7-20.

Plastino, C. A. (2009). A dimensão constitutiva do cuidar. In: Maia, S. M. (org.). *Por uma ética do cuidado* (pp. 51-87). Rio de Janeiro: Garamond/FAPERJ.

Sémelin, J. (2009). *Purificar e destruir: usos políticos dos massacres e dos genocídios*. Rio de Janeiro: DIFEL.

Stern, D. (1992). *O mundo interpessoal do bebê*. Porto Alegre: Artes Médicas.

Winnicott, D. (1945/1988). O desenvolvimento emocional primitivo. In: Winnicott, D. *Da pediatria à psicanálise*. Rio de Janeiro: Livraria Francisco Alves.

Winnicott, D. (1956/1988). Preocupação materna primária. In: Winnicott, D. *Da pediatria à psicanálise*. Rio de Janeiro: Francisco Alves.

Winnicott, D. (1965/1994). O conceito de trauma em relação ao desenvolvimento do indivíduo dentro da família. In: Winnicott, D. *Explorações psicanalíticas*. Porto Alegre: Artmed.

Winnicott, D. (1969/1994). A experiência mãe-bebê de mutualidade. In: Winnicott, D. *Explorações psicanalíticas*. Porto Alegre: Artmed.

Winnicott, D. (1975). *O brincar e a realidade*. Rio de Janeiro: Imago.

Winnicott, D. (2002). *Privação e delinquência*. São Paulo: Martins Fontes.

O frenesi teórico sobre o sujeito do capitalismo tardio[1]

Raul Albino Pacheco Filho*

Ainda que a vocação proeminente e inquestionável da Psicanálise seja o contexto clínico em que se originou, ela nunca se furtou a pronunciar-se sobre aspectos e eventos relativos à sociedade e à cultura, desde o trabalho pioneiro de Freud. Isso perpassa quase toda a obra freudiana, ainda que talvez se possa observar uma intensificação progressiva, à medida que ela evolui: tanto na quantidade dos textos, quanto na densidade e profundidade das reflexões. Aí estão "Totem e tabu" (1913/1980), "Psicologia de grupo e a análise do ego" (1921/1980), "O futuro de uma ilusão" (1927/1980), "O mal-estar na civilização" (1930/1980), "Por que a guerra?" (1933/1980) e "Moisés e o monoteísmo" (1939/1980), entre os mais importantes, para nos lembrar que a relevância e a qualidade do pensamento freudiano dedicado às questões sociais não podem ser subestimadas.

---

* Psicanalista. Professor Titular da Faculdade de Ciências Humanas e da Saúde da Pontifícia Universidade Católica de São Paulo (PUC-SP), Graduação e Pós-Graduação. Coordenação do Núcleo de Pesquisa Psicanálise e Sociedade (PUC-SP). Membro da Escola de Psicanálise dos Fóruns do Campo Lacaniano (EPFCL – Brasil) e da Internacional dos Fóruns do Campo Lacaniano (Fórum de São Paulo). E-mail: raulpachecofilho@uol.com.br.

[1] Uma versão bastante reduzida do conteúdo deste artigo foi apresentada no I Congresso Latino-Americano de Psicanálise na Universidade "A Clínica do Mal-Estar", realizado de 29 a 31 de agosto de 2011, na Universidade do Estado do Rio de Janeiro (UERJ), sob patrocínio da UERJ e da Universidade de Buenos Aires (UBA).

Legitimados pelo fundador do seu campo, muitos psicanalistas têm se animado a trazer novas contribuições. Sabemos que aí se inclui Lacan e, ainda que se possa conferir merecido destaque ao Seminário 17 *O avesso da psicanálise* (1969-1970/1992), pela contribuição da teoria dos discursos ao entendimento do laço social, é inegável que as reflexões que articulam o sujeito ao social fazem-se presentes ao longo de todo o seu percurso. E não se poderia mesmo esperar algo diferente de um pensador que desde a primeira fase de sua obra concebe a subversão psicanalítica do sujeito a partir das ideias de "inconsciente como discurso do Outro" e "desejo como desejo do Outro", representando-o topologicamente por meio de modelos em que não é possível distinguir-se interior de exterior (como é o caso da banda de Möebius)[2].

A importância que tem para a Psicanálise a articulação do sujeito ao social pode ser dimensionada na frase de Freud encontrada no primeiro parágrafo de "Psicologia de grupo": "apenas raramente e sob certas condições excepcionais a psicologia individual se acha em posição de desprezar as relações desse indivíduo com os outros" (1921/1980: 91). Isso não implica que a maior parte da reflexão psicanalítica se dedique a investigar aspectos *específicos* dos laços sociais em sociedades e culturas *determinadas*. Pelo contrário, em grande parte das vezes o pensamento da Psicanálise volta-se para teorizar um sujeito *genérico* (o sujeito humano) em suas relações com a estrutura *trans-histórica* da Linguagem. Para raciocinarmos a partir de um exemplo bem conhecido, basta lembrarmos as formalizações teóricas do Seminário 11 *Os quatro conceitos fundamentais da Psicanálise* (1964/1985) sobre as operações de alienação e separação, em sua relação com a constituição do sujeito no campo do Outro. Aqui o pensamento de Lacan remete à relação do ser humano genérico com o campo do Simbólico, o Outro, em suas articulações com o Imaginário e o Real, e não à elucidação de aspectos espe-

---

[2] É claro que cabe aqui um alerta contra simplificações da obra de Lacan que distorcem a essência do seu pensamento, já que, como nos lembra Ogilvie, o que Lacan descobriu no confronto entre Biologia e Clínica é a "descontinuidade radical que separa a cultura da função subjetiva. [...] Natureza, cultura, subjetividade: é pensando a negatividade que as une sob a forma de sua separação que se confere ao psiquismo uma dimensão própria" (Ogilvie, 1987/1991: 97).

cíficos encontrados em uma sociedade particular. A alienação de que se trata aqui é estrutural e não se confunde com a alienação histórica do capitalismo, teorizada por Marx, do mesmo modo que o "mais-de--gozar" não se confunde com a "mais-valia". Cito Lacan no Seminário 16 *De um Outro ao outro* (1968-1969/2008: 39): "Não é pelo fato de o trabalho implicar a renúncia ao gozo que toda renúncia ao gozo só se faz pelo trabalho".

Mas os psicanalistas também têm trazido suas contribuições para se pensar os laços sociais em sociedades específicas, como o fez Lacan, por exemplo, com suas reflexões sobre o que, em certas ocasiões, chamou o "discurso do capitalista": "Não se esperou, para ver isso, que o discurso do mestre tivesse se desenvolvido plenamente para mostrar sua clave no discurso do capitalista, em sua curiosa copulação com a ciência" (Lacan, 1969-1970/1992: 103). E foi em uma conferência realizada na cidade de Milão, em 12 de maio de 1972 (Lacan, 1972/1978), que ele colocou na lousa uma fórmula para representar esse discurso[3]:

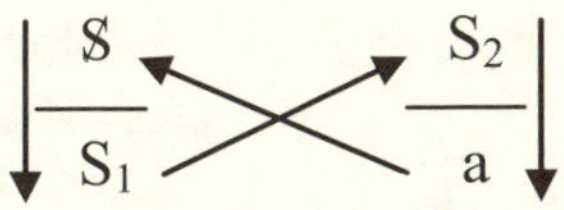

Desde então, muitos outros psicanalistas ou pensadores inspirados na Psicanálise têm trazido reflexões a respeito das transformações que se observariam, da época de Freud até nossos dias, nos sujeitos da sociedade ocidental capitalista e nos laços sociais estabelecidos entre eles. E o que vou tomar como foco de atenção crítica aqui é um conjunto determinado de formulações a esse respeito, que incidem no mesmo erro comum de pretenderem delimitar um ponto de ruptura a partir do qual teria emergido um *novo sujeito*. Novo sujeito que poria em xe-

[3] Passo ao largo das controvérsias sobre se o "discurso do capitalista" seria ou não um quinto discurso, por entender que isso não modifica substancialmente os argumentos aqui apresentados, dada a distinção que se deve estabelecer entre alienação histórica e alienação estrutural do sujeito e a diferença entre *sujeito* e *subjetividade*, comentadas adiante no texto. Uma visão geral dessa querela pode ser encontrada nos textos a seguir: Bruno et al., 1991/1997; Chemama, 1991/1997; Soueix, 1991/1997 e Goldemberg (1991/1997). Braunstein (2010) também traz uma opinião sobre o assunto.

que as formulações teóricas e conceituais desenvolvidas para a compreensão do sujeito de períodos históricos precedentes, ou, no mínimo, exigiria uma utilização radicalmente distinta dos conceitos e proposições anteriormente empregados. Refiro-me a concepções como "queda do simbólico", "declínio da função paterna", "sujeito pós-moderno", "perversão generalizada", "condição pós-humana" e "substituição de um supereu repressivo por um supereu que convoca ao gozo".

Não é minha intenção oferecer uma crítica aprofundada de cada uma destas formulações, nem os argumentos que se poderia arrolar para cada uma delas em particular. Fiz isso de forma algo breve, mas minimamente suficiente, em um artigo no primeiro número de *A Peste: Revista de Psicanálise e Sociedade e Filosofia* – A praga do capitalismo e a peste da Psicanálise (Pacheco Filho, 2009), em relação à proposição de um pretenso (mas falso) declínio da função paterna. Remeto a ele os que se interessarem em conhecer minha crítica a esse respeito. E remeto ao livro *Lacan y las ciencias sociales: la declinación del padre* (Zafiropoulos, 2002) os que quiserem conhecer as evidências importantes e aprofundadas que o autor traz para se rejeitar a pretensão de se buscar apoio, na obra de Lacan, para as ideias de declínio da função paterna, de desaparecimento do recalque e de perda da relevância dos processos de simbolização. Remeto, finalmente, a Askofaré (2006) os que quiserem conhecer sua crítica sobre a noção de "perversão generalizada".

O que eu pretendo apontar neste texto são as consequências negativas, para o campo da Psicanálise, da já mencionada estratégia explicativa comum a todo o conjunto dessas formulações postas em foco. Ou seja, a de elas recorrerem à concepção de um sujeito inédito na cena histórica, que teria emergido no capitalismo tardio ou capitalismo de consumo: sujeito este para o qual não mais teriam vigência as concepções psicanalíticas anteriormente formuladas por Freud, ou por um suposto "primeiro Lacan" (ao qual se oporia um suposto "segundo" ou "terceiro"), ou por outros pensadores da Psicanálise anteriores ao período de surgimento deste sujeito. É este o elemento comum subjacente a todas as formulações referidas: a preferência por se conjecturar uma modificação na estrutura do sujeito, em lugar de se enfatizarem as transformações discursivas (no laço social) que surgiram nas novas circunstâncias históricas.

O primeiro âmbito em que quero inserir minhas considerações é o epistemológico. Para isto buscarei apoio nos adversários do Positivismo, que questionam a ideia de um desenvolvimento linear, gradualmente progressivo e contínuo das investigações e realizações científicas e privilegiam uma concepção de corte epistemológico, revolução e ruptura[4]. Refiro-me a pensadores como Koyré, Bachelard e Kuhn, lembrando que Koyré foi uma referência essencial tanto para Lacan[5] quanto para Kuhn[6]:

> As principais obras de Koyré são seus estudos de história da filosofia e história da ciência, bem como suas pesquisas sobre a estrutura das teorias científicas modernas. Koyré contribuiu para o desenvolvimento da ideia de estrutura epistemológica e paradigma epistemológico, que depois alcançou grande ressonância na obra de Thomas Kuhn, que reconheceu a influência de Koyré sobre seus trabalhos de história e de filosofia da ciência. Essa mesma ideia, ao lado da noção de "corte epistemológico", que encontramos, em diversas formas e graus de desenvolvimento, em autores como Gaston Bachelard e Michel Foucault, teve abertos os caminhos de seu desenvolvimento nos detalhados estudo históricos - sobre Galileu, a "revolução astronômica" etc. - realizados por Koyré (Ferrater-Mora, 1994/2004, v. 3: 1657).

São autores que, além do mais, contestam a separação radical entre fato e teoria: "O empirismo não conduz a parte alguma" (Koyré, 1966/1982: 77); "Longe de se oporem uma à outra, a experiência e a teoria são ligadas e mutuamente interdeterminadas" (Koyré, 1966/1982: 77). Ou ainda, como diz Hanson,

---

[4] Ruptura epistemológica: expressão introduzida por Bachelard para evidenciar que a história da ciência não avança de modo continuísta, ou seja, de maneira unilinear e cumulativa, mas segundo saltos e fraturas, através de verdadeiras revoluções teóricas, que anulam ou retificam radicalmente (pensemos em Galileu, Darwin, Einstein etc.) os quadros conceituais precedentes (Abbagnano, 1998/2007: 394).

[5] Em "A ciência e a verdade", Lacan afirmou: "Koyré é nosso guia aqui" (1966a/1998: 870).

[6] Em *A tensão essencial*, Kuhn disse "Koyré tem sido meu *maître*" (1977/2011: 46).

> observações e interpretações são inseparáveis – não apenas no sentido de que *nunca* se manifestam separadamente, mas no sentido de que é inconcebível manifestar-se qualquer das partes sem a outra. [...] Separar a urdidura do tecido destrói o produto; separar a pintura da tela destrói o quadro; separar matéria e forma numa estátua torna-a ininteligível. Assim também, separar os sinais-de-apreensão-de-sensações da apreciação-do-significado desses sinais destruiria o que entendemos por *observação científica*... A concepção de observação proposta pelos neopositivistas – por meio da qual o registro de dados sensórios e nossas elaborações intelectuais relativas a eles se mantêm apartados – é um golpe analítico equivalente ao de um açougueiro lógico (Hanson, 1967/1975: 127-128).

Vamos lembrar a incorreção, apontada por Kuhn, da abordagem dos campos científicos que dão ênfase quase exclusiva à "obra individual": "Tentei enfatizar, ao contrário, que, embora a ciência seja feita por indivíduos, o conhecimento científico é intrinsecamente produto de um *grupo*" (Kuhn,1977/2011: 21). A própria eficácia peculiar dos empreendimentos científicos e a maneira como eles se desenvolvem não podem ser compreendidos "se não houver referência à natureza especial dos grupos que o produzem [grupos que produzem o conhecimento científico]" (Kuhn, 1977/2011: 21). E o aspecto importante a registrar é o fato de que o campo de uma nova disciplina científica sempre se constitui a partir de uma ruptura com a ordem científica anterior (um corte epistemológico), em que surgem novos *compromissos de investigação* adotados pela comunidade do campo. Resumi da seguinte forma, em outro lugar, a concepção kuhniana de revolução científica:

> As *revoluções científicas* consistiriam nesses episódios extraordinários, em que investigadores extraordinários conduziriam a comunidade da disciplina a um novo conjunto de *compromissos de investigação*, que subverteriam a tradição de pesquisa da área ditada pelo paradigma anteriormente vigente. Eles implicariam transformações radicais, tanto da concepção do universo em estudo e dos objetos de pesquisa, quanto das regras que ditam a prática científica na disciplina (Pacheco Filho, 2000: 242).

Incluídos entre estes "compromissos de investigação" compartilhados pela comunidade de um campo científico, implicados pela instalação de um paradigma, encontraríamos: a) o que se refere às entidades fundamentais que compõem o seu universo de estudos; b) o modo pelo qual elas interagem umas com as outras; c) as questões, a respeito destas entidades, que constituem problemas legítimos e relevantes a serem investigados; e d) os métodos pelos quais elas podem ser investigadas.

É pensando a este respeito, no caso específico da Psicanálise, que quero lembrar a proposição de Althusser de que Freud pôde oferecer à Psicanálise a estrutura de uma verdadeira ciência, ao delinear de modo adequado e consistente: "*a definição de seu objeto*, de seus limites e de sua extensão, a caracterização de suas condições, de suas formas de existência e de seus efeitos, a formulação das exigências que se devem cumprir para compreendê-lo e atuar sobre ele" (Althusser, 1976/1985: 76; grifos meus). Proposição à qual deveríamos alinhar a seguinte afirmação de Lacan no Seminário 11 *Os quatro conceitos fundamentais da psicanálise*: "Assim, para autorizar à psicanálise chamar-se uma ciência, exigiremos um pouco mais. O que especifica uma ciência é ter um *objeto*. Podemos sustentar que uma ciência é especificada por um *objeto definido*, pelo menos por um certo nível de operação, reprodutível, que chamamos experiência" (1964/1985: 15; grifos meus).

E, se estamos falando do *objeto de estudo* da Psicanálise, parece-me fora de dúvida que isso implica em se considerar a sua descoberta do inconsciente, a subversão do sujeito que ela implica e o gozo. "O que temos a salientar aqui é que pretendemos trilhar a posição científica, analisar de que modo ela já está implicada no que há de mais íntimo na descoberta psicanalítica. Essa reforma do sujeito, que é aqui inauguradora, deve ser relacionada com a que se produz no princípio da ciência" (Lacan, 1966b/1998: 234).

Mas lembremos que, em se tratando da Psicanálise, "o sujeito está, se nos permitem dizê-lo, em uma exclusão interna a seu objeto" (Lacan, 1966a/1998: 875). Esse objeto, o objeto *a*, "deve ser inserido, já o sabemos, na divisão do sujeito pela qual se estrutura, muito especialmente, e foi disso que hoje tornamos a partir, o campo psicanalítico" (Lacan, 1966a/1998: 877-878). E, em meados dos anos 1960, Lacan já tinha como absolutamente claro que, para a Psicanálise, a teoria do objeto *a* era necessária "para uma integração correta da função, no tocante ao saber e ao sujeito, da verdade como causa" (Lacan, 1966a/1998: 890).

Como lembra Chatelard (2005: 186), "o brilho do objeto sob sua face agalmática brilha e dá corpo à vacuidade do sujeito", sustentando a fantasia e lhe fornecendo a sua armação. E sabemos como as formulações sobre o sujeito, assim como as a respeito do objeto, passaram por uma progressão teórica substancial ao longo da obra lacaniana, embora sempre convergindo para uma direção consistente e unívoca, cada vez melhor posta em relevo. No caso do objeto, foi preciso passar primeiramente pela versão do objeto agalmático, em seguida "pelo objeto dejeto, até chegar *ao objeto sem ideia* introduzido por Lacan na última parte de seu ensino" (Chatelard, 2005: 87; grifos do original).

Se concordarmos com Lacan, nenhuma confusão é possível: "a investigação de Freud não nos introduziu a casos mais ou menos curiosos de uma segunda personalidade" (1958a/1998: 528). Empregando suas próprias palavras - "Wo Es war, soll Ich werden" (Freud, 1933/1999: 86) - traduzidas por Lacan: "Lá onde isso foi, ali devo advir" (1958a/1998: 528). Para Lacan, o que a experiência freudiana atesta é que o sujeito humano é habitado por um desejo inconsciente, que pode ser encontrado numa estrutura do sujeito enquanto falante (Ogilvie, 1987/1991: 130) e cujo entendimento sempre requer que se considerem os três componentes da tríade RSI (real, simbólico e imaginário). Em se tratando de Psicanálise, seu objeto compreende necessariamente o sujeito do inconsciente, sua fantasia e seu gozo; o que inclui, obviamente, o objeto *a*.

Não vou entrar aqui na questão das convergências ou divergências que se poderiam divisar entre as concepções de Freud e Lacan, ou na discussão sobre se Freud é ou não "Pai" de Lacan[7], ou ainda sobre se

[7] No sentido em que Althusser (1976/1985) disse que Freud e Marx são "filhos sem pai", em virtude da "solidão teórica" em que se encontraram, por não poderem contar com "pais teóricos" que lhes oferecessem conceitos para poderem exprimir as descobertas extraordinárias com que se depararam em suas práticas.

Lacan subverte ou não as concepções freudianas. Escrevi sobre isso em "Freud e Lacan: filiação ou subversão?" (Pacheco Filho, 2008). Também não entrarei na discussão sobre se Lacan mudou ou não, mais para o final do seu ensino, sua posição a respeito da articulação entre Psicanálise e Ciência[8]. Embora esta seja uma discussão relevante, não é o meu foco neste trabalho. Para o que desenvolvo aqui, basta-me considerar que houve um período em que Lacan manifestou-se positivamente sobre esta articulação.

O importante para o argumento que desenvolvo aqui é considerar que, uma vez estabelecidos e consolidados os "compromissos de investigação" que inauguraram o novo campo, em seu corte epistemológico, eles aí passam a guiar todo o trabalho de pesquisa: seja ele teórico, ou de investigação e sistematização dos fatos relevantes. Como diz Koyré (1953/1982: 272): "[...] uma pura coleção de dados da observação e da experiência não constitui uma ciência. Os 'fatos' têm de ser ordenados, interpretados, explicados. Em outras palavras, só quando é submetido a um tratamento teórico é que o conhecimento dos fatos se torna uma ciência".

Ou, como diz Kuhn, "os chamados fatos demonstraram jamais ser meros fatos, independentes das crenças e teorias existentes" (1991/2006: 136). E os conceitos de sujeito e de objeto (aí implicados o inconsciente, o desejo, a falta e o gozo) parecem-me ser o aspecto principal da radical subversão trazida pela Psicanálise: sua subversão, sua "peste", como diz Lacan no próprio título de um dos capítulos dos *Escritos*: "Do sujeito enfim em questão" (1966b/1998: 229).

---

[8] Lacan iniciou a aula de 15 de novembro de 1977 do Seminário 25, *O momento de concluir*, afirmando: "O que tenho a dizer é que a psicanálise deve ser levada a sério embora não seja uma ciência. O problema, como Karl Popper mostrou com insistência, é que ela não é absolutamente uma ciência porque é irrefutável. É uma prática, uma prática que durará o que durar. É uma prática de tagarelice" (1977-1978/2000) ["Ce que J'ai à vous dire, je vais vous le dire, c'est que 1a psychanalyse est à prendre au sérieux, bien que ça ne soit pas une science. C'est même pas une science du tout. Parce que l'ennuyeux, comme l'a montré surabondamment un nommé Karl Popper, c'est que ce n'est pas une science parce que c'est irréfutable. C'est une pratique. C'est une pratique qui durera ce qu'elle durera, c'est une pratique de bavardage". (1977-1978)]. Lembro que a concepção de ciência de Popper foi criticada por Kuhn.

Também não pode ser considerado casual que a sua escolha para o título de suas contribuições aos "Colóquios Filosóficos Internacionais" de Royaumont, em 1960, tenha sido "Subversão do sujeito e dialética do desejo no inconsciente freudiano". Este sujeito e seu objeto constituem as *marcas essenciais* da Psicanálise. São eles que delimitam suas fronteiras e a distinguem de outras abordagens do ser humano. "A Psicanálise, o que ela nos ensina: [...] no inconsciente, que é menos profundo do que inacessível para o aprofundamento consciente, isso fala: *um sujeito no sujeito* [...]" (1957/1966: 438; grifos meus).

Daí minha crítica às formulações que buscam elucidar os acontecimentos da sociedade contemporânea a partir da postulação de um *novo sujeito*. Elas se furtam a uma das atividades de importância destacada na investigação científica em um campo consolidado, que é a busca de se encontrar articulações entre a teoria e fatos novos a ela ainda não subsumidos sem a modificação dos seus fundamentos principais. Pois, quando "um paradigma que foi desenvolvido para um determinado conjunto de problemas é ambíguo na sua aplicação a outros fenômenos estreitamente relacionados" (Kuhn, 1962/1998: 50), desencadeia-se uma atividade dos investigadores do campo destinada a encontrar modos de integrar os novos fenômenos ao universo dos eventos que encontram sua explicação no âmbito do paradigma. Apenas para tomarmos um exemplo conhecido por todos, considere-se a maneira pela qual Lacan subsumiu a psicose à teoria psicanalítica, por meio da *Verwerfung* freudiana, possibilitando à Psicanálise "não mais recuar diante da psicose" em sua prática clínica. É "[...] no fracasso da metáfora que apontamos a falha que confere à psicose sua condição essencial, com a estrutura que a separa da neurose" (Lacan, 1958a/1998: 582). Solução, esta, encontrada por Lacan para dar conta do fato de que "meio século de freudismo aplicado à psicose deixa[va] seu problema ainda por repensar, ou, em outros termos, no *statu quo ante*" (Lacan, 1958a/1998: 537). Kuhn chamou a isto de atividade de resolução de "enigmas de pesquisa" ou "quebra-cabeças".

> Determinação de fatos significativos, harmonização dos fatos com a teoria e articulação da teoria [...] a maioria esmagadora dos problemas que ocupam os melhores cientistas coincidem com uma das três categorias delineadas acima. O trabalho orientado por um paradigma só pode ser conduzido dessa maneira. Abandonar o paradigma é deixar de praticar a ciência que este define (Kuhn, 1962/1998: 55).

Não é que o abandono de paradigmas seja uma situação inteiramente ausente da história do conhecimento científico: "tais deserções realmente ocorrem" (Kuhn, 1962/1998: 55). Porém aqui estamos no âmbito das circunstâncias, muito mais raras, constituídas pelas grandes "revoluções científicas". E, ao menos em 1957, Lacan não pretendia afastar-se do paradigma freudiano:

> Deixaremos neste ponto, por ora, essa questão preliminar a todo tratamento possível das psicoses, que introduz, como vemos, a concepção a ser formada do manejo, nesse tratamento, da transferência.
>
> Dizer o que podemos fazer nesse terreno seria prematuro, porque seria ir, agora, "para-além de Freud", e não se trata de superar Freud quando a psicanálise segundo Freud, como dissemos, voltou à etapa anterior.
>
> Pelo menos, é isso que nos afasta de qualquer outro objetivo senão o de restaurar o acesso à experiência que Freud descobriu.
>
> Pois usar a técnica que ele instituiu fora da experiência a que ela se aplica é tão estúpido quanto esfalfar-se nos remos quando o barco está encalhado na areia (Lacan, 1957/1998: 590).

É neste ponto que eu quero realçar os problemas derivados do abandono precipitado dos fundamentos principais do arcabouço psicanalítico como via explicativa para os novos acontecimentos da sociedade contemporânea. Tendo ou não consciência do fato, quem segue este caminho arroga-se a pretensão de revolucionar o campo da Psicanálise. A proposição de novas bases conceituais ("novo sujeito") para explicar os fenômenos do capitalismo tardio, em substituição à busca de resolução dos "enigmas de pesquisa" ou "quebra-cabeças" que eles constituem para a já consolidada concepção de sujeito da Psicanálise, esconde um perigo importante para o campo, ainda que pareça uma alternativa mais cômoda e fácil, em sua aparente "novidade". Refiro-me à fragmentação do campo: um problema recorrente que há muito merece ser objeto de maior atenção dos psicanalistas interessados em que seu campo não se dissolva por pulverização. E para isto é essencial um maior cuidado com o eixo conceitual central, a um só tempo teórico, metodológico e epistemológico, que aglutina a comunidade psicanalítica.

A proliferação indiscriminada de conceitos centrais não é indício de criatividade teórica ou originalidade das ideias. Pelo contrário, ela mimetiza a lógica do "discurso capitalista" em sua substituição frenética de mercadorias/marcas/modelos, de modo a tamponar a "falta". Serve-se o semblante de totalização da "falta" por meio da troca acelerada e irrefletida dos fundamentos teóricos e conceituais, como modo de se tentar lidar com a impossibilidade de totalização do saber. Uma nova marca, um novo modelo, um novo "paradigma" (no sentido kuhniano) por mês talvez caracterize a estratégia de *marketing* que se dissimula por trás do argumento de que nenhum campo do saber é absoluto e completo: proposição correta em seu conteúdo, mas falsa na pretensão de embasar o referido *modus operandi* como solução. E não se alegue em seu favor a flexibilização que o último Lacan oferece às diferenças conceituais entre as estruturas, com o seu questionamento à prerrogativa do Nome-do-Pai na amarração dos três registros, pois isto não desaconselha a desarticulação com a primeira parte de sua obra. Lacan nunca fez isto com Freud: não desconsiderou nem mesmo o "Projeto para uma psicologia científica" (1895/1980), como se pode constatar, por exemplo, no *Seminário 7* (Lacan, 1959-1960/2008).

O segundo âmbito de minhas considerações é o político. Além do já citado emprego da lógica do discurso capitalista, a estratégia explicativa, que se propõe apoiar-se essencialmente na formulação do surgimento de um "novo sujeito", em lugar de apoiar-se na investigação das transformações no laço social do capitalismo tardio, implica ainda o prejuízo de se subestimar a importância apontada por Marx das relações de produção e do aspecto econômico.

> O que é a sociedade, qualquer que seja a sua forma? O produto da ação recíproca dos homens. Os homens podem escolher, livremente, esta ou aquela forma social? Nada disso. A um determinado estágio de desenvolvimento das faculdades produtivas dos homens corresponde determinada forma de comércio e de consumo. A determinadas fases de desenvolvimento da produção, do comércio e do consumo correspondem determinadas formas de constituição social, determinada organização da família, das ordens ou das classes; numa palavra, uma determinada sociedade civil. A uma determinada sociedade civil corresponde um determinado estado político, que não é mais que a expressão oficial da sociedade civil. [...] É supérfluo acrescentar que os homens não são livres para escolher as suas *forças produtivas* - base de toda a sua história -, pois toda força produtiva é uma força adquirida, produto de uma atividade anterior. Portanto, as forças produtivas são o resultado da energia prática dos homens, mas essa mesma energia é circunscrita pelas condições em que os homens se acham colocados pelas forças produtivas já adquiridas pela forma social anterior, que não foi criada por eles e é produto da geração precedente. O simples fato de cada geração posterior deparar-se com forças produtivas adquiridas pela geração precedente [...] cria na história dos homens uma conexão, cria uma história da humanidade [...][9] (Marx, 1846/2009: 245, citado por Paulo Netto, 2011: 34).

É verdade que uma versão reducionista e simplificada do pensamento marxiano, pretendendo alocar na infraestrutura econômica os únicos fatores causais relevantes para a compreensão do capitalismo, subestima a importância do *imaginário* e do *simbólico* no entendimento da sideração que a ideologia provoca nos sujeitos. Mas o acento em um dos polos não aconselha a negligência do outro, como quando "a ciência burguesa suprimiu os nexos íntimos, essenciais, entre a economia e a política, e a subordinação ontológica da segunda à primeira" (Tonet, 2010:16), com o pretexto de "defender a autonomia dos diversos momentos do ser social e de evitar o economicismo" (Tonet, 2010:16). Mesmo porque a estratégia explicativa de Marx "não se restringe às relações econômicas [...]. Ao analisar o capitalismo, Marx

[9] Grifos do próprio Marx.

apanha os fenômenos como fenômenos sociais totais" (Ianni, 1992: 7), tanto em seus aspectos econômicos quanto políticos e ideológicos[10].

Sem excluir os determinantes históricos, econômicos e ideológicos, considere-se agora que cabe acrescentar, ainda, ao entendimento da vida social e das relações entre os seres humanos, aquilo que remete às *relações do sujeito com a estrutura da linguagem* e o que isso implica a respeito do seu *gozo*. Pois as determinações históricas - aí incluído o que diz respeito à infraestrutura e à superestrutura - não esgotam o assunto:

> Vocês estariam errados em acreditar que a relação do homem com o objeto de sua produção, quanto a seu móvel primordial, esteja completamente elucidada, e até mesmo em Marx, que a esse respeito levou as coisas bem adiante (Lacan, 1959-1960/2008: 270).
>
> O problema dos bens se coloca no interior do que é a estrutura, se devemos acreditar nos linguistas (Lacan, 1959-1960/2008: 272).
>
> [...] há no início outra coisa além de seu valor de uso - há sua utilização de gozo (Lacan, 1959-1960/2008: 273).

Mas há ainda mais! Não se pode esquecer, além de todo o anterior, os discursos que estruturam os laços sociais, que a Psicanálise permitiu esclarecer. Sim, porque, como mostra Lacan no *Seminário 17* (Lacan, 1969-1970/1992) e em outros pontos de sua obra, os discursos são aparelhos ordenadores do gozo. E aqui cabe compreender que mais-valia e fetichismo da mercadoria remetem às formas particulares em que o mais-de-gozar, os discursos de mestria e a fetichização das relações entre os sujeitos se estruturam *em um momento definido da História*.

> O que Marx denuncia na mais-valia é a espoliação do gozo. No entanto, essa mais-valia é o memorial do mais-de-gozar, é o seu equivalen-

---

[10] Defendendo o pensamento de Marx e o seu próprio da acusação de reducionismo economicista, Engels observou que a tese sustentada por eles era de que a produção e a reprodução da vida real apenas em última instância determinavam a história: "Se alguém o tergiversa, fazendo do fator econômico o *único* determinante, converte esta tese numa frase vazia, abstrata, absurda" (Marx e Engels, citados por Paulo Netto, 2011: 14). Como disse Lukács (1923/2003: 14), "é o ponto de vista da totalidade e não a predominância das causas econômicas na explicação da história que distingue de forma decisiva o marxismo da ciência burguesa".

> te do mais-de-gozar. A sociedade de consumidores adquire seu sentido quando ao elemento, entre aspas, que se qualifica de humano se dá o equivalente homogêneo de um mais-de-gozar qualquer, que é o produto de nossa indústria, um mais-de-gozar - para dizer de uma vez - forjado (Lacan, 1969-1970/1992: 76).

Aquilo a que Lacan se refere quando menciona o discurso do capitalismo - independentemente das controvérsias sobre se constitui um quinto discurso ou uma versão modificada de algum dos outros quatro - mostra a forma histórica particular em que, em nossa época, se exerce a mestria do discurso: capitalista e operário são as versões contemporâneas do Senhor e do Escravo. E a fetichização das relações entre os objetos (fetichismo da mercadoria) constitui a forma contemporânea pela qual se exercem as relações de dominação entre os sujeitos.

Substituir todo o anterior pela concepção do surgimento de um "novo sujeito" incorre no equívoco de se tentar subsumir a alienação histórica na alienação estrutural do sujeito, quando, de fato, trata-se de fatores interconectados que não se subsumem um no outro e que também não são mutuamente excludentes. Como diz Lacan, "não vejo bem em que a referência estrutural desconheceria a dimensão da história" (Lacan, 1968-1969/2008: 36). Analisando essa questão, Askofaré esclarece a diferença entre *sujeito* - um conceito lacaniano bem definido, em que prevalecem "sua determinação e sua definição a partir da estrutura da linguagem e das operações trans-históricas que ela impõe" (Askofaré, 2009: 165) - e *subjetividade*, um termo empregado por Lacan apenas em algumas ocasiões[11], mas que permite pôr em relevo um tema essencial:

> No presente artigo, nós nos ativemos a reanimar uma outra perspectiva, aquela da subjetividade histórica, sustentada sobre as categorias de discurso e de saber, que indica em que a articulação do sujeito e do laço social requer a colocação em jogo de figuras da subjetividade - distinta da estrutura do sujeito - relativas aos tipos de saberes histórica e culturalmente determinados (Askofaré, 2009: 165).

---

[11] Veja-se, por exemplo, Lacan (1953/1998: 322).

A confusão entre as duas coisas implica em um problema a mais, que se agrega ao já discutido problema de abandono dos fundamentos essenciais do campo da Psicanálise. As desatenções às determinações históricas e às formas discursivas de regulação do gozo do sujeito desconsideram o capitalismo como forma histórica de sociedade, colocando fora do escopo de discussão as possibilidades de sua superação. A menção à forma histórica capitalista é substituída pela oposição entre *sujeito moderno* e *sujeito pós-moderno*, ou pelas formulações sobre a "perversão generalizada" dos sujeitos, ou ainda pelos distúrbios que o "declínio do Pai" ou a "queda do simbólico" teriam operado sobre os sujeitos. E estas formulações servem ao recobrimento e à dissimulação do *conflito*[12] entre as classes e os grupos sociais.

Esta via só pode conduzir à bifurcação que deixa como únicas alternativas: a) de um lado, a glamorização de uma certa crítica inócua e sem consequências, que se satisfaz em descrever e lamentar os acontecimentos, sem apontar um caminho de transformação social (atitude de um certo "relaxa e goza", pois não há o que fazer); b) de outro, ainda pior, uma certa indignação moralista combinada com uma nostalgia reacionária, que reclama a volta do "Pai" poderoso e prepotente, que seria capaz de utilizar sua mão forte e sua lei isenta de ambiguidades na restauração da ordem e das certezas[13]. Será este o caminho que resolverá os problemas do capitalismo tardio?

No já mencionado artigo para *A Peste: Revista de Psicanálise e Sociedade e Filosofia* (Pacheco Filho, 2009), argumentei que a crítica de Lacan ao capitalismo está adiante do que seria um ponto de vista meramente *moral*. Fiz isto a partir da análise de como o valor de troca, ao surgir na cena histórica, constituiu algo da ordem de uma fixação/padronização/homogeneização do "valor-desejo" dos objetos para os sujeitos

---

[12] *Conflito*: ideia que sempre ocupou um lugar de preeminência e centralidade nos pensamentos de Freud, Marx e Lacan, seja na compreensão da estrutura e funcionamento do *sujeito*, da *sociedade*, ou dos *contextos de produção e circulação dos saberes*.

[13] Digamos, um comtismo ou durkheimianismo temperado com um autoritarismo, que impusesse uma ortopedia dos sujeitos restauradora dos "limites" perdidos devido a uma socialização e uma educação demasiadamente complacentes.

do capitalismo. E sugeri que, em decorrência da disparada dessa padronização de "valores-desejo" pelos objetos do mundo, produziu-se uma aceleração sem precedentes históricos da tendência totalitária à alienação existente em todo laço social. Perigo tanto maior quanto o próprio sujeito, reduzido a mera "encarnação do trabalho assalariado", torne-se igualmente "um objeto com 'valor-desejo' quantificado e padronizado" (Pacheco Filho, 2009: 160). Uso as palavras de Lacan para afirmar que o problema central do capitalismo contemporâneo, menos que o isolamento entre os sujeitos, é a "assimilação cada vez mais horizontal" do "ideal individualista": "[...] numa civilização em que o ideal individualista foi alçado a um grau de afirmação até então desconhecido, os indivíduos descobrem-se tendendo para um estado em que pensam, sentem, fazem e amam exatamente as mesmas coisas nas mesmas horas, em porções do espaço estreitamente equivalentes" (Lacan, 1950/1998: 146).

A massificação e o consumo alienado, com tudo o mais que daí se deriva - segregação, violência, desemprego crônico, despolitização etc. - são o que constitui o verdadeiro problema. E isto em nada independe da estrutura econômica, muito menos da estrutura discursiva a ela articulada: "o discurso está ligado aos interesses do sujeito. É o que na ocasião Marx chamou de economia, porque esses interesses são, na sociedade capitalista, inteiramente mercantis" (Lacan, 1969-1970/1992: 86).

Conviria agora perguntarmo-nos sobre o porquê do prestígio atualmente desfrutado por proposições explicativas dos acontecimentos sociais que subestimam os aspectos da estrutura econômica e das estruturas discursivas. Proposições que, além disso, "jogam fora" o conceito de *sujeito do inconsciente*, consolidado no campo da Psicanálise, ao substituí-lo por um "novo sujeito pós-moderno" que estaria imerso no gozo e na "perversão generalizada", decorrentes de supostos "declínio da função paterna" e "queda do simbólico".

Adiantando-me um pouco sobre uma análise que ainda necessita ser feita, eu aponto apenas um ponto que provavelmente deva estar nela incluído. Refiro-me aos fatos que, segundo Perry Anderson

(1983/2004), responderam por um declínio do prestígio do Materialismo Histórico, como teoria crítica, na França - e, por extensão de sua influência na Itália e na Espanha -, a partir dos anos 1970.

É evidente que poderíamos conduzir esta discussão no plano do debate sobre a ideologia, estendendo e aprofundando as mencionadas críticas sobre a bifurcação de alternativas politicamente inócuas a que as formulações sobre o *novo sujeito* conduzem. Alternativas que têm como função colmatar fissuras produzidas pela insatisfação com o modo de vida sob o capitalismo contemporâneo, na medida em que, ao mesmo tempo que possibilitam a circulação de críticas que nomeiam essa insatisfação, revestem-se de um certo *glamour* ao parecer deslocar seu propositor para longe de uma posição de cumplicidade com o *establishment*; porém sem tocar na questão das ações políticas realmente efetivas que poderiam produzir transformações no *status quo*.

Contudo, limitarmo-nos a isto nos encerraria em uma espécie de circularidade tautológica autoexplicativa de que a ausência de reação à ideologia capitalista é explicada pelo seu efeito ideológico: posição, além do mais, niilista, se encerrada nela mesma. A necessidade de combinar uma explicação que explore as *causas externas* ao campo dos saberes com uma explicação que busque "a história *interna* da teoria, medindo sua vitalidade enquanto programa de pesquisa governado pela busca da verdade [...] é o que separa o marxismo de qualquer variante do pragmatismo ou do relativismo" (Anderson, 1983/2004: 168; grifos meus). Em relação a isto Anderson chama a atenção para o que sempre constituiu, segundo ele, não um "ponto de incerteza local ou marginal na teoria marxista", mas sim "um dos problemas centrais e fundamentais do materialismo histórico, enquanto explicação do desenvolvimento da civilização humana" (Anderson, 1983/2004: 168): essencialmente, sua dificuldade no que concerne à concepção da natureza das *relações entre estrutura e sujeito*, na história e sociedade humanas. Sem pretender adensar aqui as complexas análises sobre o assunto que ele oferece, registro apenas a conclusão de que estrutura e sujeito têm sido sempre categorias interdependentes na história dos embates entre Marxismo e Estruturalismo. E "um ataque indiscriminado ao sujeito estava fadado, em seu devido tempo, a subverter também a estrutura" (Anderson, 1983/2004: 188). Isso foi que conduziu, em consequência, a formulações e teorizações sobre uma "subjetividade finalmente desenfreada". Quem sabe se a retomada de uma interlocução entre Psicanálise e Marxismo mais assídua, rigorosa e profícua, especialmente a partir das concepções lacanianas sobre o sujeito e sobre os discursos como formas do laço social, não poderá trazer nova luz sobre estes problemas e atender ao alerta de Adorno (citado por Anderson, 1983/2004: 188, nota 42)?: "A objetividade da verdade realmente requer o sujeito. Uma vez separada do sujeito, ela se torna vítima da pura subjetividade".

Referências bibliográficas

Abbagnano, N. (1998/2007). *Dicionário de filosofia.* 5. ed. São Paulo: Martins Fontes.

Althusser, L. (1964-1965/1985). Freud e Lacan. In: *Freud e Lacan. Marx e Freud.* 2ª ed. (pp. 45-71). Rio de Janeiro: Graal.

Althusser, L. (1976/1985). Marx e Freud. In: *Freud e Lacan. Marx e Freud.* 2ª ed. (pp. 73-92). Rio de Janeiro: Graal.

Anderson, P. (1983/2004). Nas trilhas do materialismo histórico. In: Anderson, P. *Considerações sobre o marxismo ocidental; nas trilhas do materialismo histórico* (pp. 141-239). São Paulo: Boitempo.

Askofaré, S. (2006). *La perversion généralizée.* Disponível no site da Equipe de Recherche Cliniques en Psychanalyse e Psychopathologie da Université de Toulouse Le Mirail: < http://w3.erc.univ-tlse2.fr/pdf/La_perversion_generalisee.pdf>. Recuperado em 23 maio 2010.

Askfaré, S. (2009). Da subjetividade contemporânea. *A Peste: Revista de Psicanálise e Sociedade e Filosofia,* São Paulo, *1*(1), 165-175, jan./jun. 2009.

Braunstein, N. (2010). O discurso capitalista: quinto discurso? O discurso dos mercados (PST): sexto discurso? *A Peste: Revista de Psicanálise e Sociedade e Filosofia,* São Paulo, *2*(1), jan./jun. 2009.

Bruno, P. (1991/1997) Discussão geral. In: Goldenberg, R. (org.) *Goza!: capitalismo, globalização e psicanálise* (pp. 269-288). Salvador: Ágalma.

Chatelard, D. S. (2005). *Conceito de objeto na psicanálise: do fenômeno à escrita.* Brasília: Univ. Brasília.

Chemama, R. (1991/1997). Um sujeito para o objeto. In: Goldenberg, R. (org.). *Goza!: capitalismo, globalização e psicanálise* (pp. 23-39). Salvador: Ágalma.

Goldenberg, R. (1991/1997). Prefácio: consumidores consumidos. In: Goldenberg, R. (org.). *Goza!: capitalismo, globalização e psicanálise* (pp. 9-19). Salvador: Ágalma.

Ferrater-Mora, J. (1994/2004). *Dicionário de filosofia.* 2. ed. São Paulo: Loyola.

Freud, S. ([1985]/1980). Projeto para uma psicologia científica. *Edição standard brasileira das obras psicológicas completas,* v. I. Rio de Janeiro: Imago.

Freud, S. (1913/1980). Totem e tabu. *Edição standard brasileira das obras psicológicas completas,* v. XIII. Rio de Janeiro: Imago.

Freud, S. (1921/1980). Psicologia de grupo e a análise do ego. *Edição standard brasileira das obras psicológicas completas,* v. XVIII. Rio de Janeiro: Imago.

Freud, S. (1927/1980). O futuro de uma ilusão. *Edição standard brasileira das obras psicológicas completas,* v. XXI. Rio de Janeiro: Imago.

Freud, S. (1930/1980). O mal-estar na civilização. *Edição standard brasileira das obras psicológicas completas,* v. XXI. Rio de Janeiro: Imago.

Freud, S. (1933/1980). Por que a guerra? *Edição standard brasileira das obras psicológicas completas,* v. XXII. Rio de Janeiro: Imago.

Freud, S. (1933/1999). Neue Folge der Vorlesungen zur Einführung in die Psychoanalyse. *Gesammelte Werke,* v. XV. Frankfurt: Fischer.

Freud, S. (1939/1980). Moisés e o monoteísmo. *Edição standard brasileira das obras psicológicas completas,* v. XXIII. Rio de Janeiro: Imago.

Hanson, N. R. (1967/1975). Observação e interpretação. In: Morgenbesser, S. (org.). *Filosofia da ciência.* 2. ed. (pp. 127-138). São Paulo: Universidade de São Paulo.

Ianni, O. (1992). Introdução. In: Marx, K. *Marx* (pp. 7-42). São Paulo: Ática.

Koyré, A. (1966/1982). *Estudos de história do pensamento científico*. Rio de Janeiro: Forense Universitária.

Koyré, A. (1953/1982). Uma experiência de medida. In: Koyré, A. *Estudos de história do pensamento científico* (pp. 271-300). Rio de Janeiro: Forense Universitária.

Kuhn, T. S. (1962/1998). *A estrutura das revoluções científicas*. 5. ed. São Paulo: Perspectiva.

Kuhn, T. S. (1977/2011). *A tensão essencial*. São Paulo: UNESP.

Kuhn, T. S. (1991/2006). *O caminho desde "A estrutura"*. São Paulo: UNESP.

Lacan, J. (1950/1998). Introdução teórica às funções da psicanálise em criminologia. *Escritos*. Rio de Janeiro: Jorge Zahar.

Lacan, J. (1953/1998). Função e campo da fala e da linguagem em psicanálise. *Escritos*. Rio de Janeiro: Jorge Zahar.

Lacan, J. (1957/1998). A psicanálise e seu ensino. *Escritos*. Rio de Janeiro: Jorge Zahar.

Lacan, J. (1958a/1998). A instância da letra no inconsciente ou a razão desde Freud. *Escritos*. Rio de Janeiro: Jorge Zahar.

Lacan, J. (1958b/1998). De uma questão preliminar a todo tratamento possível da psicose. *Escritos*. Rio de Janeiro: Jorge Zahar.

Lacan, J. (1959-1960/2008). *O seminário, livro 7: a ética da psicanálise*. 2. ed. Rio de Janeiro: Jorge Zahar.

Lacan, J. (1960/1998). Subversão do sujeito e dialética do desejo no inconsciente freudiano. *Escritos*. Rio de Janeiro: Jorge Zahar.

Lacan, J. (1964/1985). *O seminário, livro 11: os quatro conceitos fundamentais da psicanálise*. 3. ed.. Rio de Janeiro: Jorge Zahar.

Lacan, J. (1966a/1998). A ciência e a verdade. *Escritos*. Rio de Janeiro: Jorge Zahar.

Lacan, J. (1966b/1998). Do sujeito enfim em questão. *Escritos*. Rio de Janeiro: Jorge Zahar.

Lacan, J. (1968-1969/2008). *O seminário, livro 16: de um Outro ao outro*. Rio de Janeiro: Jorge Zahar.

Lacan, J. (1969-1970/1992). *O seminário, livro 17: o avesso da psicanálise*. Rio de Janeiro: Jorge Zahar.

Lacan, J. (1972/1978). Conferencia en la Universidad de Milán del 12 de mayo de 1972. In: *Lacan in Italia (1953-1978)* (pp. 32-55). Roma: La Salamandra.

Lacan, J. (1977-1978). *Le séminaire, livre 25: Le moment de conclure*. Disponível em: <http://gaogoa.free.fr/Seminaires_pdf/25-le%20moment%20de%20conclure/XXV-01-LMC15111977.pdf>. Recuperado em 30 set. 2011.

Lacan, J. (1977-1978/2000). *O seminário, livro 25: o momento de concluir*. Texto estabelecido e traduzido por Jairo Gerbase. Disponível em: <http://www.campopsicanalitico.com.br/biblioteca/a_tagarelice.pdf>. Recuperado em 30 set. 2011.

Lukács, G. (1923/2003). *História e consciência de classe*. São Paulo: Martins Fontes.

Marx, K. (1846/2009). *Miséria da filosofia (Carta a P. V. Annenkov)*. São Paulo: Expressão Popular.

Ogilvie, B. (1987/1991). *Lacan: a formação do conceito de sujeito*. 2ª ed. Rio de Janeiro: Jorge Zahar.

Pacheco Filho, R. A. (2000). O método de Freud para produzir conhecimento: revolução na investigação dos fenômenos psíquicos? In: Pacheco Filho, R. A.; Coelho Junior, N. C. & Rosa, M. D. (orgs.) *Ciência, pesquisa, representação e realidade em psicanálise* (pp. 235-270). São Paulo: Casa do Psicólogo.

Pacheco Filho, R. A. (2008). Freud e Lacan: filiação ou subversão? In: Safatle, V. & Manzi, R. (orgs.). *A filosofia após Freud* (pp. 363-379). São Paulo: Humanitas.

Pacheco Filho, R. A. (jan./jun. 2009). A praga do capitalismo e a peste da psicanálise. *A Peste: Revista de Psicanálise e Sociedade e Filosofia*, São Paulo, *1*(1), 143-163.

Paulo Netto, J. (2011). *Introdução ao estudo do método de Marx*. São Paulo: Expressão Popular.

Soueix, A. (1991/1997). O discurso capitalista. In: Goldenberg, R. (org.). *Goza!: capitalismo, globalização e psicanálise* (pp. 40-48). Salvador, Ágalma.

Tonet, I. (2010). A propósito de "Glosas críticas" (Apresentação). In: Marx, K. *Glosas críticas marginais ao artigo "O rei da Prússia e a reforma social. De um prussiano"* (pp. 7-37). São Paulo: Expressão Popular.

Zafiropoulos, M. (2002). *Lacan y las ciencias sociales: la declinación del padre (1938-1953)*. Buenos Aires: Nueva Visión.

Efeitos da fala sobre a dor no corpo

Ruth Helena Pinto Cohen*
Cássio Eduardo Soares Miranda**

Introdução

Ao pensarmos o sintoma para a psicanálise, com seu substrato corporal, não podemos deixar de extrair das considerações freudianas sobre o conceito de pulsão consequências para a clínica de nosso tempo. Esse conceito, que desde seu nascimento indica a íntima conexão entre o psíquico e o somático, deu ao pai da psicanálise meios de testemunhar o que na teoria lacaniana encontra-se em rede, ou seja, os estatutos do corpo: a real libra de carne, o simbólico vinculado à palavra e a construção da imagem corporal.

Desde o início de seus trabalhos, Freud ocupou-se das questões ligadas ao corpo, uma vez que foi a partir do momento em que se voltou para o enigma das conversões histéricas que pôde formular suas construções sobre a pulsão e sobre o aparelho psíquico. Sabe-se que foi em parceria com um médico que Freud buscou auxílio em Viena. Joseph Breuer, que fazia uso da hipnose no tratamento de pacientes histéricas, encontra uma enorme gama de sintomatologias localizadas no corpo.

* Psicanalista. Professora da Escola de Educação Física e Desportos – UFRJ e da Pós-graduação em Psicologia-Instituto de Psicologia/UFRJ. Membro da EBP-AMP. Coordenadora do projeto Brincante IPPMG-UFRJ. Supervisora clínica do SEPAI- Hospital São Zacharias. Membro do GT Psicanálise infância e educação da ANPEPP. Email: ruthcohen@uol.com.br.

** Doutorando em Psicologia (PPGP em Psicologia – Instituto de Psicologia/UFRJ). Bolsista CAPES. E-mail: cassio.edu2007@gmail.com.

Dentre suas pacientes estava aquela que inauguraria a especificidade do tratamento psicanalítico: Anna O. A inteligente jovem de 21 anos, Bertha Von Pappenheim - verdadeiro nome de Anna O. -, apresentava-se poliqueixosa, com uma variedade diversa de graves sintomas fixados no corpo, incluindo paralisias, náuseas, perda de visão e da fala, perda da memória e fuga de ideias. Após atender essa paciente, diariamente, por mais de um ano, Breuer a encaminha a Freud, que tenta hipnotizá-la, porém sem sucesso, ao que relata: "[...] nem sempre era fácil fazê-la falar, mesmo em seu estado hipnótico. Ela apropriadamente descrevia esse método, falando seriamente, como 'talking cure', enquanto se referia ao mesmo, em tom de brincadeira, como 'chemney-sweeping' [limpeza de chaminé]" (Freud & Breuer, 1893b/1996:73).

Estava assim lançado o ponto fundamental daquilo que mais tarde seria denominado Psicanálise. O nascente campo de saber, fundado por Freud, emergia de uma impotência médica frente à proliferação de sintomas sem causa orgânica definida. Entretanto, o campo da biologia muito influenciou Freud, a partir de seu encontro com a teoria germinativa de A. Weismann, fato que deixou marcas profundas na categorização das pulsões. Podemos verificar esse paralelo entre o conceito de pulsão de morte e a ideia de corpo-soma, como a parte mortal da substância viva, e, entre pulsão de vida ou sexual e o gérmen - parte imortal -, força que opera na substância viva segundo esse biólogo. Miller (1999/2004: 16) diz que Freud apresenta a teoria das pulsões, "como a dinâmica que completa a morfologia de Weissann".

Ainda hoje a psicanálise se vê desafiada pela medicina e, com a banalização ditada pela acessibilidade às redes sociais, medicamentos milagrosos são oferecidos, exacerbando os ideais de eficácia. Verifica-se um empuxo a um saber sabido, disjunto do "saber que não se sabe a si mesmo", próprio ao inconsciente freudiano. Posto que não haja mais dúvidas da existência do inconsciente, ou seja, não sendo mais um fato inédito, os psicanalistas recebem na clínica, "embrulhados para presente", os sintomas, atos falhos, sonhos e outras formações do inconsciente, entregues com a etiqueta diagnóstica, adquirida na internet ou em revistas ditas especializadas em saúde para todos.

Pensando nas formas de gozo na clínica do século XXI, o que de inaugural ainda se encontra, por exemplo, na histeria, se, na época de Freud, se apresentava "como se a anatomia não existisse, ou como se não tivesse conhecimento desta" (Freud, 1893a/1996: 211)? De acordo com ele, um bom número de características das paralisias histéricas justificava tal colocação. Hoje, como chega ao consultório o sintoma histérico? O que há de típico no caso único? Qual a função que se repete como invariante f (x), sendo x o aspecto subjetivo e único? Como o gozo do sintoma se inscreve deixando suas marcas? Se Dora vivesse em nosso tempo, sua dor física poderia ser associada à cena em que o Sr. K a agarra e ela sente a presença de seu pênis contra o peito? A dor que sentiu na parte de seu corpo erotizada teria o estatuto de uma cena do gozo recalcado, ou seja, este contato físico, tão banalizado entre corpos na contemporaneidade, provocaria tão grande impressão numa jovem mulher? São interrogações que o psicanalista de hoje se vê compelido a fazer. Sabemos que o inconsciente acompanha sua época e com o avanço da ciência os medicamentos tomam o estatuto de significantes mestres, nossos indicadores de gozo. Ao médico cabe a luta contra a morte, luta às vezes inglória. Entretanto, o corpo é atravessado por forças traduzidas por Lacan como "gozo", ou seja, o que Freud descobrira com a *pulsão de morte* e que sempre intrigou a medicina é que o corpo pode extrair prazer com a dor.

De um lado, não é raro o psicanalista se deparar com a manifestação de condições que mais comumente são designadas de psicossomáticas. Tal designação o leva a pensar em um corpo que se manifesta sem mediação da palavra e, por isso mesmo, configura-se uma situação na qual o corpo carrega o real que nele se concretiza. Do corpo imaginário testemunhamos as fantasias e identificações; do simbólico, a inscrição do sujeito indica seu lugar no laço social e sua posição no campo do Outro da Cultura; no real do corpo, encontramos, no âmago dos sintomas, o *que não cessa de não se escrever* – a não-relação sexual. A psicanálise, não ignorando esses indicadores, procura servir-se deles na direção do tratamento.

O corpo, a palavra e os efeitos de um tratamento

A psicanálise se vê desafiada por um modo de funcionamento do inconsciente em que o endereçamento do falasser - definido por Lacan como a conjugação do sujeito com seu corpo, já que só o sujeito tem um corpo - não se dirige mais ao Outro. O endereçamento parece ter sido substituído pelo corpo próprio, pois, segundo Miller (2010), lidamos com o sentido dado pelo amor a "UM-corpo". Sobre esse aspecto pedimos auxílio ao poeta[1], que consegue definir de forma contundente o que tentamos circunscrever.

> Meu corpo inventou a dor
> A fim de torná-la interna,
> Integrante do meu ID
> Ofuscadora da luz;
> Que aí tentava espalhar-se.
> [...]
> Meu corpo não é meu corpo,
> A ilusão do outro ser.
> Sabe a arte de esconder-me
> E é de tal modo sagaz
> Que a mim de mim ele oculta?

O poeta de Itabira propõe-se elaborar uma poética do corpo a partir de suas contradições. Temos aí descrita, nos dois fragmentos do poema de Drummond, a disjunção estabelecida pela linguagem entre aquilo que faz um corpo edificado em suas bases orgânicas e o estranhamento do ser falante com suas marcas pulsionais. No poema, temos um corpo que pode ser pensado a partir de uma primeira abordagem feita por Lacan (1949/1998), em que ele destaca o fato de que este se introduz, na economia do gozo, pela imagem, à assunção jubilatória. Esse autor articula à imagem à prematuração biológica

[1] As contradições do corpo, de Carlos Drummond. de Andrade.

da criança capturada no espelho do Outro e destaca a função identificatória colocada na base da "[...] transformação produzida no sujeito quando ele se assume uma imagem" (Lacan, 1949/1998: 97). Por outro lado, no final de seu ensino, Lacan dá ao corpo a dimensão de sua radicalidade: "um corpo é algo que está feito para gozar, gozar de si mesmo" (Lacan, 1966/1985: 92). O que é esse gozar de si mesmo? Ora, a noção de gozo em Lacan pode ser assinalada em dois momentos de sua obra: antes e depois do *Seminário XX*. Nesse seminário, há uma mudança radical no conceito supracitado. Antes dele, a principal definição de gozo indicava uma concepção jurídica do termo, referindo-se ao usufruto, ou seja, gozar dos ganhos sem extinguir o capital, e, ainda, associava-se a júbilo, a possessão, a algo do qual se dispõe. Depois, encontramos no *Seminário XXIII* referências ao *Ulisses*, obra de Joyce, como um guia para pensar uma das formas de gozo do corpo no homem contemporâneo. Com que corpo lidamos agora, quando os órgãos são transplantáveis, mutáveis, transfundidos, cortados, lipoaspirados e cujo valor mercadológico responde à demanda de preencher o que falha ou falta buscando uma suposta completude? Ou, por outro lado, a imagem que se deseja completa também é furada pelos objetos da moda, como os *piercings*, assim como o corpo serve de tela para tatuagens, com suas formas ideográficas de escrita ou letras, tentativas de marcar como brasões o simbólico na carne?

Com esses instrumentos, podemos pensar a clínica psicanalítica no século XXI, tendo como guias os semblantes em seus estatutos simbólicos e imaginários, tal como Lacan os enuncia, para operar uma modificação que localize para o falasser as singularidades dos seus modos de gozo. Assim, buscaremos, através de fragmentos clínicos, encaminhar essas questões que nos instigam e desafiam. Para tal, traremos à cena a psicanálise em intensão e extensão. A Psicanálise pura e a Psicanálise aplicada, imersa no *habitat* da medicina: um hospital, bem como aquela realizada na clínica particular.

"Eu tenho fibromialgia: tenho um corpo?"

Caroline é uma jovem senhora. Procura tratamento psicanalítico em razão de uma insatisfação que a acompanha desde a infância. Relata que em criança sentia um cansaço e uma preguiça enormes que faziam com que seus pais procurassem diversos médicos para resolver aquilo que poderia ser uma anemia, uma verminose ou algo assim. Segundo ela, após sucessivas buscas, os pais desistiram de investigar o que poderia estar presente em seu corpo, uma vez que os médicos sempre destacavam que se tratava de uma questão ligada ao crescimento ou ainda de uma preguiça típica da sua idade.

Por ser uma das filhas mais novas, "era tocada" por todos: os irmãos batiam nela, todos lhe davam ordens e ficava sem saber a quem obedecer. Relata que sempre foi uma criança que sonhava muito, que pensava em se casar com um homem muito amoroso, paciente, que a entendesse e que com ele pudesse construir uma família feliz, acabar com aquela dor. Casou-se, mas seu sonho não se realizou. Sua "insatisfação generalizada" encontrou ênfase em seu casamento: um "marido egocêntrico", "muito na dele", não muito preocupado em dar a ela alguma satisfação. "Que tipo de satisfação?", interroga o analista. "Todo tipo de satisfação", diz ela. O analista prossegue em suas pontuações: "Todo tipo de satisfação é muita coisa, não?". Caroline relata que se sente deprimida, triste, sem energia e afirma perceber que a depressão, algo recorrente em sua vida, vai atacá-la. Ela diz que nesses momentos sua dor física aumenta. "Que dor?", interroga o analista. "Eu sinto dores por todo o corpo e todo o tipo de dor: eu tenho fibromialgia, reumatismo artroide que já está se desenvolvendo para artrite... e sei que fica pior quando eu estou assim, ficando deprimida". Ao ser interrogada sobre o que a deprime, Caroline relata que tudo a deixa mal, mas principalmente duas coisas: a relação com o marido e com a mãe. Com o marido, em função das insatisfações generalizadas e com a mãe, por não se sentir amada. Posteriormente, destaca uma fantasia sexual e, ao relatar tal fantasia, associa a cenas da infância que estão ligadas ao "bate-se numa criança" e a seu corpo grande e desconjuntado. Diz: "Acho que isso tem a ver com todas as dores que eu sinto".

Na conferência de 1966 (2001), Lacan, ao afirmar que o corpo é feito de gozo, rompe com a ideia de um corpo que visa apenas à vida. O corpo goza de si mesmo, como podemos testemunhar nessa fala da paciente, que não se queixava da dor, mas trazia uma insatisfação generalizada, deslocada. O gozo, no sentido de que o corpo se experimenta, é *tensão, forçamento, gasto.* "No gozo da dor experimenta-se a dimensão do organismo" (Lacan, 1996/2001: 12).

Não entraremos nas nuances do caso; interessa-nos apenas apontar para o que nos chamou atenção neste fragmento: a inscrição da dor como algo que fazia parte de sua vida, que lhe dava um corpo. Para ela, a dor é uma coisa corriqueira, que aprendeu a identificar e com a qual até mesmo aprendeu a lidar. Diz: "Prefiro mil vezes ter essa dor que fica em meu corpo do que a insatisfação que trago, e que me deprime". A partir dessa fala, talvez possamos destacar que a dor generalizada, mas destacada pela fibromialgia, demarca um importante limite do eu atravessado por um excesso. Ao mesmo tempo que seu corpo é erotizado e que ela goza na dor, verificamos também como ela se inscreve no corpo, o que serve para encaminhar sua dimensão subjetiva, seu modo de gozo no tratamento. Enquanto o corpo da paciente continua a doer, ela tem oportunidade de falar, conduzindo as associações livres com aquilo que ficou silenciado em seu corpo por muito tempo. Como consequência do tratamento, uma modificação se opera na imagem do corpo e o "desconjuntado" começa a se unificar sob a imagem de uma nova estética que emerge dando-lhe um novo corpo. Há algum tempo, as dores sumiram, embora, em alguns momentos, quando fica triste, ameacem aparecer. No caso em questão, a *fibromialgia* aparece fazendo parte de um tipo clínico, evidenciado na histeria, cuja dor que erotizava o corpo, agora desvelada, deixa entrever, na fala, uma enunciação que permite a esse sujeito reconstruir sua imagem e, com isso, poder ter um corpo sem dor.

Podemos dizer que os efeitos da fala no corpo do sujeito só são possíveis quando, no encontro com um analista, o sujeito extrai uma chave para dela fazer uso, através da palavra. A psicanálise, ao operar sobre o sujeito, leva-o a modificar o laço social em sua dimensão simbólica e, no caso mais específico aqui tratado, permite que a paciente encontre uma solução para esse corpo que sofria pela falta de palavras, quando passa a se cuidar e modificar seu modo de gozo. O sujeito como sujeito do significante não se identifica com seu corpo, daí sua afeição pela imagem do corpo (Miller, 1999/2004: 14). Se o animal é um corpo, o humano o tem, mas, às vezes, somente a duras penas pode apossar-se dele como lugar de prazer.

O dualismo cartesiano, que ainda deixa seus rastros na ciência atual, indica que o ser e saber estão intimamente ligados (penso / sou) enquanto que a ideia de corpo para a psicanálise estaria vinculada ao ter. Na clínica médica o corpo vivo é cadaverizado, tornando-se máquina, pois só assim o médico pode apropriar-se dele e manipulá-lo. No corpo cadaverizado, não há lugar para o gozo, entretanto a medicina encontra seu grande obstáculo quando o corpo busca o gozo absoluto com a morte, já que esta ciência precisa fazer funcionar a máquina vital. Nessa dimensão da interface psicanálise e medicina encontramos, no *Seminário XX*, a ideia de que "a realidade é abordada com os aparelhos do gozo" (Lacan, 1973/1982: 75), e assim vamos expor como a palavra é dada à criança, ou seja, damos lugar ao sujeito no lugar do paciente, assim como fizemos no caso narrado acima. Daremos o testemunho de alguns estratos de intervenções clínicas realizadas em um hospital pediátrico da Universidade Federal do Rio de Janeiro, no qual se desenvolve um trabalho com crianças com câncer nas salas de quimioterapia e enfermarias, em oficinas, na sala de espera dos ambulatórios[2].

Quando o brincar faz do sujeito um ser de fala

Quando o real irrompe devastando corpos prematuros, o que pode um psicanalista recolher dos restos do discurso médico, paradigma da

[2] Trata-se do projeto Brincante, desenvolvido no IPPMG-UFRJ, sob a coordenação geral de Ruth Helena Pinto Cohen com apoio da FAPERJ, bolsas PIBEX, PIBIC, CNPq e CAPES.

"saúde para todos"[3]? O projeto Brincante, que acontece no ambiente hospitalar, tem no discurso psicanalítico o suporte de intervenção. O que vamos relatar é fruto da práxis do analista na cidade, em um hospital pediátrico situado em um hospital universitário de uma grande cidade brasileira. Neste cenário encontramos as famílias, desafiadas em suas funções quando veem ruir os semblantes que as sustentam ao surgir o *Unheimlich* na figura do câncer na criança, significante carregado pelo estigma de dor, sofrimento e morte.

Fragmento 1

Uma criança chora na sala de quimioterapia e a mãe pede que pare; a enfermeira ocupa-se de outras crianças. O analista se aproxima e indaga: o que João quer? Uma resposta surge dos berros: "quando vão fazer aquele negócio em mim"? Aponta para sua coluna e refere-se à punção lombar, rotina no tratamento oncológico. Foi dito a ele que poderíamos nos informar, faltavam 15 minutos. Com isso intensifica-se o choro. A mãe, reprovando a intervenção do analista, assinala: "Agora não vai parar mais de chorar". O analista se dirige à criança e diz que deve ser muito ruim mesmo aquele procedimento e que ele tem todo o direito de estar zangado, mas pergunta, entretanto, se, enquanto tem que esperar, ele gostaria de fazer algo. Ele declara que lá não tem o de que gosta, quer ler a história do Saci Pererê. O analista pergunta se João pode se lembrar e contar a história, pois não saberia fazê-lo. A criança, ao começar a narrativa, muda os fatos e aproveita para encarnar a Cuca e amedrontar o adulto que o escuta. A cada reação de medo encenada pelo analista e expressão de mal-estar sucede uma gargalhada - e assim ficam 15 minutos nessa brincadeira na qual a crian-

3 É oportuno esclarecer que os ideais da medicina, assim como das demais profissões de saúde, baseiam-se na premissa de que a saúde é um bem universal inalienável, fato com o qual concordamos. No entanto, para nós é evidente também que é preciso considerar a fração do "cada um", naquilo que esse cada um se revela como o mais singular do sujeito. Talvez seja exatamente isso o que mais interessa à psicanálise, uma vez que ela se propõe trabalhar com "os restos" que escapam à ciência, verificando como, na particularidade dos casos clínicos, os sujeitos fazem uso deles.

ça, "sujeito-cuca", devora, invade e maltrata imaginariamente. A hora chega, ele choraminga e lhe é dito: "Vá logo, acabe com essa coisa chata e volte para brincar". Na situação descrita, o choro, apelo hiperverbal, foi acolhido, propiciando uma mudança na posição da criança objeto manipulado pela ciência, trazendo à cena o sujeito da enunciação. Um basta em fazer calar sua dor, na contingência do encontro com uma escuta diferenciada, autoriza uma fala inédita e um saber-fazer com *isso* através do brincar.

Fragmento 2

Um menino, na sala de espera dos ambulatórios, encontra-se deitado no colo da mãe. Nada lhe interessa. Lá não tem o que deseja. Convidado a percorrer as Oficinas do Brincante, lhe é dito que pode escolher "nada". Encontra uma que o captura e começa a criar bonecos com roupa de futebol. Ao lado dele, respeitando seu tempo, o analista oferece sua escuta. Ele toma a palavra e diz que o boneco era seu pai que havia morrido, cria muitas histórias com esse personagem. A mãe, espantada, declara: "você é milagreira?". Ele não brinca há três meses, desde a morte do pai.

Aqui nos interessa apontar para a possibilidade de o luto ter se presentificado, através do brincar, quando o nada pôde ser ofertado. A oferta produziu efeitos no corpo do sujeito, que, até então deitado e visivelmente triste, pôde levantar-se e encontrar um lugar para escoar e simbolizar sua dor.

Fragmento 3: "O dodói de Gigi"

Alice é uma criança que se encontra em tratamento quimioterápico em função de um câncer. Após o terceiro encontro com um membro do projeto Brincante, a tímida menina de quatro anos, que até então esboçava uma incessante repetição com jogos, entra em contato com um livro de histórias que marca uma modificação no seu brincar repetitivo. Trata-se do livro *O dodói de Gigi*, que relata a história de uma menina de cinco anos de idade que está com leucemia. A obra explica a doença e os procedimentos pelos quais o paciente tem de passar em uma linguagem adequada às crianças pequenas. Como se sabe, durante muitos anos a literatura voltada para este público tem tratado de temas relacionados à morte e ao abandono, dos quais, entre tantos, podemos destacar os clássicos "Branca de Neve" e "João e Maria".

Segundo os estudiosos da história da literatura, esta sempre desempenhou um papel importante na formação moral das crianças. Em nossa época, há a preocupação tanto em formar cidadãos quanto em esclarecer temas que são ainda considerados tabus na sociedade brasileira - e o câncer é um desses. *A história de Gigi* busca discutir essa difícil questão, o que, como pudemos perceber no caso dessa criança, provoca uma mudança na repetição de seu brincar.

Como já foi dito, no encontro com um membro do laboratório Brincante, após haver feito uma sessão de quimioterapia no dia anterior, Alice pede o citado livro e começa a folheá-lo, mostrando vivo interesse pela personagem. Podemos verificar o exato momento em que a criança se identifica de modo mais preciso com esta personagem, quando o médico aparece em seu imaginário como um vampiro. Alice é transportada para o mundo de Gigi e revive com ela a mesma situação, ou seja, a aproximação de alguém de branco, seja para medir a temperatura, administrar um medicamento, ou algo assim, significando que seu corpo será manipulado, invadido. Alice reage e chora, pedindo para ir para casa, sempre que a situação de desprazer, gerada pela presença do "branco", representante do "vampiro que vem sugar-lhe o sangue", presentifica-se na imagem do médico e das enfermeiras. Ler a história de Gigi, ou repetir os procedimentos médicos com os membros da equipe brincante, permite a Alice encontrar um modo de tratamento para a situação de desprazer. A identificação imaginária com o personagem promove um escoamento da dor e a consequente manipulação do corpo do "outro brincante" adulto faz dela sujeito da ação - ela é o vampiro. A mãe, por sua vez, reforça que Alice precisa se curar, como Gigi, e, desde esse artifício utilizado pela criança, a intervenção médica vem sendo feita com o seu consentimento: a oferta de uma identificação imaginária foi uma saída possível à entrada do tratamento médico.

Em "Psicologia das massas e análise do Eu" (1921), Freud define a identificação como a mais precoce manifestação de uma ligação de sentimentos com outra pessoa. Se em Freud encontramos, de alguma forma, uma espécie de redução em torno da relação do sujeito com o objeto, em Lacan vamos encontrar o processo subvertido, pois o sujeito se identificará ao significante a partir de um traço comum. É no Estádio do espelho (1949) que Lacan começa por discutir algo que nos interessa no caso em questão. Ele diz: "Basta aí compreender o Estádio do Espelho como uma identificação, no sentido pleno que a análise dá a este termo: a saber, a transformação produzida no sujeito quando este assume uma imagem cuja predestinação a esse efeito de fase está suficientemente indicado pelo uso, na teoria, do termo antigo, imago" (Lacan, 1966/2001: 96).

Assim, uma "transformação" ocorre em Alice em função de uma ancoragem que ela faz à "imago" de Gigi. Não se trata de uma incorporação, mas de uma identificação primária estabelecida com uma imagem que a captura de alguma forma. No caso em questão, em função das mesmas questões vivenciadas por Alice e que são destacadas na narrativa. Alice, como Gigi, sofre e busca meios de se ver livre dos "vampiros-de-branco". Transportada para o mundo de Gigi, Alice, mesmo num país sem maravilhas, consegue um saber-fazer através do brincar e dá um tratamento possível ao real que invade seu corpo, fazendo, também, uma aposta de cura.

Fragmento 4: João e suas marias

João foi deixado num orfanato aos três meses. Uma cuidadora da instituição conseguiu adotá-lo somente quando completou dois anos e finalizou os trâmites legais. O que capturou o desejo de ser mãe desse menino "foi seu olhar vivo e o corpo sujo e machucado, pedindo cuidados" - assim ela o descreve, quando foi entregue ao abrigo. João já tinha, lá, um irmão abandonado pela mãe, a qual vivia na rua. Ambos foram acolhidos por essa Maria, que parou de trabalhar para cuidar das crianças e conta que já havia perdido um filho adulto pelo câncer além de ter duas filhas que a ajudavam financeiramente. A função materna fica explicitada nas duas mulheres - a mãe e uma das filhas - que acompanham o menino em suas internações.

João, com a aproximação dos médicos e enfermeiras, reagia gritando, no inicio de seu tratamento quimioterápico. Com o decorrer do tempo, parecia engolir sua enorme dor, ou grito, fechando os olhos e colocando todos os dedos na boca sempre que alguém se aproximava. Durante um tempo, seus dedos chegaram a sangrar. Ele se machucava, explicitando um gozo no corpo que fazia com que engolisse o objeto oral, e, de olhos fechados, buscava fazer-se desaparecer do campo do Outro. Defendia-se anulando o externo, mas, da janela de sua fantasia, podia olhar o mais interno: escondia-se dentro de seu próprio corpo.

Outra forma de um tratamento possível a seu mal-estar era ver, repetidamente, o filme dos Power Rangers, agarrado em seu cachorrinho de pano sujo e malcheiroso, sua "tábua de salvação". Ele, objeto da ciência manipulado, por ter um raro caso de câncer, fez tratamentos experimentais, serviu de investigação à medicina, que busca saídas para o incurável. O pequeno João sempre pedia a presença de suas duas marias, sentia fome de pizza, do mundo lá fora. Quando teve alta, por uns dias, paradoxalmente rebelou-se, deitado no colo da irmã, rangendo os dentes com raiva. Ele precisava "ranger power", deixando de engolir a dor. Ao sentir-se livre, quando pôde sair um pouco de seu cativeiro, foi possível gritar, reclamar e colocar em palavras seu mal-estar. João voltou para o hospital devido à piora em seu estado geral, ficou no CTI, pois estava, desde o seu aniversário, com infecção generalizada. Nesta ocasião, um membro de nossa equipe teve permissão de visitá-lo e levou uma bola de gás e um pilot, já que naquele ambiente não havia brinquedos. Ao aproximar-se do leito do menino, que estava ligado em muitos aparelhos e impedido de se agarrar em seu cachorro sujinho, no instante em que viu a bola, o mesmo pediu para desenhar nela. Assim, com apenas uma das mãos livre e comunicando-se com o olhar, voltou a expressar aquilo que o fez ser adotado. A pulsão escópica encontrou escoamento sublimatório para tanto sofrimento. Sabia demandar, mesmo entre os tubos que tapavam sua boca, mais e mais bolas. Desenhou muito e, depois, com a mesma mão livre, chamou sua irmã, pediu-lhe que colocasse o filme do Power Rangers, continuou a desenhar e disse baixinho: "Maria, fala para ela (brincante) que estou bem".

Para concluir, levantaremos algumas hipóteses sobre qual o lugar de João na economia psíquica das marias: ele veio ocupar o lugar de um filho morto e morre da mesma doença, cumprindo, assim, o seu destino. O cachorrinho, sua tábua de salvação, não consegue salvá-lo, tanto quanto nosso trabalho. A psicanálise aplicada pode, entretanto, oferecer espaços onde a fantasia, como lugar privilegiado do prazer, promove um tratamento possível àquela especificada dor de existir. João, ao encontrar uma forma possível de cumprir o seu destino, o fez com a dignidade de um sujeito que, antes de ser engolido por Cronos, pôde dizer: "quando eu brinco estou bem". O resto, só os personagens do Power Rangers conseguem. Essa criança, que trazia a marca da devastação ao ser abandonada ao nascer, pela dificuldade de ser adotada em consequência dos entraves da burocracia, além de, ainda, ocupar o lugar de um filho morto, carregava consigo significantes demasiado pesados para seu corpo.

Considerações finais

Ao buscarmos uma interlocução com a medicina, sabemos que a tarefa não é sem esforço e consequências. Tentamos, neste trabalho, dar o testemunho da psicanálise em intensão e extensão indicando que com a atopia do psicanalista é possível acolher a dor psíquica e pensar que sempre haverá um lugar para a fala como aparelho de gozo. Com isso queremos apontar para o fato de que a produção de um ato analítico, ou de uma prática orientada pela psicanálise, nem sempre precisa estar dentro do espaço físico de um consultório e fazer parte de uma sessão analítica. Se a medicina utiliza diagnósticos, prescrições e prognósticos tentando controlar a vida, a intervenção analítica é de outra ordem, tendo seus princípios diferenciados, ao localizar no corpo o gozo e seu funcionamento linguageiro. Dessa prática, que não pretende uma saúde para todos, traz-se na especificidade da psicanálise um fazer com algo que insiste no campo do inominável e assim passa para o estatuto de um dizer possível. Miller (2001) retrata que, a exemplo do discurso científico, Lacan exige que a psicanálise também trabalhe com algumas certezas, ligando a certeza ao real, mas distingue dois reais: o real para a ciência, e aqui incluímos a medicina, e um outro real para a psicanálise, que é o real do inconsciente. É justamente com esse real, com essa verdade disjunta do saber, que transborda da lógica do sentido, que procuramos não cessar de insistir. Assim, a insistência relaciona-se ao desejo do analista como algo que sustenta a clínica. Tal desejo, a nosso ver, é correlativo de uma ética, a ética da psicanálise, que não se coaduna a uma terapêutica ou a uma técnica mas ao que, para alguns sujeitos, se articula diretamente à sua falta-a-ser. Dessa maneira, ao considerar o desejo inconsciente, a psicanálise se estabelece a partir de alguns princípios, dentre os quais suportar as irrupções do real e promover uma operação sobre o modo de gozo do ser falante.

A radicalidade do inconsciente convoca a ética psicanalítica a constituir-se como algo irredutível a qualquer outro campo do saber, sem, no entanto, ignorá-lo. Desse modo, pensar na relação da psicanálise com a medicina é refletir a respeito da possibilidade de uma interface que possibilite a emergência de um ser falante que, por vezes, encontra-se apagado pela doença. Não sem um empenho, mas com o sempre renovado "esforço de poesia[4]" que é requerido ao analista contemporâneo.

Referências bibliográficas

Freud, S. & Breuer, J. (1893a/1996). Algumas considerações para um estudo comparativo das paralisias motoras orgânicas e histéricas. *Edição standard brasileira das obras psicológicas completas de Sigmund Freud*, v. I. Rio de Janeiro: Imago.

[4] Referência ao curso de J.-A. Miller "Um esforço de poesia".

Freud, S. & Breuer, J. (1893b/1996). Estudos sobre a histeria. *Edição standard brasileira das obras psicológicas completas de Sigmund Freud*, v. II. Rio de Janeiro: Imago.

Freud, S. (1916/1996). Conferências introdutórias sobre psicanálise. *Edição standard brasileira de obras psicológicas completas de Sigmund Freud*, v. XV e XVI. Rio de Janeiro: Imago.

Lacan, J. (1949/1998). O estádio do espelho como formador da função do eu. *Escritos*. Rio de Janeiro: Zahar.

Lacan, J. (1966/2001). O lugar da psicanálise na medicina. *Opção Lacaniana, 32*, 8-14.

Lacan, J. (1973/1982). *Seminário, livro 20: mais, ainda*. Rio de Janeiro: Jorge Zahar.

Lacan, J. (1975/1994). Pequeno discurso de Jacques Lacan aos psiquiatras. *Dizer 10*, 87-97. Rio de Janeiro: Escola Lacaniana de Psicanálise.

Miller, J.-A. (1999/2004). Biologia lacaniana e acontecimentos de corpo. *Opção Lacaniana, 41*, 7-67.

Miller, J.-A. (2001). *Elementos de biologia lacaniana*. Belo Horizonte: EBP-MG.

Miller, J.-A. (2010). *Perspectivas do Seminário 23 de Lacan*. Rio de Janeiro: Jorge Zahar.

Cem anos com o Presidente Schreber!

Sonia Alberti*

Ao atravessar o Rubicão fundando a ciência moderna no século XVII com o *Cogito ergo sum*, o filósofo René Descartes promoveu a separação entre pensamento (*res cogitans*) e corpo (*res extensa*). Três séculos depois, o mundo foi palco de duas subversões: com o avanço da biologia, notadamente a partir dos anos 1950, identificou-se o pensamento com a *res extensa* - busca-se cada vez mais sua determinação biológica - e, com Freud, o corpo foi retomado como algo intrínseco ao pensamento, de maneira que mesmo um sintoma no corpo tem uma causalidade psíquica. Nesse sentido, a psicanálise promove o retorno do exílio do corpo em relação ao pensamento e vice-versa (Lacan, 1966). Em outras palavras, ao indicar a dimensão do desejo inconsciente que anima e une pensamento e corpo, a descoberta do inconsciente não só complementa o cógito cartesiano como especifica o sujeito da ciência para trabalhar com ele, na contramão de sua foraclusão (Strauss, 1994). Eis as premissas das quais parto para articular psicanálise e psicopatologia.

Foi na condição de sujeito que Descartes, instigado pelo desejo de separar o verdadeiro do falso, realizou o corte entre ciência e religião.

---

* Professora Adjunta do Instituto de Psicologia da Universidade do Estado do Rio de Janeiro; Coordenadora da Pós-graduação em Psicanálise do IP/UERJ, Procientista da UERJ. Pesquisadora do CNPq. Psicanalista membro da Escola de Psicanálise dos Fóruns do Campo Lacaniano. Membro do GT Dispositivos clínicos em Saúde mental da ANPEPP. E-mail: sonialberti@gmail.com.

De fato, o sujeito da psicanálise é o mesmo que o da ciência, embora esta não o leve em consideração para articular o saber decorrente de sua prática. O discurso do psicanalista, ao situar o saber no lugar da verdade, subverte, em um giro discursivo, a posição do sujeito. Com isso, o sujeito ex-siste ao discurso da ciência, e toda tentativa de torná-lo objeto de estudo é, na realidade, pseudociência (Barth & Folberg, 2008). É interessante notar como tal tentativa se verifica no contexto da psicose, em que, necessariamente, o sujeito se oferece como objeto do Outro que, não barrado, pode tudo com ele. Desse lugar a ciência passa a ser Outro e, não poucas vezes, o sujeito lhe supõe toda consistência. Senão vejamos:

> Depois de tudo isto não me resta mais nada *senão oferecer minha pessoa ao julgamento dos especialistas, como objeto de observação científica.* Este convite é o *principal objetivo que persigo com a publicação do meu trabalho.* Na pior das hipóteses, resta-me esperar que um dia, com a *dissecção do meu cadáver,* possam ser constatadas peculiaridades comprobatórias no meu sistema nervoso, dado que sua constatação em corpos vivos, conforme o que me foi dito, se acompanharia de dificuldades extraordinárias ou se revelaria completamente impossível (Schreber, 1903/1984: 326).

Observe-se também que, quando submetido aos imperativos do discurso capitalista, o discurso da ciência vai na mesma direção, ou seja, nega a existência do sujeito do inconsciente e, portanto, da castração que o constitui. Ora, é justamente esse discurso que, ao eliminar o laço social, faz o sujeito padecer cada vez mais de males diversos e inespecíficos, na mesma medida em que os conhecimentos dele provenientes avançam sobre o corpo, de modo até então impensável. Aprisionado, o corpo faz sintoma, produz fenômenos, adoece é assaltado pela angústia. Eis então onde se associam psicanálise e a ciência do sofrimento psíquico, a psicopatologia, na contramão da cientifização da psiquiatria.

Retomemos um pouco a história de sua associação.

1911: uma releitura de Kraepelin

Dia 15 de fevereiro, coincidentemente ou não, no mesmo ano em que Sigmund Freud - 1856 -, Emil Kraepelin nasceu em Neustrelitz. Ambos vieram ao mundo numa Alemanha atravessada pelos movimentos sociais do início da industrialização. Kraepelin estudou medicina a partir de 1874, em Leipzig e Würzburg, e, durante esses estudos, em 1877, conheceu Wilhelm Wundt e passou a estagiar - e depois trabalhar - em hospitais psiquiátricos. Em 1878 escreveu sua tese (premiada) sobre a influência de doenças agudas na causalidade de doenças psíquicas[1]. Em 1882 trabalhou com Paul Flechsig - o mesmo médico que atendeu Schreber na clínica da Universidade de Leipzig e, em 1883, aos 27 anos de idade, publicou a primeira edição do que viria a se desenvolver mais tarde no *Tratado de psiquiatria* de Kraepelin. A partir de então trabalhou em vários hospitais e universidades até que em 1917, em Munique, criou-se o Instituto Alemão de Pesquisa em Psiquiatria[2], idealizado por Kraepelin. Kraepelin faleceu em 7 de outubro de 1926 como pesquisador emérito do Instituto e deixando um legado ainda hoje surpreendente para toda e qualquer pesquisa que pretenda verificar o que foi a psiquiatria chamada clássica e que ensinamentos nos deixou para sempre.

Daniel Paul Schreber, por sua vez, nasceu em 23 de julho de 1842, vindo a sofrer seu primeiro surto psicótico no outono de 1884 quando de sua candidatura ao parlamento (*Reichstag*), e seu segundo surto, dez anos depois, quando de sua nomeação como Juiz Presidente da Corte de Apelação (*Senatspräsident*) de Dresden. Com Lacan, sabemos que o desencadeamento de sua psicose decorreu do fato desta nomeação: em função da foraclusão do Nome-do-Pai, não havia ancoragem simbólica que permitisse a Schreber dar conta da posição que passou a ser obrigado a assumir em consequência de sua nomeação. Teria sido necessário assumir o lugar de semblante de Juiz dos juízes, o que lhe era im-

[1] *Über den Einfluss acuter Krankheiten auf die Entstehung von Geisteskrankheiten.*

[2] *Deutsche Forschungsanstalt für Psychiatrie.*

possível, porque não há semblante que não se sustente no significante ou na castração decorrente de sua inscrição e, no caso, este significante teria que ter sido o significante privilegiado da identificação com o pai, mas ele estava foracluído. O primeiro surto já antecipava isso, pois, no momento em que propôs sua candidatura ao Parlamento, Schreber já não encontrara meios de sustentá-la subjetivamente. Rompida a tênue amarração simbólica que lhe dera condições para sua formação até então, Schreber surtou e por duas vezes foi internado na clínica da Universidade de Leipzig sem, no entanto, cruzar nenhuma vez com Kraepelin nessa clínica - por diferença de poucos anos, ambos passaram pela Universidade (Pereira, 2001). Ao escrever suas memórias, pôde testemunhar de sua psicopatologia e construir a metáfora delirante "Mulher de Deus" que sustentou uma identificação por algum tempo, o que finalmente permitiu a Freud um profundo estudo do que seria a psicose. A partir de 1907 - ano da morte de sua mãe -, Schreber já não mais se sustentava nem mesmo a partir de seu delírio, e imergiu cada vez mais em um autismo do qual nunca mais saiu, até o dia em que veio a falecer, em 14 de abril de 1911. Era então o ano da publicação do livro de Eugen Bleuler que, em função das articulações entre o Burghölzli - o asilo de alienados em Zurique, na Suíça - e Freud, articulou o que Kraepelin batizara de demência precoce com a divisão subjetiva definida pela psicanálise.

Com efeito, Eugen Bleuler publica sua esquizofrenia baseado nos avanços teóricos que foram possíveis no campo da erótica em função das primeiras conceituações freudianas. Isso acontece no mesmo ano em que o próprio Sigmund Freud publica sua tese sobre a psicose ancorada no trabalho incansável que Emil Kraepelin iniciou em 1883[3]. O trabalho de Bleuler avança teoricamente justamente em relação ao texto kraepeliniano. No mínimo o que se pode dizer sobre isso é que entre 1883 e 1911 a esquizofrenia interessava a muita gente! Em 1913 o caso Schreber é reeditado pela primeira vez, na *Sammlung kleiner Schriften zur Neurosenlehre*. Este é também o ano em que Karl Jaspers publica sua

[3] No *Jahrbuch der psychoanalytischen psychopathologischen Forschung*, volume 3. Ou seja, no "Anuário da pesquisa psicanalítica psicopatológica".

tese sobre a *Psicopatologia geral*, inaugurando um novo momento na história da psiquiatria que questionaria por muitos e muitos anos uma tendência à taxionomia.

Tais sucessões temporais não são de todo desinteressantes quando nos colocamos a pergunta sobre a função da esquizofrenia nos trinta anos em que provocou enorme produção de saber, com as consequências que conhecemos e que Lacan já pôde criticar em sua primeira aula de seu seminário sobre as psicoses (Lacan, 1955-1956/1975) em função do fato de a esquizofrenia se tornar, desde então, cada vez mais um campo ao qual se atribuía sentido, quer seja na orientação de uma psiquiatria biológica, quer seja no campo de uma *psicanalização* (voltarei a isso).

Em 1893, Kraepelin edita a quarta edição do *Tratado* na qual e, conforme Paul Bercherie (1987: 8), surgem as primeiras proposições *originais* do autor que até então somente retomava os textos de Griesinger, Kahlbaum e Falret. Com efeito, nesta edição, Kraepelin propõe a existência de "processos psíquicos degenerativos" (rebatizados na quinta edição como "processos demenciais"). Vinte anos depois, em 1913, é publicada a segunda edição do caso Schreber, agora já com o apêndice no qual Freud confirma a hipótese diagnóstica de uma *demência paranoide* baseada na sexta edição do *Tratado* de Kraepelin, de 1899, a edição mais conhecida. O termo *demência paranoide* pode ser então também traduzido para as referências bleulerianas como esquizofrenia paranoide, e o início (com Jaspers) de uma era mais tarde identificada por Lacan como obscurantista, na qual todo exame clínico é gradualmente deixado de lado em prol de uma tese existencialista que visa a compreensão do paciente, ou seja, a identificação do médico com seu doente vem fechar o trabalho enormemente produtivo desses trinta anos em torno do que hoje conhecemos como esquizofrenia.

Se em 1911 Eugen Bleuler publicava sua monografia "Dementia paranoides ou o grupo das esquizofrenias", já em 1908 Freud observava, em suas cartas a Ferenczi, uma raiz comum na paranoia e na esquizofrenia (Freud & Ferenczi, 1908), razão primeira da retomada do termo kraepliniano de *dementia paranoides*, diagnóstico freudiano, de Schreber. O termo é kraepliniano porque a *dementia paranoides* é um dos tipos da *dementia praecox* de Kraepelin, uma esquizofrenia com delírios paranoides. É então em 1908 que Freud (Freud & Ferenczi, 1908) começa efetivamente a se ocupar da questão, especificar um campo, o da psicose, aquele em que haveria uma raiz comum para a paranoia e a esquizofrenia. No caso Schreber, tal raiz é a homossexualidade a basear a constituição do perseguidor, homossexualidade que, muitas décadas depois, Lacan viria a articular com o empuxo-à-mulher na psicose. Em 1907 Jung havia criado a sociedade psicanalítica de Zurique, na Suíça, e os trabalhos de Freud começaram a ser lidos por vários psiquiatras.

É assim que Bleuler entra em contato com eles e é no mesmo ano em que Freud propõe uma raiz comum para a paranoia e a esquizofrenia, ou seja, 1908, que Bleuler apresenta sua monografia sobre a esquizofrenia! Levaria ainda três anos para publicá-la. Se 1908 é um ano que inaugura um período fértil na relação de Freud com o Bürghölzli, então dirigido por Bleuler, mas frequentado por Abraham, Jung, Minkowsky, Binswanger e até mesmo Rorschach, o ano de 1911, que hoje comemora seu centenário, é palco da publicação desses dois textos que marcam uma virada no trabalho clínico das psicoses!

A grande contribuição de Bleuler se deve ao fato de suas leituras de Freud, que introduzem, na psiquiatria, uma abordagem mais clínica do que descritiva - que havia sido a abordagem de Kraepelin -, de modo que "A esquizofrenia de Bleuler é freudiana, pois ele busca um sentido para os sintomas à luz dos mecanismos e da formação dos sonhos, levando em conta o sujeito do inconsciente" (Quinet, 1999: 81). E foi na busca desse sentindo que Bleuler se deparou com a *Spaltung*, a esquize, a divisão da alma: *schize* (divisão) *phren* (alma). O exemplo que Schreber dá é disso seu paradigma: entre Flechsig e Deus, entre Ariman e Ormuzd, ou na divisão do céu e suas antessalas, ou mesmo no processo de despedaçamento do corpo de Schreber quando ele percebe seu cérebro se destacando, saindo da caixa craniana.

Tema que seria retomado por Freud em 1938/1975, Die Ichspaltung im Abwehrvorgang (A divisão do eu no processo de defesa), universalisando tal *Spaltung* para todo e qualquer ser falante, de modo que já não se pode identificar um sujeito sem levar em conta a divisão, a impossibilidade, o fato de que real, simbólico e imaginário sejam três consistências que não têm uma continuidade entre si, que ou estão borromeanamente amarradas ou correm o risco de se desamarrar.

Bleuler nasceu um ano depois de Freud, em 30 de abril de 1857, e faleceu no mesmo ano que Freud, em 15 de julho de 1939. Além de terem avançado concomitantemente no estudo da psicose, ambos introduziram, em 1911, o conceito de ambivalência. O interessante a observar é que tal conceito é atribuído a Bleuler pelos historiadores da psiquiatria, quando é justamente toda conceituação da relação ambivalente com o pai que fundamenta, no texto de Freud sobre Schreber, o sentido do delírio deste com a divisão, a esquize entre Flechsig e Deus, Ariman e Ormuzd etc. E, quando nos lembramos que é justamente em 1908a/1973 que Freud desenvolvera a noção que mais tarde seria identificada com a ambivalência na articulação com a neurose obsessiva, já não podemos duvidar da importância de toda conceituação freudiana para a própria monografia de Bleuler em que é lançado o termo de esquizofrenia. Mesmo se, em seu texto sobre o Homem dos ratos, Freud (1909/1973: 96) acrescenta uma nota, em 1923, atribuindo a Bleuler o batismo do termo "ambivalência", por ele (Freud) descrito na clínica da neurose obsessiva.

Bleuler introduz a Ambivalência, na associação com outros três A, em 1911: o Autismo, os distúrbios Associativos e os da Afetividade. Tal associação produz uma particularidade na Ambivalência de Bleuler, aquela que Lacan (1948/1966: 115) articularia posteriormente com o conceito de *kakon*, o Mal, na relação imaginária com o outro quando ela é invadida pelo real, por falta de uma amarração dos três registros - real, simbólico e imaginário. À diferença da ambivalência freudiana, articulada com o conceito do desejo enquanto edípico que, ao contrário da primeira, amarra borromeanamente o imaginário e o real com o simbólico. Mas, para nos darmos conta de tais especificidades, foram necessários muitos anos com Freud e com Lacan, e é preciso dizer que ainda há um grande número daqueles que as identificam.

Esquizofrenia paranoide

Falar de esquizofrenia hoje é, antes de mais nada, retomar as contribuições históricas da verdadeira clínica que isolou essa entidade nosológica. Elas se encontram na psiquiatria clássica, particularmente de Kraepelin a Clérambault. Período que inclui as contribuições freudianas e as de seus leitores imediatos, como Jung e Bleuler. Lacan herda essas contribuições. Em seu texto "De nossos antecedentes" (1966b), ele inicia por lhes render homenagem. Refere um método de "exaustão clínica", certamente aprendido com Clérambault (Alberti, 1999: 8), a quem Lacan nomeia, nesse texto, como seu único mestre em psiquiatria, mas que teria sido formado por Kraepelin "*em quem o talento da clínica era alçado a um plano mais elevado*" (Lacan, 1966b: 66; grifo meu). Com efeito, quando se discutia a psiquiatria clássica no início do século XX, Kraepelin era uma referência necessária. O impressionante é que levou um século, depois da publicação da sexta edição do Tratado, para que algum texto seu fosse publicado traduzido no Brasil (Alberti, 1999) - publicação que nos servirá aqui de guia. E certamente não se trata de uma coincidência o fato de que essa tradução surgiu numa publicação de psicanalistas lacanianos... os analistas que, por definição, são treinados a um "retorno a" (Foucault, 1969/2001).

Então é na quarta edição de seu *Tratado* que Kraepelin levanta a hipótese da existência de processos degenerativos, rebatizados já na quinta, como processos demenciais. É em torno deles que iria articular um novo quadro nosológico da psiquiatria:

> Talvez seja sugerível que, do ponto de vista clínico, se distingam três grupos principais da *dementia praecox*, no entanto eles se ligam por transposições corriqueiras. Caracterizamos essas formas como a hebefrênica, a catatônica e a paranoide. A primeira delas corresponde à *dementia praecox* [...], a segunda, à catatonia, enquanto que a terceira compreende

os casos de *dementia paranoides* além daqueles normalmente atribuídos à paranoia quando levam rapidamente a um enfraquecimento psíquico em alto grau. Todo o campo da *dementia praecox* corresponde aos quadros que antigamente eram caracterizados como *processos de demenciação* (*Verblödungsprocesse*[4]); e proponho esse deslocamento nosológico porque a antiga denominação também inclui uma série de processos clínicos que dizem respeito à paralisia (*Paralyse*) e à demência senil (*Altersblödsinn*) (Kraepelin, 1899/1999: 45-46).

O que podemos concluir daqui é o fato de que o talento da clínica "alçado a um plano mais elevado" de Kraepelin lhe serviu para perceber, no meio de inúmeros debates nosológicos, a existência de uma afecção psíquica de tão profundas consequências que equivaleria aos outros processos de demenciação, sem, no entanto, ser igual a eles. Ao contrário da demência senil, é uma demência precoce e modifica o modo do pensamento de forma definitiva.

Kraepelin continua:

> A variação dos estados que observamos durante a *Dementia praecox* é muito grande de forma que a observação superficial tem dificuldades de conhecer a correlação intrínseca. No entanto, sempre novamente nos deparamos com determinados distúrbios básicos de forma mais ou menos pregnante, e mais puramente nos estados terminais durante os quais as modificações permanentes e específicas da vida anímica se sobrepõem à fenomenologia paralela, mais acidental e passageira (Kraepelin, 1899/1999: 46).

Não se trata, pois, de modificações do pensamento superficiais; aliás, observa ele logo depois, "a orientação dos doentes geralmente não se modifica [...]" (Kraepelin, 1899/1999: 46) - o que por si já os distingue dos pacientes que apresentam uma demência senil -, mesmo se a orientação "muitas vezes é influenciada por formações delirantes [...] *porque suas representações delirantes são mais fortes do que as referências dadas à percepção*" (Kraepelin, 1899/1999: 46). Demência então bem atípica em relação a outras até então identificadas. Pois não se trata de uma

[4] Algumas vezes a tradutora optou por repetir entre parênteses o termo em alemão, para fins de conferência.

incapacidade, nem de ignorância e sim, como diria Freud um quarto de século depois, da criação de uma nova realidade (Freud, 1924/1975). Novamente é preciso sublinhar: como Kraepelin pôde se dar conta disso senão pelo seu particular talento clínico para escutar seus pacientes, sem poupar energias. Muito mais do que observá-los em seus comportamentos, Kraepelin os fazia contar o que eles pensavam. Daí a percepção de que a grande questão estava na própria forma do pensamento, muito mais aí do que na maneira de se portar. Kraepelin teoriza que, nestes casos, a forma de pensamento é consequência de falsas percepções, de alucinações verbais (ou auditivas, como dizia), a sensação de estar sendo transpassado por correntes, de ser tocado, de ser influenciado, ou seja, todos os fenômenos que, anos depois, De Clérambault identificaria como sendo da ordem do automatismo mental. Sem que a consciência seja afetada, pois "em muitos casos há total clareza da consciência" (Kraepelin, 1899/1999: 47), mesmo se há graves distúrbios da atenção. Como Freud explicaria um ano depois (1900/1972), a atenção é a energia própria da consciência, a investir os objetos do mundo externo para identificar aqueles que queremos reencontrar e os outros, aversivos para o eu. Na medida em que o sujeito esquizofrênico tem seu inconsciente a céu aberto, como mais tarde identificaria Jacques Lacan (1955-1956/1975), a própria consciência como tela da percepção está muito mais voltada para o mundo interno no surto esquizofrênico do que para qualquer objeto do mundo externo. As "falsas percepções" teorizadas por Kraepelin são, na realidade, percepções do que verdadeiramente se projeta na tela da percepção em consequência de o inconsciente estar a céu aberto. Ou seja, porque na psicose a censura que separaria inconsciente e pré-consciente está abolida; tal como no sonho de qualquer sujeito, aquilo que ele vê, ouve ou sente são traços mnêmicos inconscientes investidos e, por isso, projetados na tela da percepção. Como se trata de traços mnêmicos inconscientes, eles são regidos pelo que Freud teorizou como processo primário, cuja lógica escapa àquela com a qual pensamos pré-consciente e conscientemente, razão de emitirmos sobre ela, como já fazia Kraepelin, esse juízo de valor segundo o qual elas seriam "falsas". Por ocuparem a tela da percepção, insistentemente, impedem que nela se inscrevam as percepções que emanam do investimento no mundo externo (Freud, 1917/1975). É por essa única razão que a atenção está gravemente perturbada, como Kraepelin, sem a teoria que temos hoje a nosso dispor, já pode atestar através da clínica. Senão vejamos: "Falta aos doentes o interesse, a inclinação para dirigir sua atenção aos acontecimentos do ambiente a partir de um movimento interno próprio. Por mais que percebam bem o que acontece em torno deles, não o levam em conta, não procuram apreendê-lo nem compreendê-lo" (Kraepelin, 1899/1899: 47).

Passando por todos os fenômenos da automação mental, Kraepelin descreve então mais detalhadamente *o que ocorre com o pensamento e a linguagem* na esquizofrenia. "O *curso do pensamento* sofre mais cedo ou mais tarde. [...] forma-se, via de regra, uma certa desordem do pensamento. [...] Nos casos de distúrbio grave, não raro desenvolve-se a *perturbação da fala* com a perda total de qualquer coerência e com as suas formações de palavras novas" (Kraepelin, 1899/1899: 48; grifo meu). Mas isso se torna ainda bem mais evidente quando Kraepelin relata os casos que acompanha. São muitos. Tomemos um exemplo:

> Num certo número de casos, surge, nesse ponto, o desenvolvimento ininterrupto do delírio de grandeza; ele se torna mais produtivo e sem sentido, sem medida nem finalidade. O doente é uma criança trocada, conde Eberstein, monarca, a imperatriz Maria Theresa; após a reorganização do mundo, imperatriz da França, ideal de todas as mulheres, deusa mais divina, presidente da América de Hamburgo, Pio IX e Leo XIII numa só pessoa, é Jesasus Cristasusaesus Santusasus [*Jesasus Christasusaesus Heilandasus*], "deus do sentido" [*Sinngott*], médico, poeta, descobridor, gênio universal, pérola e suma do universo; ele sabe tudo, pode tudo, comanda tudo. Descende do duque de Brabant, dos profetas, do primeiro raio de sol, não veio ao mundo da forma natural, foi pescado na corrente do Amazonas, criado pela fricção de sangue e saliva, já viveu muitas vezes, vivenciou as mais estranhas experiências, dirigiu todos os acontecimentos históricos, comandou todas as guerras, voou pelo céu e pelo inferno; ele próprio foi Alexandre e César, Muhamed e Lutero, Goethe e Humboldt. Atravessou dez vezes o parto, cinquenta vezes morreu, é sempre novamente revivido porque lhe colocam um crânio fresco, diminuído pela ação de ataduras de gesso sobre seu corpo; ele tem as mais belas mulheres, filhos sem fim, possui o método de vida africano; não há como morrer.

> O reino de Deus veio a ele, sua memória foi desenvolvida até às nuvens; através dele os séculos são recompensados e a Alemanha é libertada. O bom Deus lhe mostrou tudo. Ele pode comer vulcões, carrega seu cérebro no ombro, e ofereceu-se como javalina a Nosso Senhor. Ele possui os mais belos castelos em terras estrangeiras, com nomes maravilhosos inventados por ele próprio, onde é servido por espíritos; possui enormes bens no sol, nas estrelas, uma riqueza incomensurável; irá casar-se com a princesa, guerrear na guerra das religiões, liberar o mundo das guerras, será *instalada* como mais poderosa senhora, é noiva do imperador Augusto, é proposto para carregar a bandeira da França, sabe o que representam as bandeiras que com ele têm relação a partir da coroação da memória; é um milagre que não acontecerá mais no mesmo século (Kraepelin, 1899/1899: 57; grifo meu).

Optei por retomar esse relato na íntegra aqui, pois ele me parece bastante paradigmático não só da minúcia do relato do próprio Kraepelin - que certamente anotava tudo o que seus pacientes diziam, valorando seus discursos e, portanto, sem qualquer juízo de valor sobre estes -, como também da fala de sujeitos com as evidentes características de uma esquizofrenia paranoide, como ainda podemos encontrar hoje, mas que Freud pôde reencontrar ao ler o texto do presidente Schreber, nas *Memórias* deste: o delírio de grandeza - que fundamenta o eu delirante -; os distúrbios de linguagem, como, por exemplo, a expressão "Jesasus Cristasusaesus Santusasus"; a particularidade de um Deus diferente daquele a que se tem normalmente referência - no caso, trata-se de um Deus do sentido -; a assintótica temporo-espacial - o paciente passa por todos os momentos da história, sempre identificado com os maiores de seus ícones, de forma a demonstrar no discurso a atemporalidade do processo primário, como Freud pôde conceituar mais tarde; o despedaçamento do corpo, em suas múltiplas facetas e a terrível experiência da mortificação, que, como diria também Schreber, o faz experimentar a morte somente para ser novamente ressuscitado e reexperimentá-la no dia seguinte; e, finalmente, a transformação em mulher - o empuxo-à-Mulher, de Lacan (1972-1973/1975).

Reler Kraepelin é uma aula de psiquiatria clínica, além de abrir uma questão para os leitores de Freud: na introdução a seu texto sobre

Schreber, Freud (1911/1973: 139) identifica a *demetia paranoides* com a paranoia, enquanto que para Kraepelin se trata de um dos três tipos de esquizofrenia. Evidenciar a justificativa para Freud ter inicialmente diagnosticado o caso Schreber como sendo o de uma *dementia paranoides*, termo que, na psiquiatria atual, é quase esquecimento, nos exige um estudo mais aprofundado da questão.

Se Kraepelin procura uma explicação no organismo, tem, no entanto, o cuidado de pesar, medir, aferir das mais variadas maneiras os seus pacientes, tenta até mesmo estabelecer etapas para o adoecimento. Sem encontrar uma resposta que lhe permita concluir sobre isso, Kraepelin jamais deixa de lado o fato de que há um distúrbio que é da ordem do psíquico.

> Mas sempre persiste uma limitação importante na capacidade de *trabalho psíquico*, fraqueza da memória e do juízo, apatia, perda da força para a ação e da atividade. Ou então, os doentes se apegam ainda às suas representações delirantes, porém se tornam indiferentes a elas e não constroem outras. Aos poucos, as representações doentias empalidecem para surgirem somente de maneira individual e temporária. Os doentes falam de si e de coisas distantes porém não tiram mais conclusões sobre isso. O *rex totius mundi*[5] se ocupa agora de jardinagem, o "Senhor Deus" carrega lenha, a "noiva de Cristo" costura e remenda. Em geral, contudo, a doença leva à confusão delirante. As representações doentias vão se tornando mais e mais dissociadas, incompreensíveis e desconexas; excentricidades na ação e no comportamento são cada vez mais frequentes, de forma que, por fim, a ordem dos pensamentos assim como a postura externa são totalmente perdidas (Kraepelin, 1899/1899: 71).

Com Freud

O que caracteriza a esquizofrenia, para Freud (1914/1975: 42), se resume a dois traços fundamentais no caráter que esses doentes mostram: o delírio de grandeza e o afastamento de seu interesse pelo mun-

[5] "rei do mundo todo".

do externo (tanto pessoas quanto coisas). Por essa última razão também desinvestem o tratamento psicanalítico e se tornam incuráveis diante de nossos esforços. Diferentemente da introversão da libido (Jung), para Freud o esquizofrênico não substitui o investimento em sua fantasia. Quando há reinvestimento estamos diante de uma tentativa de cura que quer reencaminhar a libido para o objeto.

Onde está então a libido na esquizofrenia? O delírio de grandeza surgiu às custas da libido objetal, provocando o narcisismo. O delírio de grandeza não é uma criação nova mas um aumento e uma explicitação de um estado que já existia. Donde esse narcisismo é secundário, construído sobre um narcisismo primário ao qual a libido tenta retornar sem conseguir. Pois, para um reinvestimento da libido no eu, seria necessária uma amarração borromeana, impossível em função da foraclusão do Nome-do-Pai. O ponto de partida do estudo disso em Freud é dado no texto "As novas observações sobre as neuropsicoses de defesa" (1896/1952), em que se estabelece como mecanismo da psicose a *Verwerfung* que, com Lacan, só pode ser do próprio significante da identificação primordial com o pai, ou seja, de sua ideia ou representação. Sua foraclusão é patognomônica, desde então, para todo caso de psicose. Lacan estabelece dois parâmetros para determinar o diagnóstico diferencial: a relação do sujeito com o Outro e com o gozo.

A estrutura da personalidade, como depreendemos da leitura dos textos de Jacques Lacan, é paranoica. Sua evidência se verifica nos determinantes do trabalho mais conhecido desse autor, "O estádio do espelho como formador da função do eu", em que Lacan observa que o eu se constitui a partir de uma gestaltização do mundo cuja raiz remonta à "assunção jubilatória de sua imagem especular [que parece] manifestar, numa situação exemplar, a matriz simbólica em que o eu se precipita numa forma primordial, antes de se objetivar na dialética da identificação com o outro e antes que a linguagem lhe restitua, no universal, sua função de sujeito" (Lacan, 1949/1966: 94).

Lacan sugere que essa forma do eu é o próprio eu ideal (*Ideal Ich*) freudiano, à origem das identificações secundárias que mais tarde se farão. Por que é paranoica? Por um lado, porque fundamenta toda identificação na projeção e introjeção das *Gestalten*, por outro, e é esse que aqui nos interessa mais, porque implica essa identificação numa fixação da postura que, no entanto, ainda não foi conseguida por causa da imaturidade motora e da dependência da amamentação. Note-se bem, Lacan diz que o eu ideal se constitui "antes que a linguagem lhe restitua, no universal, sua função de sujeito", mas isso não quer dizer que ele - o *infans* - não tem acesso ao simbólico; ao contrário, Lacan afirma que a assunção jubilatória manifesta "a matriz simbólica em que o eu se precipita numa forma primordial" (Lacan, 1949/1966: 94). Ele ainda não fala, mas já é - porque, na realidade, o é desde sempre - determinado pelo simbólico. Em consequência, é falado pelo Outro, o que o situará - ou não - no desejo Dele. Mas no campo jubilatório ele também pode se exercitar mesmo sem ser falante, o que décadas depois Lacan retomaria pela vertente do acontecimento de *lalangue* (Lacan, 1974). Lalação, balbucio, gozo de *lalangue* que antecipa um sujeito que fala. Matriz que levara Freud a postular o momento em que o bebê é observado pelo Outro que o cerca como Majestade, provocando o júbilo em todo seu ambiente. Desconsiderando sua própria imaturidade, se crê completo, sem falhas. Eis onde poderá se instalar o delírio de grandeza no caso de o sujeito escolher manter-se nessa direção. Na clínica diferencial entre paranoia e esquizofrenia, como veremos, o delírio de grandeza tem grande importância, pois diante da dissociação esquizofrênica ele não se justificaria, enquanto que, na paranoia, impera. Schreber se situa entre ambas: há um delírio de grandeza - e Freud o afirma -, mas apenas por um tempo. O tempo em que permanece "Mulher de Deus". No momento em que isso se dissipa, em que soçobra num autismo mortal, já não há mais tal delírio. O que não deixa de provocar uma nova questão: haveria esse fenômeno da lalação no bebê esquizofrênico? Ou ele é, desde sempre, apenas objeto falado pelo Outro?

A determinação simbólica é fato do humano, não há ser humano que não seja determinado pelo simbólico e, por mais desumanizado que um sujeito possa estar, quer seja pelas condições em que se encontra por determinação da sociedade, quer pelas suas próprias escolhas por não humanizar-se, ou seja, normalizar-se, ou seja, neurotizar, ele ainda assim é absolutamente determinado pelo simbólico, nem mesmo quando este está desamarrado do real e do imaginário.

Isso o sujeito esquizofrênico esclarece definitivamente, para quem quiser ver.

> A esquize é a própria impossibilidade por Freud nomeada como rochedo da castração. Quando se viu que o esquizofrênico a presentificava em seu sofrimento – a ponto de às vezes operar a castração em ato – houve quem fizesse o elogio da loucura. Todo véu imaginário se rasga e os olhos apontam uma realidade que os psiquiatras do movimento surrealista dos anos 1920-30 chamavam de esquizofasia e esquizografia (Alberti, 1999: 10).

Como toda doença psíquica, conforme Freud, também a esquizofrenia é uma escolha do sujeito, cuja versão mais dramática se mostra no que ficou conhecido a partir dos anos 1970 nessa síndrome chamada autismo e que nada mais é do que o horror, esquizofrênico, frente ao relacionamento com os outros. Bleuler sabia muito bem, já em 1911, que o autismo está na base de toda esquizofrenia; Leo Kanner, aliás, também – basta ler seus primeiros textos. Escolher a submissão ao império do gozo "lança o autista no limite do humano, não somente no sentido da desumanização por horror à demanda, como também no sentido de que a palavra – própria do homem – é tomada em sua absoluta substância, razão que levou Lacan a observar que os autistas são 'simplesmente pessoas para quem o peso das palavras é muito sério'" (Alberti, 1999: 11-12).

Se o esquizofrênico se submete ao império do gozo é porque os significantes se dispersam, não encontrando ponto de amarração. Outra coisa acontece na paranoia: o paranoico se submete ao império do sentido, mas este não é fálico, enquanto sempre remetendo à falta; ao contrário, o sentido se constitui da absoluta submissão de todo significante a um mesmo significante elevado à completude. A ilusão do eu como completo, onipotente, megalomaníaco está na base de todo delírio paranoico (como já conceituara Kraepelin) e que se acredita Um, o S_1 (Lacan, 1971-1972/2011).

Levanto a hipótese de que, se, na esquizofrenia - inclusive a paranoica -, a metáfora paterna não cessa de não se inscrever, na paranoia algo dela se inscreve: DM/x, ou seja, o sujeito paranoico se identifica no lugar da incógnita, objeto no desejo da mãe, que não se dialetiza por falta da operação do Nome-do-Pai, foracluído. Eis onde localizaria essa "matriz simbólica" a determinar a assunção jubilatória em que "o eu se precipita de forma primordial", em toda sua megalomania, pois o significante na paranoia, como observou já Kretschmer (1918), é retido, e o que é foracluído é o significante da recriminação - função paterna -, de maneira que é este que retorna do real como recriminação que aparece no Outro ali onde a autorrecriminação não acontece.

A fim de verificar a diferença que essa hipótese implica, proponho uma retomada do esquema I de Jacques Lacan, construído para interpretar o delírio do presidente Schreber, por Freud diagnosticado como uma demência paranoide, ou seja, um dos tipos clínicos que Kraepelin relacionou na esquizofrenia, ou, mais precisamente, na demência precoce. Qual é a sua estrutura - quero dizer, qual a estrutura desse delírio?

Ela se fundamenta em duas premissas: a primeira é a da foraclusão particular da psicose, ou seja, tanto P quanto □ são Zero (Lacan, 1957-1958/1966: 573). A segunda é a da assintótica. Figura geométrica, a assíntota é uma "reta que, prolongada indefinidamente, aproxima-se dos prolongamentos de uma curva, sem poder jamais encontrá-los" (cf. *Caldas Aulete*), o que faz com que a curva assintótica jamais encontre a reta que lhe daria o lastro, senão no infinito a partir do corte introduzido na geometria de Euclides. Premissas que Jacques Lacan identificou no texto freudiano, formalizando-as a partir dessa sua leitura que se baseia no próprio texto de Schreber quando diz que, dali a quatrocentos anos, criaria uma nova geração de homens, o que, para um mortal, é o infinito. Pois bem, no que tange a essa estruturação, a única coisa palpável é o gozo que daí decorre, gozo transexual, como diz Schreber, e gozo do Outro, a invadir seu corpo.

Diferentemente do que acontece na estrutura paranoica do delírio que Freud, já nesse mesmo texto, ou seja, em 1911 (1973), formaliza gramaticalmente a partir do quê? Da relação narcísica do eu com o outro, da estrutura projetiva e introjetiva em que, como Lacan verificou no texto de 1949 (1966), amor e ódio se identificam. Da matriz simbólica em que eu e outro são os dois polos de um mesmo eixo especular, e em que certamente a diferença - sexual - não tem registro, o eu o amo pode, persecutoriamente, se verificar no ele me odeia (persegue); erotomaniacamente, no ele me ama, e no delírio de ciúme: ela o ama. Isto não é assintótico, não ocorre no infinito, é absolutamente atual e determinado por esta matriz que retém a significação pela *Verhaltung* (cf. Kretschmer, in Lacan, 1932/1975: 90), a retenção de um significante.

A hipótese que levanto é que, se o sujeito esquizofrênico presentifica com seu sofrimento a própria impossibilidade por Freud nomeada como rochedo da castração - esquize -, o sujeito paranoico a projeta nos outros, identificando-se com o ao menos um que não se inscreve na série, por ser o próprio desejo do Outro não castrado, estrutura da personalidade a duvidar sempre dos outros. Tipo sensitivo, como era chamado pela psiquiatria, constrói uma realidade referida à *Verhaltung* "na consciência das representações correspondentes" (Lacan, 1932/1975: 90). Numa nota de pé de página, Lacan lista os conceitos que estão na base da teoria kretschmeriana do caráter: "capacidade de impressão (*Eindrucksfähigkeit*), capacidade de retenção (*Retentionsfähigkeit*), atividade intrapsíquica (*intrapsychische Aktivität*) e capacidade de condução (*Leitungsfähigkeit*)" (Lacan, 1932/1975: 90). Desta forma, Kretschmer opõe o modo de reação da repressão, que implica a representação do acontecimento e o estado afetivo desagradável associado a ela a se reproduzirem indefinidamente na consciência, ao recalcamento na histeria, que joga para o inconsciente a lembrança penosa. Na realidade, Kretschmer (in Lacan, 1932/1975: 90) critica Freud por este não ter se dado conta da diferença entre a retenção (*Verhaltung*) da ideia prevalente na paranoia e o seu recalcamento (*Verdrängung*), este último como mecanismo específico da histeria.

Associada a uma experiência sexual, profissional ou socialmente penosa, a semiologia do sintoma delirante então se baseia "no conteúdo representativo e no estado afetivo que são absolutamente centrados durante o período de estado da doença em torno da experiência patogênica" (Kretschmer, in Lacan, 1932/1975: 94). O que salta aos olhos no delírio paranoico é justamente esse centramento de uma interpretação sempre a mesma, de impossível dialetização, não tanto para dar consistência imaginária ao gozo do Outro, como no caso do delírio paranoide na dissociação esquizofrênica, mas para evitar os efeitos da esquize produzida pela própria inscrição do gozo.

Se a retenção especifica a função do significante na paranoia, poderíamos contrapô-la à assintótica do delírio da esquizofrenia paranoide tendo por modelo o esquema I proposto por Lacan para representar a estruturação do delírio de Schreber? De um lado, a concentricidade do S_1 na paranoia, de outro, a dispersão dos S_1 na esquizofrenia (Alberti, 2002). Quanto a isso, um exemplo foi também publicado em 2000; o sujeito propõe: minha idade absoluta é de mais de 5.600 anos (cf. o texto "O Oceano Omar" in *Revista Isto É*, 26/7/2000).

Permanece então a questão sobre o diagnóstico final dado por Freud ao Presidente Schreber e que se fundamenta, fenomenologicamente, no fato de ele ter podido construir uma metáfora delirante, por um lado - "sou a Mulher de Deus" -, o que lhe serviu, por algum tempo, para suprir a ausência de uma identificação ali onde a identificação ao pai estava foracluída e com ela o desejo, mas, por outro lado, no fato de isso não ter sido bastante para evitar a instalação do autismo nos últimos quatro anos de sua vida, um dos quatro "A" da esquizofrenia de Bleuler.

Recapitulemos o caso Schreber da primeira crise, em 1884. Freud observa que o médico que então o atendeu escrevera no prontuário que se tratava simplesmente de uma grave hipocondria. Na ausência de maiores detalhes quanto a esta, é somente o relato do segundo adoecimento que explicita a forma da hipocondria experimentada por Schreber e que, podemos dizer, se enquadra perfeitamente num verdadeiro despedaçamento do corpo e de todas as *Gestalten* a que poderia ter tido acesso. Isso necessariamente implica uma completa desamarração do imaginário que, arrebentado, é invadido pelo real. Se, na introdução de seu texto, Freud identifica a demência paranoide de Schreber com a paranoia, no último parágrafo de seu estudo a associa à esquizofrenia. Já em 1908 escrevia: "É verossímil, no final das contas, que o caminho que leva da paranoia à demência precoce passando pela demência paranoide é uma transição contínua e que a proporção da mescla entre autoerotismo e projeção podem ser diferentes conforme cada caso de perturbação do amor de objeto" (Freud & Ferenczi, 1908).

Como já observava Lacan (1955-1956/1975), em 16 de novembro de 1955, Freud não era muito afeito às taxionomias (ver também Burgarelli & Santiago, 2009), mas nem por isso não sabia do que estava falando...

O efeito sujeito e a psicopatologia: a clínica do real

A primeira subversão do *cogito* promovida pela descoberta do sujeito do inconsciente – "penso onde não sou, sou onde não penso" – desvela que, para além da ciência moderna, existe o efeito sujeito, em constante retorno para denunciar que não é possível saber tudo, que há a castração – o que está no cerne da psicopatologia. Aos analistas do século XXI cabe responder à convocação de Jacques Lacan para sustentar esse efeito, em interlocução com os demais campos de saber. Os analistas, aliás, devem aprender a verificar esse efeito a cada nova experiência clínica.

Lacan também nos convocou para uma outra coisa: não recuar diante da psicose! Entendo que isso implica duas coisas, principalmente: 1) como analistas, franquear ao sujeito psicótico o discurso inventado por Freud e 2) não nos acovardarmos diante da psicose; ao contrário, nos deixar ensinar por ela, pois certamente ela tem muito a acrescentar ao saber que a psicanálise constrói. Foi a psiquiatria clássica que permitiu, tanto a Freud, quanto a Lacan, constituírem esse vasto campo clínico que é o campo das psicoses. Na realidade, fundamentalmente ele nos ensina a clínica do real, aquela que presentifica, da forma a mais evidente, o impossível.

Entre 1973 e 1974, Lacan define o real: o três é o real (Lacan, 1973-1974), referindo-se às três consistências borromeanamente amarradas. Como já observava Freud, é a psicopatologia que ensina ao psicanalista sobre o normal e não vice-versa. Isso implica, antes de mais nada, que a psicanálise vai na contramão da normalização do louco, pois é a verdade de seu sofrimento que põe à mostra o que o neurótico procura velar dele mesmo. Clínica do mal-estar, como pudemos chamá-la no recente I Congresso Latino-americano de Psicanálise na Universidade[6], a psicanálise encontrou na escuta de sujeitos psicóticos o meio mais direto de se deixar ensinar pelo que falha, claudica, repete e goza. Se o sujeito neurótico tem na angústia - que é sempre angústia de castração, como também ensinou Freud - a forma de se proteger do horror do mal-estar intrínseco ao embate que se cria quando o ser é alienado ao Outro (Lacan, 1964/1973), isso ocorre porque, na neurose, tal angústia se revela em função interseção das três consistências, real, simbólico e imaginário, borromeanamente amarradas. No caso da psicose, por falta de uma amarração borromeana, não há meio de limitação da angústia, e então ou sua libido escorre numa "hemorragia interna" (Freud, 1895/1999: 102), no caso da melancolia; ou é preciso se colar num significante retido para evitar o despedaçamento e com ele tentar construir uma metáfora delirante, no caso da paranoia; ou, finalmente, como na esquizofrenia, o sujeito aniquila, anula toda e qualquer alienação visando uma separação que não se dá porque não é possível ser onde não se pensa (Lacan, 1966-1967 e 1967-1968).

Eis mais uma vez a psicose ensinando o psicanalista sobre a psicopatologia: se o neurótico crê possível ser onde não pensa, é porque gostaria de ser tão livre quanto o louco, idealizando tal liberdade, tanto

[6] I CONLAPSA, realizado pelo Programa de Pós-graduação em Psicanálise da Universidade do Estado do Rio de Janeiro, com a participação de muitos colegas do Brasil e da América Latina, em agosto de 2011.

mais quanto mais se acovarda diante de suas escolhas. É somente na clareza que se descortina da clínica da psicose que Lacan pode finalmente concluir seu anti*cogito*: não penso, quando me alieno do Outro / não sou quando, na vertente das implicações verdadeiras, exclusivamente submetidas à lógica e, portanto, à determinação significante, aniquilo o ser (Lacan, 1966-1967 e 1967-1968). Não há clínica que o testemunhe melhor do que aquela da esquizofrenia, para o desespero do psicanalista que tem somente seu desejo a oferecer... é desesperadamente pouco, mas é só isso o que ele tem.

Render-se à sua própria insignificância, na clínica da psicose, ensina sobre o lugar de objeto que o psicanalista ocupa na clínica do real. Mas há a resistência do psicanalista também, Lacan chega a dizer que é a resistência por excelência. Levanto a hipótese de que foi ela que levou à *psicanalização*, à qual me referia no início desse texto. Retomemo-la, para terminar.

Já pude citar a observação segundo a qual os avanços promovidos por Bleuler no campo das psicoses se deveu ao fato de ele ter ido buscar "um sentido para os sintomas à luz dos mecanismos e da formação dos sonhos, levando em conta o sujeito do inconsciente" (Quinet, 1999: 81). Minha hipótese é a de que tal sentido vetorializou de uma forma absolutamente nova o trabalho com a psicose, abrindo para uma leitura do material clínico que permitiu a Lacan, sessenta e quatro anos depois, estipular a desamarração dos três registros, das três consistências, no campo da esquizofrenia. Isso só foi possível porque o sentido dos sintomas à luz dos mecanismos e da formação dos sonhos pôs em evidência a clínica do real, das três consistências, e não porque abriu as comportas de cada vez mais sentido à sintomatologia. Há, na realidade, duas formas de se ler o sentido. A primeira, na articulação com o *signatum* estoico, que dá sentido ao significante, aquele sentido a que Lacan (1974) compara um peixe voraz que quer sempre mais sentido, a ponto de explodir de tanto sentido que engole. Eis a vertente que levou à psicanalização da clínica, que atribuía cada vez mais sentido, empanturrando os analisantes com esses sentidos, assim como se empanturram com as medicações, que cada vez mais são distribuídas por laboratórios. Tal vertente acaba por equivaler a medicalização a psicanalização, em ambos os casos pretende-se calar os sintomas. No primeiro caso, com a medicação; no segundo, com o sentido.

Mas há outra forma de ler o sentido, o sentido como vetor, que sinaliza a via por onde se deve seguir. Quando em 1955-1956/1975 Lacan critica a forma com a qual os psicanalistas abordam as psicoses pela vertente da esquizofrenia naquele momento, a questão que se coloca é a forma com que abordam as psicoses: engordando suas manifestações com cada vez mais sentido. A genialidade da construção delirante na paranoia, ao contrário, especificamente gramatical, como Freud a pôde situar em seu estudo sobre o livro do Presidente Schreber, fura o sentido e estabelece a lógica que vetorializa as diferentes formas do delírio: o delírio de perseguição, o erotomaníaco e o de ciúme, puras consequências da implicação lógica que se baseia no fato de que, por um lado, o inconsciente está a céu aberto na psicose e, por outro, de que a foraclusão do Nome-do-Pai impede a assunção da diferença, em decorrência do que o eu permanece o outro, e o ódio, o amor. Lacan levou vinte anos para poder retomar a esquizofrenia e, quando o fez, balizou-se com a genialidade de James Joyce (Lacan, 1975-1976/2005), tirando as consequências de todo desenvolvimento de seu ensino. Somente nesse momento formalizou a equivalência entre real, simbólico e imaginário a basear a clínica do real - a clínica sustentada no fato de que o real é o três: R. S. I.

Referências bibliográficas

Alberti, S. (org.). (1999). Apresentação. *Autismo e esquizofrenia na clínica da esquize* (pp. 7-16). Rio de Janeiro: Marca d'Água.

Alberti, S. (2002). Os paranóicos e a psicose. In: Quinet, A. (org.). *Na mira do Outro: a paranóia e seus fenômenos* (pp. 67-84). Rio de Janeiro: Rios Ambiciosos.

Barth, L. F. & Folberg, M. N. (2008). Da pseudociência paranóica à ciência da paranóia. *Ágora: Estudos em teoria psicanalítica, 11*, 1. Rio de Janeiro. Jan./Jun.

Disponível em <http://dx.doi.org/10.1590/S1516-14982008000100005>. Recuperado em 10 de setembro de 2011.

Bercherie, P. (1987). *Fundamentos da clínica.* Rio de Janeiro: J. Zahar.

Burgarelli, S. R. & Santiago, J. (2009). A psicose de Lacan a Freud. *Arquivos Brasileiros de Psicologia, 61,* 1, 143-152.

Caldas Aulete - Dicionário Contemporâneo da Língua Portuguesa. (1958). Rio de Janeiro: Delta.

Foucault, M. (1969/2001). Qu'est-ce qu'un auteur? *Dits et écrits (1954-1969)* (pp.789-821). Paris: Quarto Gallimard.

Freud, S. (1895/1999). Manuskript G - Melancholie. *Briefe an Wilhelm Fliess (1887-1904)* (pp. 96-102). Frankfurt a.M.: S. Fischer.

Freud, S. (1896/1952). Neue Bemerkungen zu den Abwehr-Neuropsychosen. *Gesammelte Werke,* v. I. Frankfurt a. M.: S. Fischer.

Freud, S. (1900/1972). Die Traumdeutung. *Studienausgabe,* v. II. Frankfurt a. M.: S. Fischer.

Freud, S. (1908a/1973). Charakter und Analerotik. *Studienausgabe,* v. VII. Frankfurt a. M.: S. Fischer.

Freud, S. (1909/1973). Bemerkungen über einen Fall von Zwangsneurose. *Studienausgabe,* v. VII. Frankfurt a. M.: S. Fischer.

Freud, S. (1911/1973). Über einen autobiographisch beschriebenen Fall von Paranoia. *Studienausgabe,* v. VII. Frankfurt a. M.: S. Fischer.

Freud, S. (1914/1975). Zur Einführung des Narzissmus. *Studienausgabe.* v. III Frankfurt a. M.: S. Fischer.

Freud, S. (1917/1975). Metapsychologische Ergänzung zur Traumlehre. *Studienausgabe.* v. III. Frankfurt a. M.: S. Fischer.

Freud, S. (1924/1975). Der Realitätsverlust bei Neurose und Psychose. *Studienausgabe,* v. III. Frankfurt a. M.: S. Fischer.

Freud, S. (1938/1975). Die Ichspaltung im Abwehrvorgang. *Studienausgabe,* v. III. Frankfurt a. M.: S. Fischer.

Freud, S. & Ferenczi, S. (1908). Correspondence. Traduit de l'allemand par le groupe de traduction du Coq-Héron. Disponível em <http://www.lutecium.org/wordpress/1908/11/correspondance-freud-ferenczi-1908/>. Recuperado em 10 de setembro de 2011.

Kraepelin, E. (1899/1999). A demência precoce. Tradução de Sonia Alberti. Alberti, S. (org.). *Autismo e esquizofrenia na clínica da esquize* (pp. 45-72). Rio de Janeiro: Marca d'Água.

Kretschmer, E. (1918). *Der sensitive Beziehungswahn*. Berlin: J. Springer.

Lacan, J. (1932/1975) *De la psychose paranoïaque dans ses rapports avec la personnalité*. Suivi de Premiers écrits sur la paranoïa. Paris: Seuil.

Lacan, J. (1948/1966). L'agressivité en psychanalyse. *Écrits*. Paris: Seuil.

Lacan, J. (1949/1966). Le stade du miroir comme formateur de la fonction du Je. *Écrits*. Paris: Seuil.

Lacan, J. (1955-1956/1975). *Le Séminaire, livre III, Les Psychoses*. Paris: Seuil.

Lacan, J. (1957-1958/1966). D'une question préliminaire à tout traitement possible de la psychose. *Écrits*. Paris: Seuil.

Lacan, J. (1964/1973). *Le seminaire, livre XI, Les quatre concepts fondamentaux de la psychanalyse*. Paris: Seuil.

Lacan, J. (1966a). Psychanalyse et médécine. *Petits écrits et conférences*. Inédito.

Lacan, J. (1966b). De nos antécédents. *Écrits*. Paris: Seuil.

Lacan, J. (1966-1967). *Le Séminaire, livre XIV, La logique du fantasme*. Inédito.

Lacan, J. (1967-1968). *Le Séminaire, livre XV, L'acte psychanalytique*. Inédito. Disponível em <http://www.valas.fr/Jacques-Lacan-L-acte-Psychanalytique-1967-1968,136>. Recuperado em 10 de setembro de 2011.

Lacan, J. (1971-1972/2011). *Le Séminaire, livre XIX, ...Ou pire*. Paris: Seuil.

Lacan, J. (1972-1973/1975). *Le Séminaire, livre XX, Encore*. Paris: Seuil.

Lacan, J. (1973-1974). *Le Séminaire, livre XXI, Les non dupes errent*. Inédito.

Lacan, J. (1974). La troisième. Inédito. Disponível em <www.valas.fr/Jacques--Lacan-La-Troisieme-transcription-par-P-Valas-et-cie-de-l-intervention-

-au-congres-de-l-EFP-a-Rome-1er-novembre-1974,011>. Recuperado em 10 de setembro de 2011.

Lacan, J. (1975-1976/2005). *Le Séminaire, livre XXIII, Le Sinthome*. Paris Seuil. Disponível em <http://espace.freud.pagesperso-orange.fr/topos/psycha/psysem/nondup/nondup1.htm>. Recuperado em 10 de setembro de 2011.

Pereira, M. E. C. (2001). Kraepelin e a criação do conceito "Demencia precoce". *Revista Latino-americana de Psicopatologia Fundamental, IV*, 4, 26-129.

Quinet, A. (1999). A psicopatologia da esquizofrenia: Bleuler com Freud e Lacan. In: Alberti, S. (org.). *Autismo e esquizofrenia na clínica da esquize* (pp. 79-108). Rio de Janeiro: Marca d'Água.

Schreber, D. P. (1903/1984). *Memórias de um doente dos nervos*. Rio de Janeiro: Graal.

Soler, C. (2001) A esquizofrenia. In: Quinet, A. (org.) *Psicanálise e psiquiatria: controvérsias e convergência* (pp. 237-244). Rio de Janeiro: Rios Ambiciosos.

Strauss, M. (1994). Psychanalyse et science. *Quarto, 56*, 23-30. Disponível em <http://lacanian.memory.online.fr/MStrauss_psychanalyse_et_science_94.htm>. Recuperado em 10 de setembro de 2011.

Psicanálise e genética: uma experiência de interlocução no SUS

Susane Vasconcelos Zanotti*
Isabella Lopes Monlleó**

Em 1966, Lacan discute o lugar da psicanálise na medicina. Nessa ocasião, considera que este lugar é marginal e extraterritorial, devido à posição da medicina com relação à psicanálise e à posição dos próprios psicanalistas. A medicina admite a psicanálise como uma espécie de ajuda exterior, de assistência terapêutica. E os psicanalistas provavelmente têm suas razões para querer conservar essa extraterritorialidade, embora Lacan deixe claro que essas razões não são compartilhadas por ele.

* Doutora em Psicologia (UFRJ) com estágio de doutorado em Paris VIII. Professora da Universidade Federal de Alagoas (UFAL). Tutora da Residência Multiprofissional em Saúde do HUPAA/UFAL. Pesquisadora dos Grupos de Pesquisa: Família, Gênero e Desenvolvimento Humano (UFAL/CNPq) e Clínica Psicanalítica (CLINP) – UFRJ/CNPq. Psicanalista. Correspondente da EBP-PE. Membro do GT Psicopatologia e Psicanálise da ANPEPP. E-mail: susanevz@yahoo.fr.

** Doutora em Ciências Médicas (UNICAMP) com estágio de doutorado na Universidade de Dundee, Reino Unido. Professora adjunta da Faculdade de Medicina da Universidade Estadual de Ciências da Saúde de Alagoas (UNCISAL). Médica responsável pelo Serviço de Genética Clínica do Hospital Universitário Prof. Alberto Antunes/UFAL. Líder do grupo de pesquisa História Natural dos Defeitos Congênitos e Deficiência Mental (UNCISAL/CNPq) e pesquisadora dos grupos Família, Gênero e Desenvolvimento Humano (UFAL/CNPq); Genética Médica e Clínica (UFAL/CNPq); História Natural das Anomalias Craniofaciais (UNICAMP/CNPq). E-mail: isabella.monlleo@gmail.com.

Do momento em que Lacan proferiu essa conferência no antigo Colégio de Medicina Francês até hoje, muita coisa mudou. Laurent (2007) discute o posicionamento dos psicanalistas de orientação lacaniana frente aos problemas da sociedade. Retoma a posição do intelectual crítico que surgiu no período dos movimentos considerados de esquerda na França, como aquele que se dedica apenas a criticar, e o compara ao analista. "É o analista que não tem qualquer ideal, que se apaga, que é tão-somente um vazio ambulante que não crê em nada" (Laurent, 2007: 142).

Para Laurent (2007) esse tipo de atitude incitou certo ideal de marginalização social da análise e a concepção de que um analista que não servia para nada a não ser para denunciar todos que serviam para alguma coisa. O desafio que esse autor sublinha é a passagem de um analista reservado, crítico, a um analista sensível, por exemplo, às formas de segregação. Nesse contexto, propõe o sintagma "analista cidadão".

O analista cidadão é aquele que ajuda a sociedade a respeitar a articulação entre normas e particularidades individuais (Laurent, 2007) e que não deve, por exemplo, se esquivar da assistência em saúde mental. No entanto, ele adverte que o analista deve, com outros, "contribuir para que não se esqueça, em nome da universalidade ou de qualquer outro universal, tanto humanista quanto anti-humanista, a particularidade de cada um" (Laurent, 2007: 144).

Um rápido olhar sobre a prática do psicanalista hoje demonstra sua entrada, mais uma vez, nos dispositivos de saúde mental, seguindo uma tendência mundial de trabalho em equipe no cuidado em saúde. Observa-se, igualmente, uma crescente inserção desses profissionais em escolas, hospitais e programas sociais.

No que se refere ao psicanalista em instituições de saúde, a pesquisa de Figueiredo (1997) sobre a clínica psicanalítica no ambulatório público aborda os desafios dessa prática: produtividade, demanda, pagamento e o tempo da análise na saúde pública. A aproximação entre psicanálise e saúde pública tem sido cada vez mais explorada, como demonstram os trabalhos de Moretto (2001), Fernández (2001), Pinheiro e Vilhena (2007), Dutra e Ferrari (2007) e Elias (2008). Incluir o discurso psicanalítico nesse espaço em que a determinação biológica ou o contexto social desresponsabilizam o sujeito por seu sofrimento é um dos desafios dessa prática que aposta na fala e no saber inconsciente.

O presente trabalho consiste em uma reflexão sobre a experiência de atendimento a pacientes com Distúrbios do Desenvolvimento do Sexo (DDS) em um hospital universitário, na conexão da psicanálise com a medicina. O intuito e a aposta inicial foram fazer operar uma clínica da parceria, conforme proposto por Amorim (2007) quando sublinha a importância de um psicanalista na clínica médica. O exercício dessa experiência, contudo, foi além da parceria. Propiciou a constituição da interlocução entre psicanálise e genética e o reconhecimento, *a posteriori*, de uma atuação efetivamente integrada.

Distúrbios do Desenvolvimento do Sexo (DDS)

O desenvolvimento do sexo na espécie humana é um processo complexo que tem início na vida intrauterina e se completa na idade adulta. Esse processo envolve fenômenos biológicos, psicológicos e sociais (Maciel-Guerra & Guerra-Júnior, 2010). Os fenômenos biológicos resultam da interação de genes, hormônios e receptores que determinam como será a morfologia genital, o tipo de gônada, os tipos de hormônios sexuais produzidos com suas repercussões sobre o crescimento e desenvolvimento e a fertilidade. Fenômenos psicológicos e sociais, influenciados pelas características biológicas, conferem singularidade aos sujeitos no que se refere à sua identidade e comportamento de gênero, bem como à sua orientação sexual (Hughes, Houk, Ahmed, Lee & LWPES1/ESPE2, 2006; Hughes, 2008; Maciel-Guerra & Guerra-Júnior, 2010).

Como categoria diagnóstica, os Distúrbios do Desenvolvimento do Sexo (DDS) compreendem condições em que ocorre desenvolvimento atípico do sexo cromossômico, gonadal ou anatômico. Esses distúrbios são denominados congênitos porque suas causas estão presentes desde a vida pré-natal, embora sejam reconhecidas em apenas 20% dos casos. Entre essas, estão alterações genéticas e não-genéticas (Hughes et al., 2006; Hughes, 2008; Maciel-Guerra & Guerra-Júnior, 2010).

A maioria dos pacientes tem manifestações clínicas ao nascimento. Essas manifestações compreendem diversas anormalidades genitais cuja frequência global é de 1 em cada 4500 recém-nascidos. A denominação *ambiguidade genital* é reservada para casos em que o exame macroscópico do recém-nascido não permite reconhecer sua genitália como sendo tipicamente feminina ou masculina (Hughes et al., 2006; Hughes, 2008; Maciel-Guerra & Guerra-Júnior, 2010). Em outros casos, entretanto, o quadro clínico só irá se manifestar na infância, na puberdade ou na idade adulta. O espectro das manifestações clínicas neste grupo compreende puberdade precoce ou tardia, virilização, ginecomastia, amenorreia primária e infertilidade (Hughes, 2008; Maciel-Guerra & Guerra-Júnior, 2010).

Avanços científicos no reconhecimento das bases moleculares do desenvolvimento normal e anormal do sexo, aliados à ampliação da consciência sobre aspectos éticos e direitos dos pacientes com DDS, promoveram a revisão da nomenclatura e da classificação desses distúrbios (Hughes et al., 2006; Hughes, 2008). Essa revisão, conhecida como Consenso de Chicago, pretendeu eliminar a utilização de termos pejorativos, estigmatizantes e pouco informativos como, por exemplo, *intersexo* substituído por *DDS, feminização testicular* por síndrome de insensibilidade aos andrógenos, *sexo reverso* por *disgenesia gonadal completa, hermafroditismo verdadeiro* por *DDS ovariotesticular*, etc (Hughes et al., 2006; Hughes, 2008; Damiani & Gerra-Júnior, 2007; Maciel-Guerra & Guerra-Júnior, 2010; Pasterski, Prentice & Hughes, 2010).

A investigação diagnóstica de um DDS tem início com o reconhecimento do sexo no nível cromossômico por meio da realização de exame de cariótipo. Este resultado, aliado à avaliação da morfologia da genitália externa, fornece pistas para o reconhecimento da base biológica do DDS e orienta o elenco de exames complementares que deverá ser solicitado (Hughes et al., 2006; Hughes, 2008; Maciel-Guerra & Guerra-Júnior, 2010).

Não existe fluxograma ou protocolo de investigação único e universalmente aplicável. De modo geral, deve-se abordar o funcionamento dos eixos hipófise-gônada, hipófise-adrenais com exames hormonais simples e a morfologia da genitália interna com exames de imagem. Nas etapas seguintes pode ser necessário realizar testes de estímulo hormonal, laparoscopia exploratória, biópsia de gônadas e testes moleculares específicos (Hughes et al., 2006; Hughes, 2008; Maciel-Guerra & Guerra-Júnior, 2010).

Infraestrutura laboratorial e existência de equipe de saúde qualificada e experiente são fatores que interferem na duração do processo diagnóstico. Atendidos os requisitos básicos, é possível realizar a investigação dentro de um prazo curto. Em outros casos, entretanto, a investigação diagnóstica pode ser longa e traumática para o paciente e sua família em face tanto da duração do processo propriamente dito, quanto da potencial necessidade de reexame da genitália externa por diferentes profissionais, da utilização de testes de estímulo hormonal e de realização de procedimentos cirúrgicos (Hughes et al., 2006; Hughes, 2008; Maciel-Guerra & Guerra-Júnior, 2010).

A impossibilidade de reconhecer o sexo anatômico ao nascimento instala impasses que perpassarão tanto a conduta dos profissionais de saúde quanto a organização familiar. A incerteza quanto ao sexo biológico interfere no processo de nomeação, registro civil, relação pais-filho e, portanto, no processo de constituição do sujeito. Para Ansermet (2003), essa indefinição do sexo biológico consiste em um real impossível de suportar. "é uma realidade que faz efração, impondo ao sujeito uma questão insolúvel, impossível de ser pensada" (Ansermet, 2003: 155).

Do mesmo modo, o reconhecimento tardio de um DDS envolve angústia e sofrimento por fazer emergir contradições entre o corpo biológico e a autoimagem. É o que ocorre, por exemplo, com meninos que durante a puberdade desenvolvem mamas, apresentam sangramento uretral cíclico decorrente da existência de útero ou mantêm órgãos genitais de tamanho infantil. Com meninas, a situação pode ser a ausência da menstruação e de crescimento mamário, hipertrofia de clitóris, desenvolvimento de musculatura e pelos corporais de padrão masculino e aparecimento de gônadas com características de testículos na região genital. Em todas essas situações, a puberdade acentua o efeito de obstáculo do desconhecido, característico de toda busca sexual (Ansermet, 2003). É neste contexto que a psicanálise é incluída como um discurso que pode auxiliar o sujeito a suportar o real que se apresenta.

Apesar de reconhecer posições e discursos distintos entre psicanálise e medicina (Moretto, 2001), nesta reflexão parte-se do ponto em que essas áreas se encontram: a clínica (Ansermet, 2003), ou seja, a particularidade de cada caso de DDS atendido.

A proposta do ambulatório integrado psicanálise - genética

De acordo com os consensos internacionais, a equipe indicada para atendimento de pessoas com DDS deve ser formada por profissionais das seguintes áreas: neonatologia, endocrinologia, cirurgia e urologia pediátricas, ginecologia, enfermagem, serviço social, genética clínica, psicologia/psiquiatria e bioética. Esta equipe deve ter experiência no acompanhamento de casos de DDS e deve contar com infraestrutura de hospital terciário (Hughes et al., 2006; Brain et al., 2010; Maciel-Guerra & Guerra-Júnior, 2010).

No Brasil, dentro do SUS, os hospitais universitários são instituições com recursos que muito se aproximam do modelo considerado ideal para o atendimento de pacientes com DDS. A natureza multiprofissional, complexa e especializada da atenção à saúde nesta área requer, todavia, algo que está além da capacidade estrutural e da disponibilidade de recursos humanos. As discussões sobre o conceito de integralidade têm reivindicado e promovido a incorporação do profissional de saúde mental nas equipes multiprofissionais.

No que se refere ao diagnóstico e tratamento de DDS, o Conselho Federal de Medicina (CFM), publicou, em 2003, a resolução 1.664 que recomenda as seguintes avaliações na abordagem dos pacientes: clínico-cirúrgica, hormonal, de imagem, psicossocial e genética. Embora o CFM incorpore a ideia de trabalho em equipe, a avaliação psicossocial, realizada por profissionais de saúde mental, é definida como ações com intuito de "minimizar as angústias suscitadas no meio social e familiar, ajudando-o a construir sua autoimagem".

Geralmente é a área de saúde mental que viabiliza a presença da psicanálise nas instituições públicas de saúde (Fernández, 2001). No entanto, estar presente é diferente de integrar uma equipe. A frase que descreve a avaliação psicossocial na Resolução do CFM assinala que o objetivo do atendimento consiste em "construir uma relação positiva entre os pais e a equipe medica". Assim, apesar de o CFM incluir os profissionais de saúde mental, nota-se que a prática destes profissionais ainda é concebida como uma espécie de ajuda exterior (Lacan, 1966/2001).

Por outro lado, a experiência dos profissionais que trabalham com DDS revela avanços nas parcerias estabelecidas entre a medicina e outras áreas do saber, como destaca o Grupo Interdisciplinar de Estudos da Determinação e Diferenciação do Sexo (GIEDDS). Segundo Maciel-Guerra e Guerra-Júnior (2010), para a abordagem desses casos é necessário o envolvimento de diversos profissionais da área da saúde cuja atuação deve ser conjunta e integrada.

Os autores consideram que esse modelo de atenção "permite não só maior rapidez no diagnóstico, mas também uniformização das informações que são transmitidas à família e, em consequência, maior confiança da família na equipe como um todo" (Maciel-Guerra & Guerra-Júnior, 2010: 452). Os autores ressaltam ainda que sem a participação desses profissionais "há uma duplicação de esforços, serviços e custos, com prejuízo da organização, expansão e qualidade do serviço" (Maciel-Guerra & Guerra-Júnior, 2010: 452).

Segundo Logan e McKendry (1982), entre as formas de organização de equipes multiprofissionais em saúde o modelo multidisciplinar se caracteriza por possibilitar cooperação. Os integrantes da equipe, entretanto, trabalham de forma independente uma vez que não há necessidade de construir consensos ou planos terapêuticos conjuntos.

No modelo interdisciplinar, profissionais de áreas relacionadas, mas não necessariamente semelhantes, estão envolvidos no desenvolvimento de um plano terapêutico, para o qual todos contribuem e no qual as decisões são tomadas coletivamente. Nesse processo, cada profissional apresenta sua opinião sobre o caso, após o que se dá a discussão, construção dos consensos e das recomendações que irão compor o plano terapêutico (Logan & McKendry, 1982).

A escolha e a manutenção de um determinado modelo organizacional são fortemente influenciadas pela natureza jurídica (pública ou privada), estrutura burocrática e densidade tecnológica da instituição na qual a equipe atua. Sobre essas características incidem fatores subjetivos como as relações de poder intrainstituição e intragrupo, relações profissional-paciente e até motivações particulares. Assim, deve-se considerar que o modelo organizacional de uma determinada equipe é mutável, segundo o fluxo de entrada e saída dos participantes e da dinâmica das relações interpessoais (Logan & McKendry, 1982).

O encontro da psicanálise com a genética no âmbito da pesquisa se deu entre as autoras deste texto, as quais vivenciaram, ao longo de suas trajetórias profissionais, diversas situações delicadas e desafiadoras envolvendo pacientes com DDS, tanto no campo clínico quanto na pesquisa. A pesquisa *Ambiguidade Genital*, realizada em 2007-2008, consistiu na primeira abordagem aos DDS no hospital em que o presente estudo foi desenvolvido. A investigação teve por objetivo conhecer as ações envolvidas na atenção à saúde desses pacientes e revelou a forma fragmentada, desarticulada e isolada como os atendimentos eram realizados.

Os resultados propiciaram a constituição de uma parceria entre a área de Psicologia e o Serviço de Genética Clínica formalizada por um projeto de extensão universitária para atendimento de pessoas com DDS entre 2008-2009. Em 2009, foi elaborada a proposta de implantação do *ambulatório integrado psicanálise – genética em DDS*. Essa proposta, subsidiada com recursos do Programa de Pesquisa para o SUS (Convênio Ministério da Saúde, CNPq, SESAU-AL e FAPEAL), envolveu 14 participantes entre profissionais e acadêmicos de psicologia e medicina. O objetivo da pesquisa foi analisar os resultados do atendimento integrado pacientes com DDS e seus familiares. A extensão do atendimento psicanalítico aos familiares está fundamentada no reconhecimento da importância da implicação da família no tratamento, do valor do desejo e da função dos pais na constituição do sujeito.

Assim, pessoas com diagnóstico de DDS provenientes de demanda espontânea ao Serviço de Genética Clínica e de busca-ativa de recém-nascidos nas maternidades-escola do Estado e seus genitores, foram convidadas a participar. Havendo concordância, foi estabelecida a seguinte rotina:

- Apresentação dos integrantes da equipe que seriam responsáveis pela condução do caso;
- Atendimento médico com solicitação de exames complementares pertinentes seguido de atendimento orientado pela psicanálise;
- Consultas de retorno para seguimento médico e psicanalítico;
- Consultas com outros profissionais conforme necessidades específicas de cada paciente e/ou família, como endocrinologistas, ginecologias, cirurgiões e assistentes sociais;
- Avaliação dos resultados dos exames, discussão do diagnóstico, das opções de tratamento e do aconselhamento genético, estabelecimento de consensos e pactuação da conduta a ser adotada pela equipe;
- Registro das reuniões.

A aposta em uma interlocução entre psicanálise e genética

No período de outubro de 2009 a março de 2011 foram atendidos 32 pacientes com DDS no ambulatório integrado de psicanálise e genética. Entre estes, 24 eram provenientes de demanda espontânea e oito, de busca-ativa de recém-nascidos. A faixa etária variou de poucos dias de vida até 33 anos, sendo a maior parte composta por crianças de até um ano procedentes do interior do Estado e de famílias com baixo nível socioeconômico.

A proposta consistiu na construção de um espaço destinado à discussão teórica e clínica sobre temas previamente definidos com ênfase na informação do diagnóstico e direção do tratamento com a participação dos pesquisadores e acadêmicos envolvidos no projeto. Além das autoras do texto, a equipe da pesquisa foi constituída por 8 bolsistas de iniciação científica; 4 do curso de medicina e 4 de psicologia, 6 estudantes voluntários, 3 de cada área e 3 psicólogas voluntárias.

Foram realizadas reuniões mensais com toda a equipe e, posteriormente, com a participação ocasional de uma assistente social, endócrino-pediatra e ginecologista. Dentre os assuntos abordados, o diagnóstico esteve entre os mais discutidos - informar ou não o diagnóstico, quando, como, o que, quem deve informá-lo e a quem (paciente, pais, familiares) informar. Essa discussão remeteu o grupo à reflexão acerca de aspectos éticos e legais subjacentes.

A alusão à teoria médica e à teoria psicanalítica foi necessária para avançar na busca de soluções para a condução dos casos. Por exemplo, em determinada reunião foram apresentados aspectos biológicos dos DDS, os possíveis diagnósticos e a terapêutica a ser seguida e também discutida, a partir da psicanálise, a ênfase na multiplicidade de aspectos envolvidos na determinação do sexo. No entanto, o método adotado não favoreceu a apropriação mútua dos fundamentos teóricos de cada área em vista de sua aplicação na condução conjunta dos casos.

Após um período de trabalho com esse modo de funcionamento, observou-se que as reuniões haviam perdido o elemento essencial de uma proposta de trabalho integrado - a discussão clínica. A abordagem dos aspectos teóricos desconectados dos problemas reais de cada caso levou o grupo a reduzir esse espaço de discussão a um momento para conciliar agendas.

Quando essa prática foi percebida, a estratégia foi alterada para reuniões focadas na discussão de cada caso. Nesse momento houve uma inversão de fluxo. O método passou a ser a reflexão conjunta a partir dos impasses surgidos no atendimento, seguido da busca de fundamentação teórica para compreendê-los e de retorno à discussão com a equipe. A frequência das reuniões passou a ser determinada pela urgência subjetiva e se tornou, em muitos momentos, semanal. Neste formato participavam apenas os responsáveis pelo caso a ser discutido, o que correspondia, em média, a quatro pessoas.

Se inicialmente o grupo apostou no saber teórico de cada área, desta fase em diante o *não saber*, ensejado por situações clínicas particulares se tornou o ponto de partida das discussões. Tomando como exemplo o caso de uma adolescente levada pela família ao ambulatório em busca de tratamento, foi preciso discutir como a equipe poderia criar condições para a paciente dizer suas dúvidas em relação ao diagnóstico e refletir sobre seus desejos e escolhas frente às opções de tratamento. Nesse mesmo caso, a equipe se indagou sobre as implicações da ordem dos atendimentos no mesmo dia - primeiro com a médica e em seguida com a psicóloga, ou vice-versa.

A análise dos registros das reuniões evidenciou aprofundamento das discussões que permitiu construir estratégias comuns para a condução de cada caso. Além disso, as reuniões evidenciaram a importância de se considerar o peso das palavras em situações como DDS.

A tentativa de promover uma atenção integrada psicanálise-genética em saúde, na acepção aqui adotada, foi o que conduziu este grupo de pesquisa para a busca da interdisciplinaridade. Essa trajetória, entretanto, não foi linear e não abrangeu todos os participantes ao longo de todo o período.

O envolvimento de profissionais de ginecologia, endocrinologia, cirurgia, pediatria e serviço social no atendimento e a participação ocasional de alguns desses nas reuniões gerais do grupo estabeleceram uma cooperação inédita. Este resultado se aproxima do modelo multidisciplinar que, apesar de suas limitações, representa um avanço no sentido de superar a reconhecida fragmentação e desarticulação do atendimento nesta área no hospital alvo deste estudo.

A prática fundamentada no discurso analítico tem possibilitado ao sujeito falar em transferência e à equipe, a invenção de estratégias clínicas a partir de cada caso. Como mencionado acima, após a mudança de paradigma na interlocução psicanálise-medicina, a ênfase foi dada à clínica, aos atendimentos e à apresentação do caso.

A dimensão subjetiva na clínica dos DDS

A experiência de interlocução discutida no presente texto abarca a importância da escuta clínica e a subjetividade, comumente sem lugar em hospital geral. Nesse contexto, faz-se necessário incluir algumas observações sobre a transferência e a ética da psicanálise.

A respeito da transferência e suposição de saber, Lacan (1966/2001) sublinha que "Na medida em que mais do que nunca a ciência está com a palavra, mais do que nunca suporta-se este mito do sujeito-suposto-saber, e isto que permite a existência do fenômeno da transferência enquanto remete ao mais primitivo, ao mais enraizado do desejo de saber" (Lacan, 1966/2001: 13).

A emergência da transferência no atendimento médico não é novidade. Freud (1916/2000: 518-519) na Conferência XXVII, ao discutir as duas formas de transferência, a positiva e a hostil ou negativa, afirma que "na medida em que sua transferência leva um sinal 'mais', ela reveste seu médico de autoridade e se transforma em crença nas suas comunicações e explicações". O autor ressalta a importância da transferência no atendimento médico, mesmo quando ela é cuidadosamente preservada e intocada.

A parceria entre os profissionais da genética e da psicologia, apresentada ao paciente como um plano terapêutico, possibilitou um deslizamento da transferência, depositada inicialmente no médico. Como destacado por Fonte (2006) a respeito de uma paciente que lhe fora encaminhada por um ginecologista, esse ato "introduz, certamente, a psicanálise como significante-mestre, o que edifica sua importância. A relação de confiança colocada pela paciente em seu médico transferiu-me um benefício *a priori*, pela indicação" (Fonte, 2006: 76-77). Na psicanálise, o manejo dessa transferência, considerada de acordo com a proposição lacaniana como suposição de saber, é fundamental para o tratamento, mecanismo que fará o paciente endereçar sua fala ao analista.

A fala ocupa um lugar central na psicanálise, todavia não se trata de pensar que falar, de modo geral, *per se*, faz bem, leva a algo, tem consequências. Para tanto, a fala deve ser ouvida por alguém. Como ressalta Lacan (1953/2003: 146) no "Discurso de Roma": "é preciso que a fala seja ouvida por alguém ali onde não podia nem sequer ser lida por ninguém". Mas vale lembrar que a escuta clínica pode ser paralisada pela resistência do lado do analista, como indica Lacan. A supervisão aqui ganha destaque por utilizar estratégias para fazer deslizar o discurso, para produzir novas articulações que permitam a escuta do sujeito.

No atendimento integrado psicanálise e genética o compromisso ético consistiu em possibilitar um espaço de fala para os pais e/ou pacientes com DDS e a ênfase recaiu sobre o dizer do paciente. A intenção era de fazer valer a ética da psicanálise e a emergência do sujeito do inconsciente.

No Seminário sobre a ética da psicanálise (1959-1960/1991), Lacan demonstra que esta ética está calcada na ética do bem dizer, do bem falar. Miller (1996) esclarece tal definição de Lacan: o dizer não é a palavra pura e simples e sim "a palavra enquanto ela funda um fato"

(Miller, 1996: 110). Fundar um fato pode ser entendido como a palavra que produz um efeito, que não é sem consequências.

A ética da psicanálise aponta para a dimensão da singularidade do desejo. Desejo que existe porque, segundo Lacan (1966/2001: 12), "existe algo de inconsciente, algo da linguagem que escapa ao sujeito em sua estrutura e seus efeitos e [...] há sempre no nível da linguagem alguma coisa que está além da consciência. É aí que pode se situar a função do desejo". Assim, orientada pela ética da psicanálise, a direção do tratamento nos casos de DDS não consiste em descobrir o *verdadeiro sexo* e adaptar o paciente a ele, pois visa o sujeito em seu desejo. Desejo que está relacionado à responsabilidade, como afirma Lacan (1965/1998: 859) em "A ciência e a verdade": "por nossa posição de sujeito, sempre somos responsáveis".

Nesse sentido, coube então à equipe oferecer um espaço de fala e de escuta sistemática que pudesse ajudar a dar sentido e *transformar* o real. Como afirma Miller (2001: 21) em "Elementos de biologia lacaniana", "Dando-lhe sentido, sentidos, múltiplos [...], a palavra transforma o real". Foi preciso, portanto, ocupar o lugar de quem escuta e não simplesmente ouve. A diferença, apesar de parecer sutil, tem relevância na medida em que escutar consiste em dar crédito à fala e implica na abertura para o Outro na sua diferença. A fala "dá sentido às funções do indivíduo, a seu corpo, às contingências de sua existência" (Miller, 2001: 21).

Lições e desafios do atendimento integrado psicanálise – genética

O desejo comum de modificar o cotidiano de fragmentação e desarticulação do atendimento a pacientes com DDS foi o que aproximou as áreas de psicanálise e genética no hospital em que este estudo foi realizado. Desse desejo e dessa aproximação surgiu uma parceria de trabalho clínico, inicialmente marcada pelo espírito de cooperação. Os participantes desta experiência, profissionais e acadêmicos, encontraram na parceria já estabelecida um território favorável para desenvolver a interlocução e a integração do atendimento a esses pacientes.

Apesar da disponibilidade dos profissionais e acadêmicos para experimentar a interlocução entre essas duas áreas, reconhecem-se importantes desafios. O primeiro se refere à dimensão do tempo. Na medicina o tempo destinado para o diagnóstico e tratamento é modulado pelos riscos à saúde. A direção nessa prática é o tempo cronológico. Na psicanálise, o tempo é outro. Não se pode prever a duração de um tratamento, ou até mesmo de seu início. Considera-se a dimensão erótica do tempo (Miller, 2001), o tempo do sujeito, as aberturas e fechamentos do inconsciente. A direção nessa prática é o *tempo lógico*, no qual não é possível prever o instante de ver, o tempo para compreender e o momento de concluir para cada sujeito (Lacan, 1945/1998).

O segundo diz respeito ao uso de termos e conceitos da literatura médica e psicanalítica. Foi necessário certo tempo e empenho da equipe para conhecer a terminologia utilizada por cada profissional. No decorrer das reuniões notou-se, na fala dos participantes, que os discursos foram *contaminados* por alguns termos próprios de cada uma das áreas, o que favoreceu a interlocução.

O terceiro concerne à questão do sigilo dentro da equipe de saúde. Considera-se este um dos impasses da atuação do psicólogo em equipe multiprofissional de saúde. Como preservar o sigilo sobre o que foi verbalizado pelo paciente e ao mesmo tempo participar da discussão de cada caso? Em diferentes momentos da interlocução entre a psicanálise e a medicina essa questão teve lugar. A equipe se questionou a respeito de quais informações o psicólogo deveria fornecer aos demais integrantes da equipe.

De um lado, tinha-se a sensação de que os psicólogos estavam escondendo algo dos outros profissionais. De outro, os psicólogos, em alguns momentos, não sabiam o que dizer; às vezes falavam *de menos* e, em outras vezes, *demais*. Nesse momento, foi fundamental a conversação sobre sigilo, confiança e sua importância no atendimento de orientação psicanalítica. A posição adotada consistiu em extrair algo do dito do paciente sobre sua posição subjetiva (Miller, 1997) e comunicar à equipe apenas as informações que eram importantes para a discussão daquele caso. A partir dessa atitude foi possível rever tanto a relação entre equipe e paciente quanto as ações da equipe na condução do tratamento.

As características da instituição em que a experiência foi realizada - hospital universitário, de alta complexidade, inserido no SUS - e fatores subjetivos inerentes às relações interpessoais são dificuldades reconhecidas em todo trabalho em equipe. Essas dificuldades foram comuns a todas as áreas do saber que se envolveram nesta proposta.

O exercício da interlocução suscitou a reflexão sobre a dimensão da transferência e da ética da psicanálise, a questão do sigilo dentro da equipe de saúde, o tempo no processo terapêutico, as normas institucionais e o dispositivo clínico-institucional. Além disso, fez emergir a necessidade de mútua apropriação da linguagem própria a cada área.

As áreas de psicologia e genética oscilaram entre o modelo multidisciplinar e interdisciplinar, tendo se aproximado deste último todas as vezes em que a interlocução efetivamente se estabeleceu. A diversidade de olhares e saberes permitiu a ampliação do entendimento do sujeito com DDS na perspectiva da reconciliação entre suas dimensões biológica, psicológica e social e da promoção de um lugar para o sujeito e seu desejo.

Em relação à inclusão do discurso psicanalítico no ambulatório de genética clínica evidencia-se ainda uma via possível de sua transmissão na Universidade. Ao mesmo tempo que confirma a relevância da contribuição da teoria psicanalítica no contexto hospitalar, tanto para o atendimento clínico quanto para o trabalho em parceria com profissionais que se apoiam em outros discursos.

A experiência mostrou a viabilidade da proposta de atendimento integrado entre psicanálise e genética na clínica do DDS, e revelou que interlocução e atendimento clínico integrado não são práticas (ou atitudes) perenes a partir do seu estabelecimento. Reconstruí-las continuamente, a cada caso e entre os integrantes da equipe, é o desafio que se apresenta.

Referências bibliográficas

Amorim. F. (2007). O custo psíquico e financeiro de não levar o desejo inconsciente a sério. *As notícias curtas d'A Letra du Réseau pour la psychanalyse à l'hopital*. Inédito.

Ansermet, F.(2003). Prólogo. *Clínica da origem: a criança entre a medicina e a psicanálise* (pp. 7-18). Rio de Janeiro: Ed. Contra capa.

Ansermet, F. (2003). A ambiguidade sexual. *Clínica da origem: a criança entre a medicina e a psicanálise* (pp. 147-162). Rio de Janeiro: Ed. Contra capa.

Brain, C. E.; Creighton, S .M.; Mushtaq, I.; Carmichael, P. A.; Barnicoat, A.; Honour, J. W.; Larcher, V. & Archermann, J. C. (2010). Holistic management of DSD. *Best Practice & Research clinical Endocrinology & Metabolism, 24*, 335-354.

Conselho Federal de Medicina (CFM). (2003). Resolução No. 1.664/2003. Publicada no DOU. 13 de maio 2003. Seção 1, *14*, 101. Disponível em <http://www.portalmedico.org.br/resolucoes/cfm/2003/1664_2003.htm>. Recuperado em 3 de maio de 2011.

Damiani, D. & Guerra-Júnior, G. (2007). As novas definições e classificações dos estados intersexuais: o que o Consenso de Chicago contribui para o estado da arte? *Arquivos Brasileiros de Endocrinologia e Metabologia, 51*(6), 1013-1017.

Dutra, A. G. C & Ferrari, I. F. (2007). Um estudo sobre a psicanálise aplicada em um hospital geral. *Arquivos Brasileiros de Psicologia, 59*(2), 270-282.

Elias, V. A. (2008). Psicanálise no hospital: algumas considerações a partir de Freud. *Revista da Sociedade Brasileira de Psicologia Hospitalar, 11*, 87-100.

Fernández, M. R. (2001). A prática da psicanálise lacaniana em centros de saúde: psicanálise e saúde pública. *Dissertação* (Escola Nacional de Saúde Pública da Fundação Oswaldo Cruz) - ENSP/FIOCRUZ, Rio de Janeiro, 2001. Disponível em <http://portalteses.cict.fiocruz.br/pdf/FIOCRUZ/2001/fernandezmrm/capa.pdf>. Recuperado em 15 junho 2011.

Figueiredo, A C. (1997). *Vastas confusões e atendimentos imperfeitos*. Rio de Janeiro: Relume-Dumará.

Fonte, R. (2006). O tropeço do sobrevivente. *Opção Lacaniana, 45*, 75-78.

Freud, S. (1916/2000). La transferência. Conferencia XVIII. *Obras completas*, v. 16. Buenos Aires: Amorrortu editores.

Hughes, I. A. (2008). Disorders of sex development: a new definition and classification. *Best Practice & Research clinical Endocrinology & Metabolism, 22*(1), 119-134.

Hughes, I. A.; Houk, C.; Ahmed, S. F.; Lee, P. A. & LWPES1/ESPE2. Consensus Group (2006). Consensus statement on management of intersex disorders. *Archives of Disease in Childhood, 91*, 554-562.

Lacan, J. (1945/1998). O tempo lógico e a asserção de certeza antecipada. *Escritos*. Rio de Janeiro: Jorge Zahar.

Lacan, J. (1953/2003). Discurso de Roma. *Outros escritos*. Rio de Janeiro: Jorge Zahar.

Lacan, J. (1959-1960/1991). *O seminário, livro 7: a ética da psicanálise*. Rio de Janeiro: Jorge Zahar.

Lacan, J. (1965/1998). A ciência e a verdade. *Escritos*. Rio de Janeiro: Jorge Zahar.

Lacan, J. (1996/2001). O lugar da psicanálise na medicina. *Opção Lacaniana, 32*, 8-14.

Laurent, E. (2007). O analista cidadão. *A sociedade do sintoma: a psicanálise, hoje* (pp. 141-150). Rio de Janeiro: Contra Capa Livraria.

Logan, R. L & McKendry, M. (1982). The multi-disciplinary team: a different approach to patient management. *New Zealand Medical Journal, 95*, 883-884.

Maciel-Guerra, A. T. & Guerra-Júnior, G. (2010). *Menino ou menina? Os distúrbios da diferenciação do sexo*. São Paulo: Rubio.

Miller, J.-A. (2000). *A erótica do tempo*. Rio de Janeiro: Escola Brasileira de Psicanálise.

Miller, J.-A. (1996). Não há clínica sem ética. *Matemas I* (pp. 107-116). Rio de Janeiro: Jorge Zahar.

Miller, J.-A. (1997). O método psicanalítico (221-268). *Lacan elucidado: palestras no Brasil*. Rio de Janeiro: Jorge Zahar Ed..

Miller, J.-A. (2001). Elementos de biologia lacaniana. *Número especial de agente*: escola brasileira de psicanálise. Minas Gerais.

Moretto, M. L. T. (2001). *O que pode um analista no hospital?* São Paulo: Casa do Psicólogo.

Pasterski, V.; Prentice, P. & Hughes, I. A. (2010). *Best Pract Res Clin Endocrinol Metab*. *24*(2), 187-195.

Pinheiro, N. N. & Vilhena, J. (2007). Entre o público e o privado: a clínica psicanalítica no ambulatório hospitalar. *Arquivos Brasileiros de Psicologia*, *59*(2), 2-10.

Este livro foi impresso nas oficinas gráficas da Editora Vozes Ltda.,
Rua Frei Luís, 100 – Petrópolis, RJ.